INTRODUÇÃO AO CÁLCULO

PARA ADMINISTRAÇÃO, ECONOMIA E CONTABILIDADE

www.editorasaraiva.com.br

PEDRO A. **MORETTIN** + SAMUEL **HAZZAN** + WILTON DE O. **BUSSAB**

INTRODUÇÃO AO

CÁLCULO

PARA ADMINISTRAÇÃO, ECONOMIA E CONTABILIDADE

{ 2ª EDIÇÃO }

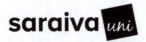

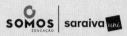

Av. das Nações Unidas, 7221, 1º Andar, Setor B
Pinheiros – São Paulo – SP – CEP: 05425-902

SAC 0800-0117875
De 2ª a 6ª, das 8h às 18h
www.editorasaraiva.com.br/contato

Presidente	Eduardo Mufarej
Vice-presidente	Claudio Lensing
Diretora editorial	Flávia Alves Bravin
Planejamento editorial	Rita de Cássia S. Puoço
Aquisições	Fernando Alves Julia D'Allevo
Editores	Ana Laura Valerio Ligia Maria Marques Thiago Fraga
Produtoras editoriais	Alline Garcia Bullara Amanda M. Loyola Daniela Nogueira Secondo
Suporte editorial	Juliana Bojczuk Fermino
Revisão	Lilian Queiroz Mariana Ribeiro
Diagramação	2 estúdio gráfico
Capa	Bruno Sales
Impressão e acabamento	Bartira

354.770.002.001

ISBN 978-85-472-2182-9

DADOS INTERNACIONAIS DE CATALOGAÇÃO NA PUBLICAÇÃO (CIP)
ALINE GRAZIELE BENITEZ CRB-1/3129

M857i   Morettin, Pedro A.
         Introdução ao cálculo para administração, economia e contabilidade / Pedro A. Morettin, Samuel Hazzan, Wilton O. Bussab. – 2.ed. – São Paulo: Saraiva, 2018.
         Inclui bibliografia.
         ISBN 978-85-472-2182-9

         1. Administração. 2. Economia. 3. Contabilidade. 4. Cálculo.
           I. Hazzan, Samuel. II. Bussab, Wilton O. III. Título.

                                                  CDD-657
                                                  CDU-658

Índices para catálogo sistemático:
1. Administração: economia: contabilidade

Copyright © Pedro A. Morettin, Samuel Hazzan e
Wilton O. Bussab
2018 Saraiva Educação
Todos os direitos reservados.

2ª edição

Nenhuma parte desta publicação poderá ser reproduzida por qualquer meio ou forma sem a prévia autorização da Saraiva Educação. A violação dos direitos autorais é crime estabelecido na Lei nº 9.610/98 e punido pelo artigo 184 do Código Penal.

EDITAR	2976	CL	651504	CAE	622312

SOBRE OS AUTORES

PEDRO A. MORETTIN

É PhD em Estatística pela Universidade da Califórnia, Berkeley. Foi presidente da Associação Brasileira de Estatística (ABE) e do Interamerican Statistical Institute (IASI). Atualmente é professor titular do Instituto de Matemática e Estatística da Universidade de São Paulo (IME-USP).

SAMUEL HAZZAN

É doutor em Administração de Empresas pela Escola de Administração de Empresas de São Paulo da Fundação Getulio Vargas (FGV-EAESP), mestre em Estatística pelo Instituto de Matemática e Estatística da Universidade de São Paulo (IME-USP). Atualmente é professor titular da Faculdade de Economia e Administração da Pontifícia Universidade Católica (FEA-PUCSP) e professor da Fundação Getulio Vargas (FGV-EAESP).

WILTON O. BUSSAB (*in memorian*)

Foi PhD pela London School of Economics, mestre em Estatística pelo Instituto de Matemática e Estatística da Universidade de São Paulo (IME-USP), professor adjunto da Escola de Administração de Empresas de São Paulo da Fundação Getulio Vargas (FGV-EAESP) e presidente da Associação Brasileira de Estatística (ABE).

APRESENTAÇÃO DA SEGUNDA EDIÇÃO

Introdução ao cálculo para Administração, Economia e Contabilidade é um texto elaborado a partir do livro *Cálculo: funções de uma e várias variáveis*, dos mesmos autores.

Nesta segunda edição da obra, corrigimos erros constantes da primeira e incluímos novas questões. Acrescentamos, também, uma seção sobre equações diferenciais no Capítulo 6.

Decidimos, além disso, apresentar a utilização do *software* Mathematica, que realiza operações simbólicas como limites, derivadas e integrais. Assim, no final de cada capítulo, introduzimos os comandos necessários para resolver alguns exemplos do texto, por meio desse *software*. Embora outras operações não tenham sido ilustradas, notamos que o Mathematica também é útil para simplificar expressões complicadas, desenvolver funções em séries de potências etc.

Agradecemos a todos os professores que nos auxiliaram com críticas e sugestões e, em especial, ao leitor crítico da Editora Saraiva pelas valiosas sugestões recebidas e que, acreditamos, contribuíram para o aperfeiçoamento da obra.

Nossos agradecimentos, também, à equipe da Editora Saraiva pelo apoio e suporte recebidos.

Os autores

APRESENTAÇÃO DA PRIMEIRA EDIÇÃO

Introdução ao cálculo para Administração, Economia e Contabilidade é um texto elaborado a partir do livro *Cálculo: funções de uma e várias variáveis*, dos mesmos autores.

Neste novo livro procura-se adequação aos programas e à variação de carga horária existentes nos cursos. Para tal fim, alguns tópicos foram eliminados e outros foram acrescentados.

No Capítulo 1 – *Conjuntos numéricos,* foi feita uma apresentação resumida da teoria dos conjuntos e foram incluídas noções de lógica matemática e resolução de sistemas de equações.

No Capítulo 2 – *Funções*, foi feita uma nova apresentação do conceito de função, a função potência foi apresentada de acordo com as características de aplicabilidade nas áreas a que se destina; as funções trigonométricas foram suprimidas em virtude de sua ausência em quase todos os programas da área.

No Capítulo 3 – *Limites* e no Capítulo 4 – *Derivadas,* foram suprimidas as funções trigonométricas e suas inversas.

No Capítulo 5 – *Aplicações de derivadas*, para o estudo de máximos e mínimos foram utilizados programas aplicativos para melhorar a visualização dos gráficos.

No Capítulo 8 – *Funções de duas variáveis* e no Capítulo 10 – *Máximos e mínimos para funções de duas variáveis*, utilizou-se programas aplicativos na elaboração de gráficos de funções de duas variáveis bem como na visualização de pontos de máximos e mínimos e pontos de sela. Na análise de pontos de fronteira foi destacada a resolução de problemas usando a fórmula da derivada das funções implícitas que é a forma habitual utilizada em manuais de Economia.

Houve, também, mudanças e substituições nos enunciados de alguns problemas, seguindo sugestões recebidas de colegas.

Agradecemos a todos os professores que nos auxiliaram com críticas e sugestões e, em especial, ao leitor crítico da Editora Saraiva pelas valiosas sugestões recebidas e que, acreditamos, contribuíram para o aperfeiçoamento da obra.

Nossos agradecimentos, também, à equipe da Editora Saraiva pelo apoio e suporte recebidos.

Os autores

SUMÁRIO

CAPÍTULO 1

Conjuntos numéricos 1
1.1 Introdução à teoria dos conjuntos 1
1.2 Noções de lógica e demonstração 2
1.3 Conjuntos numéricos 4
1.4 Equações do primeiro grau 11
1.5 Inequações do primeiro grau 13
1.6 Equações do segundo grau 15
1.7 Intervalos na reta real 17
1.8 Módulo ou valor absoluto 20
1.9 Sistemas de equações 22
1.10 Uso do Mathematica 25

CAPÍTULO 2

Funções 27
2.1 Introdução 27
2.2 Estudo de funções 27
2.3 Primeiras normas elementares para o estudo de uma função ... 35
2.4 Função constante 40
2.5 Função do primeiro grau e aplicações 40
2.6 Função quadrática a aplicações 62

2.7 Função polinomial 71
2.8 Função racional 72
2.9 Função potência 77
2.10 Função exponencial – Modelo de crescimento exponencial 79
2.11 Logaritmos e função logarítmica 84
2.12 Juros compostos 90
2.13 Uso do Mathematica 92

CAPÍTULO 3
Limites 95
3.1 Limite de funções 95
3.2 Formas indeterminadas 100
3.3 Limites infinitos 102
3.4 Limites nos extremos do domínio 104
3.5 Continuidade de uma função 107
3.6 Assíntotas verticais e horizontais 110
3.7 Limite exponencial fundamental 110
3.8 Uso do Mathematica 114

CAPÍTULO 4
Derivadas 117
4.1 Introdução 117
4.2 Conceito de derivada 121
4.3 Derivada das principais funções elementares 123
4.4 Propriedades operatórias 125
4.5 Função composta – Regra da cadeia 128
4.6 Derivada da função exponencial 129
4.7 Interpretação geométrica da derivada 131
4.8 Diferencial de uma função 132
4.9 Funções marginais 134
4.10 Derivadas sucessivas 142
4.11 Regras de L'Hospital 143
4.12 Uso do Mathematica 144

CAPÍTULO 5
Aplicações de derivadas 145
5.1 Introdução 145
5.2 Crescimento e decrescimento de funções 146
5.3 Concavidade e ponto de inflexão 157

5.4 Estudo completo de uma função 160
5.5 Máximos e mínimos usando a segunda derivada 165
5.6 Uso do Mathematica.. 173

CAPÍTULO 6

Integrais 175
6.1 Integral indefinida 175
6.2 Propriedades operatórias 176
6.3 Integral definida... 179
6.4 Integrais impróprias 185
6.5 A integral como limite de uma soma 187
6.6 O excedente do consumidor e do produtor 191
6.7 Técnicas de integração 195
6.8 Noções sobre equações diferenciais 198
6.9 Uso do Mathematica.. 203

CAPÍTULO 7

Espaço n-dimensional 205
7.1 Introdução 205
7.2 O espaço bidimensional 205
7.3 Relações em R^2.. 206
7.4 O espaço tridimensional.. 211
7.5 Relações em R^3.. 211
7.6 Equação do plano em R^3 212
7.7 O conjunto R^n... 214
7.8 Bola aberta, ponto interior e ponto de fronteira 214

CAPÍTULO 8

Funções de duas variáveis 217
8.1 Introdução 217
8.2 Funções de duas variáveis 218
8.3 Gráficos de funções de duas variáveis........................... 223
8.4 Curvas de nível.. 228
8.5 Limite e continuidade.. 231
8.6 Uso do Mathematica.. 235

CAPÍTULO 9

Derivadas para funções de duas variáveis 237
9.1 Derivadas parciais 237
9.2 Função derivada parcial.. 239

9.3 Significado geométrico das derivadas parciais 241
9.4 Diferencial de uma função 246
9.5 Função composta – Regra da cadeia 250
9.6 Funções definidas implicitamente 253
9.7 Funções homogêneas – Teorema de Euler 257
9.8 Derivadas parciais de segunda ordem 261
9.9 Uso do Mathematica 262

CAPÍTULO 10

Máximos e mínimos para funções de duas variáveis 265

10.1 Introdução 265
10.2 Critérios para identificação de pontos críticos 270
10.3 Uma aplicação: ajuste de retas pelo método dos mínimos quadrados 278
10.4 Análise dos pontos de fronteira 284
10.5 Máximos e mínimos condicionados 297
10.6 Uso do Mathematica 303

CAPÍTULO 11

Funções de três ou mais variáveis 307

11.1 Introdução 307
11.2 Limite e continuidade 309
11.3 Derivadas parciais 310
11.4 Funções diferenciáveis – Diferencial de uma função 311
11.5 Função composta – Regra da cadeia 312
11.6 Funções definidas implicitamente 314
11.7 Funções homogêneas – Teorema de Euler 315
11.8 Derivadas parciais de segunda ordem 315
11.9 Máximos e mínimos 316

Respostas dos problemas 321

Referências 357

Índice remissivo 359

CONJUNTOS NUMÉRICOS

1.1 INTRODUÇÃO À TEORIA DOS CONJUNTOS

O conceito de *conjunto* é intuitivo; podemos dizer que um *conjunto* é constituído de elementos. Assim, são exemplos de conjuntos: os números pares entre 1 e 9, as vogais do alfabeto e os pontos de uma reta.

Os conjuntos costumam ser indicados pelas letras maiúsculas latinas: *A, B, C...*

Para indicarmos que um certo elemento *pertence* a um conjunto, usamos o símbolo $\in$ (lê-se *pertence*) e para indicarmos que um elemento *não pertence* a um conjunto, usamos o símbolo $\notin$ (lê-se *não pertence*). Assim, por exemplo, se *A* for o conjunto dos números pares positivos, teremos: $2 \in A$ e $5 \notin A$.

Um conjunto que não apresenta nenhum elemento é chamado *vazio* e é indicado por $\emptyset$.

Um conjunto pode ser designado de duas maneiras: pelo método da *enumeração* ou pelo método da *designação por uma propriedade* característica de seus elementos.

O método da *enumeração* consiste em escrever os elementos de um conjunto entre chaves (usamos eventualmente reticências quando o número de elementos é muito grande ou quando o conjunto é infinito).

O método da *designação por uma propriedade* consiste em indicar um conjunto por meio de uma propriedade que é satisfeita por todos os elementos do conjunto e que não é satisfeita por elementos que estão fora do conjunto.

EXEMPLO 1.1 São ilustrações do método da enumeração:

a) O conjunto *A* dos números pares positivos menores do que 10:
$$A = \{2, 4, 6, 8\}$$

b) O conjunto B dos números pares positivos menores do que 50:

$$B = \{2, 4, 6, ..., 48\}$$

c) O conjunto N dos números *inteiros não negativos*

$$N = \{0, 1, 2, 3, 4, ...\}$$

d) O conjunto N^* dos números *naturais*, que é o próprio conjunto N sem o zero:

$$N^* = \{1, 2, 3, 4, ...\}$$

São exemplos do método da propriedade característica:

e) O conjunto C dos números inteiros não negativos maiores do que 500:

$$C = \{x \mid x \in N \text{ e } x > 500\} \text{ ou } C = \{x \in N \mid x > 500\}.$$

O símbolo | lê-se *tal que*.

1.1.1 Subconjuntos

Dados dois conjuntos A e B, dizemos que A é *subconjunto* (ou parte) de B quando todo elemento de A também pertence a B. Dizemos também que A *está contido* em B, e indicamos por $A \subset B$.

Assim, por exemplo, o conjunto $A = \{1, 2, 3\}$ é subconjunto de $B = \{1, 2, 3, 4, 5, 6\}$ ou seja, $A \subset B$.

1.1.2 Intersecção e união de conjuntos

Dados dois conjuntos A e B, chamamos *intersecção* de A e B ao conjunto dos elementos que pertencem simultaneamente a A e B. A intersecção de A e B é indicada por $A \cap B$.

Dados dois conjuntos A e B, chamamos *união* de A e B ao conjunto dos elementos que pertencem a pelo menos um dos dois conjuntos dados. A união de A e B é indicada por $A \cup B$.

EXEMPLO 1.2 Dados os conjuntos $A = \{2, 4, 6, 8\}$ e $B = \{1, 2, 3, 4, 5\}$, teremos:

$$A \cap B = \{2, 4\}$$
$$A \cup B = \{1, 2, 3, 4, 5, 6, 8\}$$

1.2 NOÇÕES DE LÓGICA E DEMONSTRAÇÃO

Chamamos *proposição* a qualquer afirmação que pode ser classificada em verdadeira ou falsa, mas que faça sentido. São exemplos de proposições:

a) $3 + 4 = 7$.

b) Dois ângulos opostos pelo vértice têm a mesma medida.

c) $5^2 = 10$.

As duas primeiras são verdadeiras e a terceira é falsa.

Já a expressão 2 + 3 + 4 não é uma proposição, pois não pode ser classificada em verdadeira ou falsa.

Consideremos a sentença $x^2 - 4 = 0$, em que x é uma variável real. Dependendo do valor de x, ela poderá ser verdadeira ou falsa; assim, tal tipo de sentença é chamada proposição aberta (no caso, tal proposição aberta é uma equação).

Consideremos duas proposições P e Q. Sempre que P for verdadeira e necessariamente Q também for verdadeira, chamamos a essa nova proposição verdadeira de *teorema*. Abreviadamente, indicamos um teorema por:

"P *implica* Q" ($P \Rightarrow Q$), ou "P *acarreta* Q", ou "Se P então Q", ou ainda "Q é consequência de P".

A proposição P é chamada *hipótese* e Q, *tese*.

EXEMPLO 1.3 São exemplos de teoremas:

a) Se um triângulo é isósceles, então os ângulos da base têm a mesma medida.

b) Se um triângulo é retângulo com hipotenusa de medida a e catetos de medidas b e c, então $a^2 = b^2 + c^2$ (*Teorema de Pitágoras*).

c) Se $x > 2$ então $x^2 > 4$.

Observemos que o fato de $P \Rightarrow Q$ ser um teorema não garante que a proposição $Q \Rightarrow P$ também seja um teorema. No exemplo anterior (c) a proposição "Se $x^2 > 4$ então $x > 2$" não é um teorema, pois se tomarmos para x o valor –3 a proposição $x^2 > 4$ é verdadeira mas a proposição $x > 2$ é falsa.

Em todos os ramos da Matemática existem teoremas e, de um modo geral, são mais importantes seus resultados. Não é necessário conhecermos a demonstração de um teorema para utilizá-lo; o importante é compreendermos seu significado. Assim, ao aplicarmos o Teorema de Pitágoras, devemos estar cientes de que o triângulo em questão seja retângulo.

Habitualmente, a demonstração de um teorema é feita partindo-se da hipótese como proposição verdadeira e, por meio de um encadeamento lógico de raciocínio e usando-se outras propriedades já conhecidas, chega-se à tese como proposição verdadeira.

Um outro método de demonstração às vezes utilizado é o da redução ao absurdo: tal método consiste em admitir como falso aquilo que se quer provar (tese); se após um encadeamento lógico de raciocínio chegarmos a uma situação absurda, concluímos que o que levou a esse absurdo foi admitir como falsa a afirmação inicial. Desta forma, concluímos que a afirmação inicial (tese) é verdadeira. Veremos um exemplo desse método no próximo item, na demonstração de que $\sqrt{2}$ é um número irracional.

1.3 CONJUNTOS NUMÉRICOS

1.3.1 Números inteiros

Já conhecemos o conjunto dos números inteiros positivos

$$N^* = \{1, 2, 3, 4, 5, 6, ...\}$$

e o conjunto dos números naturais

$$N = \{0, 1, 2, 3, 4, 5, 6, ...\}$$

Da impossibilidade de efetuarmos a subtração $a - b$ para todos os valores a e b de N, introduzimos os números inteiros negativos, colocando, por definição:

$$a - b = -(b - a), \text{ se } a < b$$

Por exemplo:

$$3 - 7 = -(7 - 3) = -4$$
$$8 - 10 = -(10 - 8) = -2$$

Obtemos assim o conjunto dos números inteiros, que indicaremos por:

$$Z = \{... -3, -2, -1, 0, 1, 2, 3, ...\}$$

Nesse conjunto efetuamos, sem restrição, as operações de adição, multiplicação e subtração. Persiste ainda uma impossibilidade: o quociente entre dois números inteiros pode não ser inteiro, isto é, a divisão de um inteiro a por um inteiro b só dará um número inteiro se a for múltiplo de b.

1.3.2 Números racionais

Consideremos a equação $b \cdot x = a$, com $b \neq 0$. Tal equação admitirá como raiz $x = \dfrac{a}{b}$. E esse quociente só dará um número inteiro se a for múltiplo de b. A fim de que tal equação sempre admita solução, definimos como número racional a toda fração $\dfrac{a}{b}$ em que a e b são inteiros e b é diferente de zero (a é chamado numerador e b denominador da fração). Indicamos o conjunto dos números racionais por Q. Assim,

$$Q = \left\{ \dfrac{a}{b} \;\middle|\; a \in Z, b \in Z, b \neq 0 \right\}$$

Por exemplo, $\frac{2}{5} \in Q$, $\frac{-3}{4} \in Q$, $\frac{7}{2} \in Q$ e $\frac{6}{2} \in Q$.

Observemos que qualquer inteiro a também é racional, pois $a = \frac{a}{1} \in Q$. Dessa forma, temos as seguintes relações de inclusão:

$$N^* \subset N \subset Z \subset Q$$

Todo número racional $\frac{a}{b}$ pode ser representado sob a forma decimal, bastando para isso dividirmos a por b. Podem ocorrer dois casos:

- A representação decimal é finita.
  Por exemplo, $\frac{3}{4} = 0{,}75$; $\frac{1}{2} = 0{,}5$; $\frac{-3}{5} = -0{,}6$.

- A representação decimal é infinita e periódica (dízimas periódicas).
  Por exemplo, $\frac{1}{3} = 0{,}3333...$; $\frac{47}{90} = 0{,}5222...$

De modo geral, é possível dizer que os números representados por decimais infinitas periódicas são racionais; isso porque $\frac{3}{4}$, digamos, pode ser representado por 0,750000..., $\frac{1}{2}$ por 0,500000..., ou seja, acrescentamos zeros à direita da representação finita.

Notemos ainda que 0,9999 ... = 1,0000 ..., isto é, podemos ter um número racional com duas representações decimais. De fato, se não fossem iguais, deveria existir algum número entre eles, o que não ocorre.

Para transformarmos uma decimal exata, ou dízima periódica, em fração, podemos proceder como nos exemplos a seguir:

EXEMPLO 1.4 Escrever sob forma de fração as decimais exatas:

a) 0,75   b) 1,27   c) 0,043

Um dos modos de resolvermos essa questão consiste em escrevermos no numerador os algarismos do número decimal, sem a vírgula, eliminando os zeros antes do primeiro algarismo diferente de zero. No denominador, escrevemos 1 e tantos zeros quantos forem os algarismos depois da vírgula. Assim, temos:

a) $0{,}75 = \frac{75}{100}$

b) $1,27 = \dfrac{127}{100}$

c) $0,043 = \dfrac{43}{1000}$

É claro que a fração obtida pode ser simplificada. Por exemplo, a primeira pode ficar na seguinte forma: $\dfrac{75}{100} = \dfrac{3}{4}$

EXEMPLO 1.5 Escrever sob forma de fração as dízimas periódicas:

a) 0,6666... b) 0,52222...

Resolução:

a) Façamos $x = 0,6666\ldots$ e multipliquemos ambos os membros por 10. Teremos:

$$\begin{cases} x = 0,6666\ldots \\ 10x = 6,6666\ldots \end{cases}$$

Subtraindo membro a membro a segunda relação menos a primeira, obtemos $9x = 6$ e, consequentemente, $x = \dfrac{6}{9} = \dfrac{2}{3}$.

b) Façamos $x = 0,5222\ldots$ e multipliquemos ambos os membros por 10 e depois novamente por 10. Teremos:

$$\begin{cases} 10x = 5,2222\ldots \\ 100x = 52,2222\ldots \end{cases}$$

Subtraindo membro a membro a segunda relação menos a primeira, obtemos $90x = 47$ e, consequentemente, $x = \dfrac{47}{90}$.

Observações:

1. Caso queiramos arredondar uma decimal exata ou dízima periódica, devemos lembrar que, se um determinado algarismo for maior ou igual a 5, o anterior deve ser arredondado para ele mais 1; caso o algarismo considerado seja menor que 5, o anterior deve permanecer como está: por exemplo, os números abaixo foram arredondados para duas casas decimais:

   a) 9,637 para 9,64.

   b) 0,054 para 0,05.

   c) 0,3333... para 0,33.

2. As porcentagens são números racionais de denominador igual a 100 e servem para comparações de grandezas. Por exemplo:

   a) $30\% = \dfrac{30}{100} = 0,30$

   b) $47\% = \dfrac{47}{100} = 0,47$

   c) $3\% = \dfrac{3}{100} = 0,03$

Quando pretendemos calcular uma porcentagem de um valor, devemos multiplicar a porcentagem (expressa na forma decimal) pelo valor. Por exemplo, para calcularmos 30% de 500 devemos multiplicar 0,3 por 500 obtendo o valor 150. A razão desse procedimento se deve ao seguinte:

Para acharmos 30% de 500, devemos dividir 500 em 100 partes e tomar 30 delas. Portanto:

- cada parte vale $\dfrac{500}{100}$;

- ao tomarmos 30 delas teremos 30. $\dfrac{500}{100}$, que é o mesmo que multiplicar 0,30 por 500.

1.3.3 Números reais

Consideremos dois números racionais p e q, com $p < q$. Entre eles haverá sempre um outro número racional, por exemplo, a média entre eles $(p + q)/2$. Entre p e $(p + q)/2$ haverá também outro número racional, como a média entre eles $(p+(p+q)/2)/2$. Com raciocínio análogo podemos concluir que entre p e q há sempre infinitos números racionais. Quando isso acontece com elementos de um conjunto, dizemos que ele é *denso*. Assim, o conjunto Q é denso.

No início, pensou-se que o conjunto dos racionais englobasse todos os números, pelo que foi exposto. Todavia, um simples fato atribuído a Aristóteles (384 – 322 a.C.), mostrou a existência de novos números chamados irracionais. O fato foi a determinação da medida da diagonal d de um quadrado de lado com medida igual a 1.

Pela Figura 1.1, se aplicarmos o Teorema de Pitágoras, teremos $d^2 = 1^2 + 1^2 = 2$ e, consequentemente, $d = \sqrt{2}$.

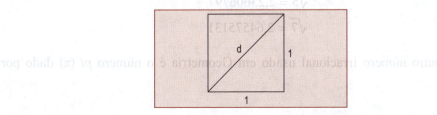

Figura 1.1: Ilustração do número $\sqrt{2}$

O fato é que se constatou que o número $\sqrt{2}$ não era racional. Para provar essa propriedade, costuma-se utilizar o método da redução ao absurdo:

Provemos então que $\sqrt{2}$ não é racional.

Admitamos, por absurdo, que $\sqrt{2}$ seja racional. Assim sendo, $\sqrt{2}$ pode ser expresso por uma fração simplificada $\dfrac{a}{b}$, em que a e b são inteiros e primos entre si (pois a fração foi totalmente simplificada). Assim,

$$\frac{a}{b} = \sqrt{2} \Rightarrow \frac{a^2}{b^2} = 2 \Rightarrow a^2 = 2b^2 \qquad (1.1)$$

Como a^2 é múltiplo de 2, a^2 é par. Consequentemente, a também é par. Assim, a pode ser escrito sob a forma $a = 2k$ (k inteiro). Substituindo tal resultado em (1.1), teremos:

$$(2k)^2 = 2b^2 \Rightarrow 4k^2 = 2b^2 \Rightarrow b^2 = 2k^2 \qquad (1.2)$$

Pela relação (1.2), b^2 também é múltiplo de 2, logo é par; consequentemente, b é par. Ora, concluir que a e b são números pares é um absurdo, pois são primos entre si. Logo, só pode ser falso o que foi admitido inicialmente por absurdo (que $\sqrt{2}$ era racional). Conclusão: $\sqrt{2}$ não é racional. Tal número foi chamado *irracional*.

Se usarmos uma calculadora com duas, quatro, seis e oito casas decimais respectivamente, veremos que:

$$\sqrt{2} = 1,41$$
$$\sqrt{2} = 1,4142$$
$$\sqrt{2} = 1,414214$$
$$\sqrt{2} = 1,41421356$$

Verificamos que esse número pode ser expresso por uma decimal infinita mas não periódica; verifica-se que todo número irracional pode ser escrito sob a forma de decimal infinita mas não periódica. Pode-se provar que toda raiz quadrada de número inteiro cujo resultado não seja inteiro é um número irracional. Assim, por exemplo, são irracionais os números a seguir (verifique com uma calculadora com oito casas decimais):

$$\sqrt{3} = 1,73205080$$
$$\sqrt{5} = 2,23606797$$
$$\sqrt{7} = 2,64575131$$

Um outro número irracional usado em Geometria é o número *pi* (π) dado por 3,141592...

A união do conjunto dos números racionais com o dos irracionais dá origem a um terceiro, chamado *conjunto dos números reais*, indicado por R.

Pelo que foi visto, podemos dizer que o conjunto de todos os números representados por decimais infinitas constitui o conjunto dos números reais. De fato, se x tem representação decimal infinita e periódica, então x é racional. Se x tem representação infinita e não periódica, então x é irracional.

A representação geométrica (Figura 1.2) de um número real pode ser feita utilizando-se um eixo, orientado geralmente para a direita. Seja O a origem deste eixo; um número real $x > 0$ é representado pelo ponto P à direita de O de modo que a medida do segmento OP seja igual a x; o número negativo $-x$ é representado pelo ponto P', simétrico de P em relação a O. O número 0 é representado por O.

Figura 1.2: Representação geométrica dos números reais

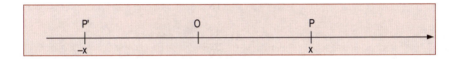

É claro que se $x_2 > x_1$ então x_2 é representado à direita de x_1.

EXEMPLO 1.6 Represente geometricamente os números: 4; −3 e 0,75.

Temos:

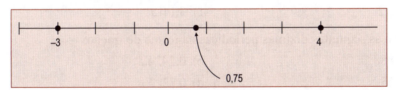

PROBLEMAS

1. Diga se cada uma das sentenças a seguir é verdadeira ou falsa.

   a) $\pi \in Q$

   b) $\sqrt{5} \in N$

   c) $\dfrac{2}{3}$ é inteiro

   d) $\sqrt{11} \in R$

   e) $-3 \in Z$

   f) $\sqrt{2}$ é racional

   g) π é irracional

   h) $0,43 \in Q$

   i) $2\pi \in Q$

   j) $2,44444...$ é irracional

2. Escreva na forma decimal (exata ou dízima periódica) os seguintes números racionais:

   a) $\dfrac{2}{5}$ b) $\dfrac{5}{3}$

   c) $\dfrac{7}{5}$ d) $\dfrac{16}{50}$

   e) $\dfrac{25}{99}$ f) $\dfrac{42}{90}$

3. Escreva os seguintes números na forma decimal, arredondado o resultado para duas casas decimais (se possível use uma calculadora):

   a) $\dfrac{32}{25}$ b) $\dfrac{5}{18}$

   c) $\dfrac{125}{200}$ d) $\dfrac{31}{29}$

   e) $\dfrac{150}{99}$ f) $\dfrac{150}{990}$

4. Escreva os seguintes números racionais na forma de fração:
   a) 0,43   b) 0,07
   c) 2,454   d) 12,12
   e) –0,72   f) 3,1415

5. Escreva as seguintes dízimas periódicas na forma de fração:
   a) 0,8888...   b) 0,2424...
   c) 2,555...   d) 0,7222...
   e) 0,6555...   f) 0,62555...

6. Calcule:
   a) 20% de 400   b) 32% de 500
   c) 55% de 650   d) 220% de 800
   e) 7% de 300   f) 8% de 42
   g) 50% de 700   h) 3,5% de 400

7. Usando uma calculadora, obtenha as raízes, com aproximação de 4 casas decimais
   a) $\sqrt{12}$ b) $\sqrt{30}$
   c) $\sqrt{78}$ d) $\sqrt{500}$

1.4 EQUAÇÕES DO PRIMEIRO GRAU

Chamamos equação do primeiro grau na incógnita x, no universo real, toda equação redutível à forma:

$$a \cdot x = b$$

em que a e b são números reais quaisquer, com $a \neq 0$.

Para resolvermos esse tipo de equação, basta dividirmos ambos os membros por a:

$$\frac{a \cdot x}{a} = \frac{b}{a} \Rightarrow x = \frac{b}{a}$$

O valor encontrado $\frac{b}{a}$ é chamado *raiz da equação*.

EXEMPLO 1.7 Resolva a equação: $4x - 12 = 8 - 6x$.

Resolução:

- Transpondo os termos com x para o primeiro membro e os números para o segundo membro, obtemos:

$$4x + 6x = 8 + 12$$

- Agrupando os termos semelhantes:

$$10x = 20$$

- Dividindo ambos os membros por 10:

$$x = \frac{20}{10} = 2$$

- Conjunto solução: $S = \{2\}$.

EXEMPLO 1.8 Resolva a equação $\frac{x-2}{3} + \frac{x-3}{2} = \frac{1}{6}$.

Resolução:

- Multiplicando todos os termos da equação por 6 (em que 6 é o mínimo múltiplo comum dos denominadores):

$$6 \cdot \frac{(x-2)}{3} + 6 \cdot \frac{(x-3)}{2} = 6 \cdot \frac{1}{6}$$

- Efetuando as operações indicadas:

$$2(x-2)+3(x-3)=1$$
$$2x-4+3x-9=1$$

- Transpondo os termos com x para o primeiro membro e os números para o segundo membro:

$$2x+3x=1+4+9$$

- Agrupando os termos semelhantes:

$$5x=14$$

- Dividindo ambos os membros por 5:

$$x=\frac{14}{5}$$

- Conjunto solução: $S=\left\{\dfrac{14}{5}\right\}$.

PROBLEMAS

8. Resolva as equações do primeiro grau:
   a) $5(x-2)=4x+6$
   b) $-4(4-x)=2(x-1)$
   c) $-2x=-6$
   d) $-3x+1=-8$
   e) $3(x-5)=2$
   f) $2(x+1)=2$
   g) $-3(x+2)=-6$
   h) $0,1(x-2)+0,5x=0,7$
   i) $0,4(x+3)-0,2x=4$
   j) $0,3(y-1)+0,4(y-2)=7$

9. Resolva as seguintes equações do primeiro grau:

   a) $\dfrac{x-1}{4}+\dfrac{x}{3}=\dfrac{1}{6}$
   b) $\dfrac{x+1}{5}+\dfrac{x-2}{3}=4$
   c) $\dfrac{3x+2}{4}-\dfrac{x+2}{3}=1$
   d) $\dfrac{2x+1}{6}+\dfrac{x}{3}=\dfrac{x-1}{4}$
   e) $\dfrac{10x}{3}+5x=\dfrac{12-x}{2}$
   f) $\dfrac{x-4}{4}+\dfrac{3x-1}{3}=1$
   g) $\dfrac{2x-1}{9}-\dfrac{x-4}{5}=x$
   h) $\dfrac{2x+5}{x-3}=\dfrac{1}{3}+\dfrac{4}{x-3}$
   i) $\dfrac{3x}{x+1}=4+\dfrac{2x}{2x+2}$
   j) $\dfrac{2y}{5}-\dfrac{5+2y}{3}=1$

k) $\dfrac{4t}{3} - \dfrac{2t+1}{5} = 2$

l) $M = 100 + 100i$ (incógnita i)

m) $\dfrac{2k-3}{2} = \dfrac{2}{3} + \dfrac{m-5}{9}$

(incógnita m)

n) $y = \dfrac{2x+1}{x-3}$ (incógnita x)

10. O lucro mensal de uma empresa é dado por $L = 50x - 2.000$, em que x é a quantidade mensal vendida de seu produto. Qual a quantidade que deve ser vendida mensalmente para que o lucro mensal seja igual a $ 5.000,00?

11. O custo mensal de produção de x camisas de uma fábrica é $C = 5.000 + 15x$. Qual a quantidade mensal produzida sabendo-se que o custo mensal é $ 8.000,00?

12. O saldo de uma aplicação financeira após t meses de aplicação é dado por $S = 2.000 + 40t$. Após quanto tempo da aplicação o saldo dobra?

1.5 INEQUAÇÕES DO PRIMEIRO GRAU

Inequações do primeiro grau na incógnita x são aquelas redutíveis a uma das formas:

$$a.x < b \quad \text{ou} \quad a.x \leq b$$

ou

$$a.x > b \quad \text{ou} \quad a.x \geq b,$$

em que a e b são números reais quaisquer, com $a \neq 0$.

A resolução é feita de modo análogo ao das equações do primeiro grau, lembrando, porém, que quando multiplicamos ou dividimos ambos os membros da inequação por um número negativo, o sentido da desigualdade muda (por exemplo, $3 < 7$; se multiplicarmos ambos os membros por -2 teremos $-6 > -14$). No caso de multiplicarmos ou dividirmos os membros por um número positivo, o sentido da desigualdade não se altera (por exemplo, $8 > 5$; se multiplicarmos ambos os membros por 2 teremos $16 > 10$).

EXEMPLO 1.9 Resolva a inequação $3(x-4) > x+2$.

Resolução:
Temos sucessivamente:
$$3(x-4) > x+2$$
$$3x - 12 > x + 2$$
$$2x > 14$$
$$x > 7$$

Portanto, o conjunto solução é $S = \{x \in R| x > 7\}$.

EXEMPLO 1.10 Resolva a inequação $2(x-1) < 5x+3$.

Resolução:
Como no exemplo anterior,

$$2(x-1) < 5x+3,$$
$$2x - 2 < 5x + 3,$$
$$2x - 5x < 3 + 2,$$
$$-3x < 5,$$
$$x > -\frac{5}{3}$$

Portanto, o conjunto solução é $S = \left\{x \in R| x > -\frac{5}{3}\right\}$.

PROBLEMAS

13. Resolva as inequações:

    a) $2x > 10$
    b) $-3x < 12$
    c) $2x + 1 \geq x - 5$
    d) $3(x-4) \leq 2(x-6)$
    e) $4(2x-3) > 2(x-1)$
    f) $\dfrac{x-1}{2} + \dfrac{x}{3} \geq 4$
    g) $\dfrac{x+2}{5} - \dfrac{x+3}{2} \geq 1$
    h) $\dfrac{3y-5}{2} + \dfrac{y-2}{3} \geq 4$
    i) $\dfrac{2m-4}{2} + \dfrac{m-1}{3} \leq 1$

14. O lucro mensal de uma empresa é dado por $L = 30x - 4.000$, em que x é a quantidade mensal vendida. Acima de qual quantidade mensal vendida o lucro é superior a $ 11.000?

15. O custo diário de produção de um artigo é $C = 200 + 10x$, em que x é a produção diária. Sabendo-se que em determinado mês o custo diário oscilou entre um máximo de $ 4.000 e um mínimo de $ 2.000, em que intervalo variou a produção diária nesse mês?

1.6 EQUAÇÕES DO SEGUNDO GRAU

Equação do segundo grau, na incógnita x, é toda equação do tipo $ax^2 + bx + c = 0$, em que a, b e c são constantes reais quaisquer, com $a \neq 0$. As raízes desse tipo de equação podem ser obtidas com a seguinte fórmula resolutiva:

$$x = \frac{-b \pm \sqrt{b^2 - 4ac}}{2a}$$

o valor $b^2 - 4ac$, indicado usualmente por Δ (delta), é chamado *discriminante* da equação. É fácil notar que:

- se $\Delta > 0$, a equação terá duas raízes reais distintas;

- se $\Delta = 0$, a equação terá duas raízes reais e iguais, isto é, uma raiz com multiplicidade igual a dois;

- se $\Delta < 0$, a equação não terá raízes reais, pois não existe raiz quadrada real de número negativo.

EXEMPLO 1.11 Resolva a equação $x^2 - 4x + 3 = 0$.

Resolução:
Como $a = 1$, $b = -4$ e $c = 3$, então:

$$x = \frac{4 \pm \sqrt{4^2 - 4.1.3}}{2.1},$$

$$x = \frac{4 \pm \sqrt{4}}{2},$$

$$x = \frac{4 \pm 2}{2},$$

$$x = \frac{4 + 2}{2} = 3$$

ou

$$x = \frac{4 - 2}{2} = 1$$

Portanto, o conjunto solução é $S = \{1, 3\}$.

EXEMPLO 1.12 Resolva as equações incompletas do segundo grau:

a) $x^2 - 3x = 0$ b) $x^2 - 9 = 0$

Resolução:

As equações do segundo grau com $b = 0$ ou $c = 0$, são chamadas *incompletas*. Sua resolução pode ser feita pela fórmula resolutiva, ou ainda como veremos a seguir:

a) $x^2 - 3x = 0$

$x(x - 3) = 0$

O produto será 0 se um ou outro fator for 0. Assim $x = 0$ ou $x - 3 = 0 \Rightarrow x = 3$.
Portanto, o conjunto solução é $S = \{0, 3\}$.

b) $x^2 - 9 = 0$

$x^2 = 9$

Se x elevado ao quadrado dá 9, então $x = \sqrt{9} = 3$ ou $x = -\sqrt{9} = -3$.
Portanto, o conjunto solução é $S = \{3, -3\}$.

PROBLEMAS

16. Resolva as seguintes equações:

    a) $x^2 - 5x + 4 = 0$
    b) $x^2 - 7x + 12 = 0$
    c) $t^2 - 6t + 8 = 0$
    d) $x^2 - 4x + 4 = 0$
    e) $x^2 - x + 3 = 0$
    f) $-x^2 + 3x - 2 = 0$
    g) $-m^2 + 5m = 0$
    h) $y^2 - 6y - 3 = 0$
    i) $t^2 - 2t - 5 = 0$
    j) $1 + \dfrac{4}{x^2} = \dfrac{3}{x}$
    k) $\dfrac{5}{3+m} + 2 = \dfrac{3}{3-m}$
    l) $\dfrac{2}{p} = \dfrac{5}{p^2} + 1$

17. Resolva as seguintes equações:

    a) $x^2 - 5x = 0$
    b) $-2x^2 + 6x = 0$
    c) $x^2 - 25 = 0$
    d) $-m^2 + 16 = 0$
    e) $2k^2 - 8 = 0$
    f) $3x^2 = 0$

18. Quanto vale a soma das raízes da equação $(3x - 2)(x + 5) = (2 + x)^2$?

19. Para que valores de k, a equação na incógnita x, $x^2 - 2kx = 1 - 3k$ tem raízes iguais?

20. O lucro mensal de uma empresa é dado por $L = -x^2 + 10x - 16$, em que x é a quantidade mensal vendida. Para que valores de x o lucro é nulo?

21. Em relação ao exercício anterior, para que valores de x o lucro é igual a 9?

22. A receita diária de um estacionamento para automóveis é $R = 100p - 5p^2$, em que p é o preço cobrado pela diária de um veículo estacionado. Qual preço deve ser cobrado para obtermos uma receita diária de $ 375?

1.7 INTERVALOS NA RETA REAL

Os intervalos são subconjuntos particulares e importantes de R. Sejam os números reais a e b tais que $a < b$. Definimos:

- Intervalo aberto

É o conjunto de valores reais entre a e b (excluídos os extremos a e b), indicado por $]a, b[$, isto é:

$$]a, b[= \{x \in R \mid a < x < b\}$$

A representação geométrica é dada pela Figura 1.3.

Figura 1.3: Representação do intervalo $]a, b[$

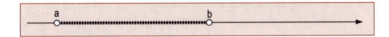

- Intervalo fechado

É o conjunto de valores reais entre a e b (incluídos os extremos a e b), indicado por $[a, b]$, isto é:

$$[a, b] = \{x \in R \mid a \leq x \leq b\}$$

A representação geométrica é dada pela Figura 1.4.

Figura 1.4: Representação do intervalo $[a, b]$

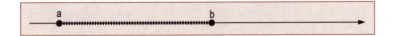

- Intervalo semiaberto à esquerda

É o conjunto de valores reais entre a e b, excluindo a e incluindo b, indicado por $]a, b]$, isto é:

$$]a, b] = \{x \in R \mid a < x \leq b\}$$

A representação geométrica é dada pela Figura 1.5.

Figura 1.5: Representação do intervalo]a, b]

- Intervalo semiaberto à direita

É o conjunto de valores reais entre a e b, incluindo a e excluindo b, indicado por [a, b[, isto é:

$$[a, b[= \{x \in \mathbb{R} \mid a \leq x < b\}$$

A representação geométrica é dada pela Figura 1.6.

Figura 1.6: Representação do intervalo [a, b[

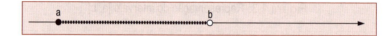

- Intervalo aberto de a até infinito

É o conjunto de valores reais maiores do que a, indicado por]a, ∞[, isto é:

$$]a, \infty[= \{x \in \mathbb{R} \mid x > a\}$$

A representação geométrica é dada pela Figura 1.7.

Figura 1.7: Representação do intervalo]a, ∞[

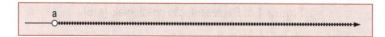

- Intervalo fechado de a até infinito

É o conjunto de valores reais maiores ou iguais a a, indicado por [a, ∞[, isto é:

$$[a, \infty[= \{x \in \mathbb{R} \mid x \geq a\}$$

A representação geométrica é dada pela Figura 1.8.

Figura 1.8: Representação do intervalo $[a, \infty[$

- Intervalo aberto de menos infinito até b

É o conjunto de valores reais menores do que b, indicado por $]-\infty, b[$, isto é:

$$]-\infty, b[= \{x \in \mathbb{R} \mid x < b\}$$

A representação geométrica é dada pela Figura 1.9.

Figura 1.9: Representação do intervalo $]-\infty, b[$

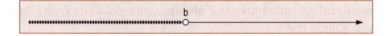

- Intervalo fechado de menos infinito até b

É o conjunto de valores reais menores ou iguais a b, indicado por $]-\infty, b]$, isto é:

$$]-\infty, b] = \{x \in \mathbb{R} \mid x \leq b\}$$

A representação geométrica é dada pela Figura 1.10.

Figura 1.10: Representação do intervalo $]-\infty, b]$

Finalmente, todo o conjunto $\mathbb{R}$ dos reais pode ser identificado pelo intervalo $]-\infty, -\infty[$.

Como os intervalos são particulares subconjuntos de $\mathbb{R}$, podemos operar com eles da mesma maneira que outros conjuntos, lembrando apenas que o conjunto universo é $\mathbb{R}$.

EXEMPLO 1.13 Se $A = [-1, 3[$ e $B = \left[\dfrac{1}{2}, \infty\right[$, determine:

a) $A \cup B$ (união de A com B) b) $A \cap B$ (intersecção de A com B)

Resolução:
Temos,

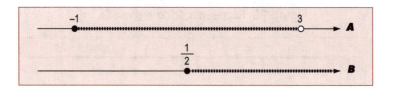

Logo,

a) $A \cup B = [-1, \infty[$

b) $A \cap B = \left[\dfrac{1}{2}, 3\right[$

1.8 MÓDULO OU VALOR ABSOLUTO

Dado um número real x, chamamos *valor absoluto*, ou *módulo* de x, ao número indicado pelo símbolo $|x|$ e dado por:

$$|x| = \begin{cases} x, \text{ se } x > 0 \\ -x, \text{ se } x < 0 \\ 0, \text{ se } x = 0 \end{cases}$$

Assim, por exemplo: $|7| = 7$,

$$|-4| = -(-4) = 4$$

$$\left|-\dfrac{2}{3}\right| = -\left(-\dfrac{2}{3}\right) = \dfrac{2}{3}$$

Se P é a representação geométrica do número x, então a distância de P até a origem é dada pelo módulo de x (Figura 1.11).

Figura 1.11: Representação do intervalo $|x|$

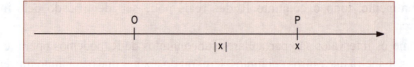

Propriedades do módulo

1) Se $|x| = k$, então $x = k$ ou $x = -k$ em que k é um número positivo.

2) Se $|x| < k$, então $-k < x < k$ em que k é uma constante positiva.

3) Se $|x| > k$, então $x > k$ ou $x < -k$ em que k é uma constante positiva.

As propriedades anteriores podem ser justificadas considerando que $|x|$ representa a distância do ponto P (representação geométrica de x) até a origem.

EXEMPLO 1.14

a) $|x| = 3 \Rightarrow x = 3$ ou $x = -3$.
b) $|x| < 5 \Rightarrow -5 < x < 5$.
c) $|x| > 7 \Rightarrow x > 7$ ou $x < -7$.

EXEMPLO 1.15 Resolva a inequação $|2x - 3| < 7$.

Resolução:

$$|2x - 3| < 7,$$

$$-7 < 2x - 3 < 7,$$

$$-7 + 3 < 2x < 7 + 3,$$

$$-4 < 2x < 10,$$

$$-2 < x < 5$$

Portanto, o conjunto solução é o intervalo $]-2, 5[$.

PROBLEMAS

23. Dados os intervalos $A = [2, 8]$ e $B = [7, 20]$ obtenha:
    a) $A \cup B$ b) $A \cap B$

24. Se $A = [1, \infty[$ e $B = [0, 5[$, obtenha:
    a) $A \cap B$ b) $A \cup B$

25. Represente geometricamente os conjuntos:
    a) $A = \{x \in R \mid x - 1 > 3\}$ b) $B = \{x \in R \mid 4 - x < 1\}$
    c) $C = \{x \in R \mid x^2 - 6x + 5 = 0\}$ d) $D = \{x \in R \mid |x| = 5\}$
    e) $E = \{y \in R \mid |y| = 2\}$ f) $F = \{t \in R \mid |t| < 2$
    g) $G = \{t \in R \mid |t| > 1\}$ h) $H = \{m \in R \mid |m - 2| < 3\}$

26. Obtenha os valores de x que satisfazem cada uma das inequações:
   a) $|x| < 12$
   b) $|x - 6| < 3$
   c) $|1 - 2x| < 7$
   d) $|x| > 8$
   e) $|x - 7| > 2$
   f) $|2 - 3x| > 5$

27. Existe uma probabilidade igual a 95% de que a vida x de uma bateria (medida em meses) satisfaça a relação $\left|\dfrac{x - 24}{4}\right| < 1{,}96$. Qual o intervalo de variação de x?

28. Existe uma probabilidade de 90% de que as vendas de uma empresa, no próximo ano, satisfaçam a relação $\left|\dfrac{x - 15}{3}\right| < 1{,}65$, em que as vendas são dadas em milhares de unidades. Qual o intervalo de variação de x?

1.9 SISTEMAS DE EQUAÇÕES

Chamamos *sistemas lineares* com duas equações e duas incógnitas x e y a todo sistema de equações do tipo:

$$\begin{cases} a.x + b.y = m \\ c.x + d.y = n \end{cases}$$

em que a, b, c, d, m, n são números quaisquer.

Dizemos que o par ordenado de números (α, β) é solução do sistema, se substituindo α no lugar de x e β no lugar de y as duas equações tornam-se sentenças verdadeiras (isto é, igualdades numéricas).

Assim, por exemplo, no sistema:

$$\begin{cases} x + y = 7 \\ x - y = 1 \end{cases}$$

- o par ordenado (4, 3) é solução, pois, substituindo-se x por 4 e y por 3, as duas equações transformam-se em igualdades numéricas;

- o par ordenado (5, 2) não é solução, pois, substituindo-se x por 5 e y por 2, a primeira equação se transforma em igualdade numérica mas a segunda não;

- o par ordenado (0, 0) não é solução, pois, substituindo-se x por 0 e y por 0, nem a primeira nem a segunda equação se transformam em igualdade numérica.

Os sistemas lineares com duas equações e duas incógnitas que apresentam uma única solução (chamados *determinados*) são habitualmente resolvidos por substituição e adição.

Vejamos a descrição desses métodos na resolução do exemplo a seguir.

EXEMPLO 1.16 Resolva o seguinte sistema pelos métodos da substituição e da adição:

$$x + y = 8$$
$$2x + 3y = 21$$

a) Método da substituição

- Da primeira equação isolamos o valor de uma das incógnitas, por exemplo, y, obtendo:

$$y = 8 - x$$

- Em seguida substituímos o valor de y acima, na outra equação, obtendo:

$$2x + 3(8 - x) = 21$$

- Resolvemos a equação acima:

$$2x + 24 - 3x = 21$$
$$-x = -3$$
$$x = 3$$

- Para encontrarmos o valor de y, substituímos o valor de x acima numa das duas equações, por exemplo, na primeira:

$$3 + y = 8 \Rightarrow y = 5$$

Assim, a solução do sistema é o par ordenado (3, 5).

b) Método da adição

- Multiplicamos uma das equações (ou ambas) por números adequados, de modo que uma mesma incógnita fique com coeficientes opostos nas duas equações. Em nosso exemplo, multiplicamos a primeira equação por –2, obtendo:

$$\begin{cases} -2x - 2y = -16 \\ 2x + 3y = 21 \end{cases}$$

- Em seguida adicionamos, membro a membro, as duas equações, cancelando assim a incógnita x, e obtendo o valor de y.

$$-2y + 3y = -16 + 21,$$
$$y = 5$$

Para obtermos o valor de *x*, substituímos o valor de *y* acima em uma das duas equações, por exemplo, na segunda:

$$2x + 3(5) = 21 \Rightarrow x = 3$$

Assim, a solução do sistema é o par ordenado (3, 5).

EXEMPLO 1.17 Um investidor aplicou parte de seu patrimônio de $ 30.000,00 no fundo A e parte no fundo B, por um ano. O fundo A rendeu 10% e o B rendeu 15%. Sabendo-se que o total dos rendimentos foi de $ 4.000,00, calcule quanto foi aplicado em cada fundo.

Resolução:

Sejam *x* e *y* os valores aplicados nos fundos A e B, respectivamente. Devemos ter:

$$\begin{cases} x + y = 30.000 \\ 0{,}10x + 0{,}15y = 4.000 \end{cases}$$

Vamos resolver o sistema acima pelo método da adição.

- Multiplicando a segunda equação por –10, obtemos:

$$\begin{cases} x + y = 30.000 \\ -x - 1{,}5y = -40.000 \end{cases}$$

- Adicionando membro a membro duas equações, teremos:

$$-0{,}5y = -10.000 \Rightarrow y = 20.000$$

- Substituindo o valor de *y* acima na primeira equação, obteremos:

$$x + 20.000 = 30.000 \Rightarrow x = 10.000$$

Assim, o investidor aplicou $ 10.000,00 no fundo A e $ 20.000,00 no fundo B.

PROBLEMAS

29. Resolva cada um dos sistemas a seguir, usando o método que achar conveniente:

a) $\begin{cases} x + y = 7 \\ 3x + 2y = 15 \end{cases}$

b) $\begin{cases} x - y = 4 \\ 3x + 2y = 17 \end{cases}$

c) $\begin{cases} 2x + y = 8 \\ x - y = -2 \end{cases}$

d) $\begin{cases} 2x + 3y = -4 \\ x + y = -1 \end{cases}$

e) $\begin{cases} 5x + 3y = 16 \\ 3x - 2y = -17 \end{cases}$

f) $\begin{cases} 2x + 5y = -15 \\ 3x - 7y = 21 \end{cases}$

g) $\begin{cases} 2x + 3y = 2 \\ 18x - 12y = 5 \end{cases}$

30. Um investidor aplicou parte de seu patrimônio de $ 20.000,00 em um fundo A e parte em um fundo B, por um ano. O fundo A rendeu 10% e o B rendeu 20%. Sabendo-se que o total dos rendimentos foi de $ 2.500,00, calcule quanto foi aplicado em cada fundo.

31. Uma empresa pretende gastar $ 225.000,00 por ano em propaganda, parte em jornal e parte em televisão. Sabendo-se que a quantia gasta em televisão deve ser quatro vezes maior que a gasta em jornal, obtenha a quantia a ser gasta em televisão.

1.10 USO DO MATHEMATICA

Para resolver equações e sistemas de equações usamos o comando Solve. Vejamos três exemplos:

EXEMPLO 1.7 (continuação) Para resolver a equação de primeiro grau desse exemplo, o comando é:

$$\text{In}[2]: = \text{Solve}[4* x - 12 = = 8 - 6* x, x]$$

O resultado aparece como:

$$\text{Out}[2] = x -> 2$$

EXEMPLO 1.11 (continuação) Para resolver a equação de segundo grau $x^2 - 4x + 3 = 0$, obtemos:

$$\text{In}[3]: = \text{Solve}[x \wedge 2 - 4* x + 3 = = 0, x]$$

$$\text{Out}[3] = x -> 1, x -> 3$$

EXEMPLO 1.16 (continuação) O sistema do exemplo é resolvido com o seguinte comando:

$$\text{In}[4]: = \text{Solve}[x + y = = 8, 2* x + 3* y = = 21, x, y]$$

$$\text{Out}[4] = x -> 3, y -> 5$$

Observe que o sinal de igual é escrito = =. Um único sinal de igual, =, é usado para o comando que associa apenas um valor, como:

$$\text{In}[5]: = x = 2$$

$$\text{Out}[5] = 2$$

In[6]: $= x^2 - 2$

Out[6] = 2

O produto $2x$ pode ser indicado $2*x$ ou $2\ x$ (espaço entre 2 e x).

PROBLEMAS

32. Resolva os problemas 8.a, 9.d e 16.c usando o Mathematica.
33. Resolva os problemas 17.b, 29.d e 30 usando o Mathematica.

2

FUNÇÕES

2.1 INTRODUÇÃO

Frequentemente, nas mais diversas situações envolvendo duas variáveis, o valor de uma delas depende do valor da outra. Assim, por exemplo, o valor de uma conta de energia elétrica depende da quantidade consumida, o imposto de renda de uma pessoa depende do rendimento tributável, a distância percorrida por um automóvel a 80 km/h depende do tempo de percurso.

Grande parte das relações apresenta a propriedade de que a cada valor de uma variável corresponde um único valor da outra; essas relações são chamadas *funções*.

2.2 ESTUDO DE FUNÇÕES

Dados dois conjuntos A e B, *uma função f de A em B*, é toda relação em que a cada elemento de A corresponde um único elemento de B.

O conjunto A é chamado *domínio* e B de *contradomínio*. Um elemento genérico do domínio é indicado por x e seu correspondente no contradomínio é indicado por y ou então por $f(x)$; ao elemento y damos o nome de *imagem de x* e ao conjunto das imagens damos o nome *conjunto imagem da função*.

O domínio costuma ser representado por D e o conjunto imagem por Im. Dizemos também que x é a variável independente e y a variável dependente.

EXEMPLO 2.1   Sejam os conjuntos $A = \{1, 2, 3\}$ e $B = \{2, 3, 4, 5\}$ e consideremos a relação que a cada elemento x de A se associa um elemento y em B, tal que $y = x + 1$.

- Ao elemento $x = 1$ se associa o elemento $y = 1 + 1 = 2$;
- ao elemento $x = 2$ se associa o elemento $y = 2 + 1 = 3$;
- ao elemento $x = 2$ se associa o elemento $y = 3 + 1 = 4$.

Tal relação é uma função, pois a cada elemento de A se associa um único elemento em B.

Na Figura 2.1 temos a representação da relação por meio do diagrama de flechas.

Figura 2.1: Diagrama de flechas da função $y = x + 1$

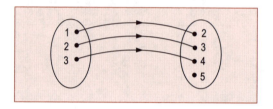

O domínio da função é o conjunto $D = \{1, 2, 3\}$ e o conjunto imagem é $Im = \{2, 3, 4\}$.

Quando os conjuntos A e B são numéricos, as relações são formadas de pares ordenados de números. Um par ordenado de números é um conjunto formado por dois números em uma certa ordem. Em um par ordenado (a, b) o primeiro elemento do par é a e o segundo é b. Um par ordenado de números reais pode ser representado geometricamente num sistema de dois eixos perpendiculares, sendo o horizontal chamado *eixo das abscissas*, ou eixo x, e o vertical de *eixo das ordenadas*, ou eixo y.

Um par ordenado (a, b) pode ser representado colocando-se a no eixo x e b no eixo y e traçando-se uma vertical por a e uma horizontal por b. O ponto P de intersecção dessas duas retas é a representação do par (a, b), conforme a Figura 2.2.

Figura 2.2: Representação geométrica do par ordenado (a, b)

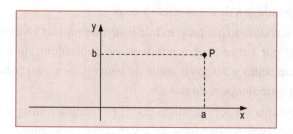

O gráfico de uma função é o conjunto dos pontos que representam os pares ordenados (x, y) da função em que x é um elemento do domínio e y a sua imagem. Assim, o gráfico da função do Exemplo 2.1 é dado na Figura 2.3.

Figura 2.3: Gráfico de $f(x) = x + 1$ do Exemplo 2.1

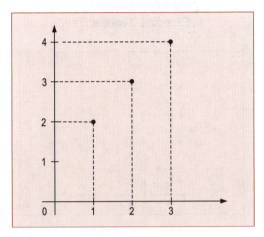

EXEMPLO 2.2 Sejam os conjuntos $A = \{1, 2\}$ e $B = \{2, 3, 4\}$ e seja a relação que a cada elemento x de A se associa um elemento y em B tal que $y > x$.

- Ao elemento 1 estão associados os valores 2, 3 e 4.
- Ao elemento 2 estão associados os valores 3 e 4.

O diagrama de flechas da relação é dado abaixo na Figura 2.4. Notemos que tal relação não é uma função pois a cada elemento de A se associam vários elementos em B.

Figura 2.4: Diagrama de flechas da relação $y > x$

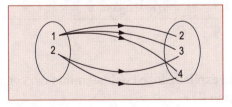

EXEMPLO 2.3 Seja a função cuja imagem é dada por $f(x) = 2x$, em que o domínio é o conjunto $A = \{1, 2, 3..., n, ...\}$ e o contradomínio é o conjunto dos números reais. Assim:

$$f(1) = 2, \quad f(2) = 4, \quad f(3) = 6, \quad ... \quad f(n) = 2n, ...$$

Portanto, o conjunto imagem é *Im* = {2, 4, 6 ..., 2*n*, ...}. O gráfico é dado pela Figura 2.5, e podemos verificar que os pontos do gráfico estão alinhados.

Caso tivéssemos uma função definida pela mesma sentença *f*(*x*) = 2*x*, mas com domínio *A* = R, o gráfico seria formado por todos os pontos da reta da Figura 2.6.

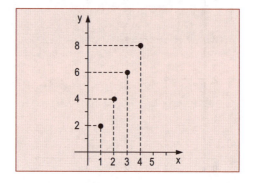

Figura 2.5: Gráfico de *f* (*x*) = 2*x*
do Exemplo 2.3 em que *D* = N*

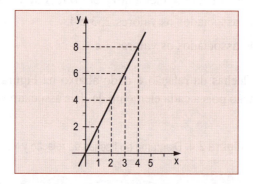

Figura 2.6: Gráfico de *f* (*x*) = 2*x*
do Exemplo 2.3 em que *D* = R

Observação:

Geralmente, quando não explicitado, o contradomínio é o conjunto formado por todos os números reais (conjunto R).

EXEMPLO 2.4 Existem diversos recursos computacionais, disponíveis hoje em dia, para a elaboração de gráficos de funções (por exemplo, Excel, Maple, Mathematica, Derive etc). Geralmente o recurso consiste em indicar os valores de *x* e os correspondentes valores de *y*, para que o aplicativo gere o gráfico ponto a ponto.

Suponhamos, por exemplo, querer obter o gráfico da função $y = 4x - x^2$, no intervalo [0, 4]. Usando a planilha Excel, podemos gerar os valores de *x* a partir de 0 e com passo igual a 0,1 até atingirmos o valor 4 (isto é, atribuímos para x os valores: 0; 0,1; 0,2; 0,3; ...; 4). Para cada valor de x obtemos, com a planilha, os correspondentes valores de y.

De posse das colunas com x e y, selecionamos, por meio do editor de gráficos, o gráfico de dispersão. Obtemos o que está na Figura 2.7.

Figura 2.7: Gráfico de y = 4x − x² usando o Excel

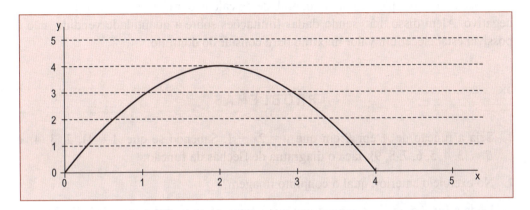

Com procedimento análogo, podemos obter o gráfico da função $y = x^3 - x$, no intervalo [−1, 1] (Figura 2.8).

Figura 2.8: Gráfico de $y = x^3 - x$ usando o Excel

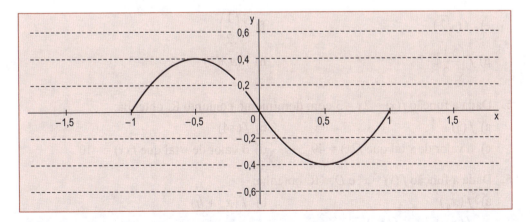

É importante observarmos que esse procedimento permite obter uma ideia do gráfico dentro de um intervalo de valores de x. Para termos uma ideia global do gráfico, em todo o domínio, precisamos estudar outros recursos, que veremos mais adiante.

EXEMPLO 2.5 Uma calculadora é vendida por $ 200,00 a unidade. Sendo x a quantidade vendida, a receita de vendas será 200x. Assim, podemos dizer que R(x) = 200x é uma função que fornece para a quantidade vendida (x) a receita correspondente. O domínio e o conjunto imagem são dados por:

$$D = \{0, 1, 2, 3, 4, ...\} \text{ e } Im = \{0, 200, 400, 600, 800, ...\}$$

Em situações como essa, o domínio é ditado pelas condições práticas em questão. Assim, no exemplo acima, a quantidade de calculadoras é um número inteiro não negativo. Além disso, não sendo dadas limitações sobre a quantidade vendida, não é possível estabelecer um valor máximo para constar do domínio.

PROBLEMAS

1. Seja a função de A em B em que y = 2x + 1. Sabendo-se que A = {1, 2, 3, 4} e B = {3, 4, 5, 6, 7, 8, 9}, faça o diagrama de flechas da função.

2. No exercício anterior, qual o conjunto imagem?

3. Dada a função y = 3x e sabendo-se que o conjunto imagem é Im = {12, 18, 24, 25}, qual seu domínio?

4. Dada a função $f(x) = 7x - 3$, com D = R, obtenha:

    a) $f(2)$ b) $f(6)$
    c) $f(0)$ d) $f(-1)$
    e) $f(\sqrt{2})$ f) $f\left(\dfrac{1}{2}\right)$
    g) $f\left(-\dfrac{1}{3}\right)$ h) $f(a+b)$

5. Dada a função f(x) = 2x - 3 com domínio no conjunto R, obtenha:
    a) $f(3)$ b) $f(-4)$
    c) o valor de x tal que $f(x) = 49$ d) o valor de x tal que $f(x) = -10$

6. Dada a função $f(x) = x^2$ e D = R, obtenha:
    a) $f(x_0)$ b) $f(x_0 + h)$
    c) $f(x_0 + h) - f(x_0)$

7. Dada a função, com domínio em R, em que $f(x) = x^2 - 4x + 10$, obtenha os valores de x cuja imagem seja 7.

CAPÍTULO 2 Funções

8. Dada a função com domínio real e $f(x) = mx + 3$, determine m sabendo-se que $f(1) = 6$.

9. Faça o gráfico da função $f(x) = 2x + 1$, com domínio $D = \{0, 1, 2, 3, 4\}$. Qual o conjunto imagem?

10. Faça o gráfico da função $f(x) = x^2$, sendo $D = \{-3, -2, -1, 0, 1, 2, 3\}$. Qual o conjunto imagem?

11. Qual o gráfico da função $f(x) = 3$, sendo $D = \mathbb{R}$?

12. Esboce o gráfico da função com domínio $D = \mathbb{R}$, dada por:

$$f(x) = \begin{cases} 1, \text{ se } x \geq 0, \\ -1, \text{ se } x < 0 \end{cases}$$

13. Uma livraria vende uma revista por $ 5,00 a unidade. Seja x a quantidade vendida.
    a) Obtenha a função receita $R(x)$.
    b) Calcule $R(40)$.
    c) Que quantidade deve ser vendida para chegar a uma receita igual a $ 700,00?

14. O custo de fabricação de x unidades de um produto é dado pela função $C(x) = 100 + 2x$.
    a) Qual o custo de fabricação de 10 unidades?
    b) Qual o custo de fabricação da décima unidade, já tendo sido fabricadas nove unidades?

15. Resolva o exercício anterior considerando a função custo a seguir.

$$C(x) = \frac{1}{3}x^3 - 24x^2 + 600x + 400$$

16. Chama-se *custo médio de fabricação* de um produto ao custo de produção dividido pela quantidade produzida. Indicando o custo médio correspondente a x unidades produzidas por $Cme(x)$, teremos: $Cme(x) = \dfrac{C(x)}{x}$.

    O custo de fabricação de x unidades de um produto é $C(x) = 500 + 4x$.
    a) Qual o custo médio de fabricação de 20 unidades?
    b) Qual o custo médio de fabricação de 40 unidades?
    c) Para que valor tende o custo médio à medida que x aumenta?

17. Em determinado país, o imposto de renda é igual a 10% da renda, para ganhos até $ 900,00. Para rendas acima de $ 900,00, o imposto é igual a $ 90,00 (10% de $ 900,00) mais 20% da parte da renda que excede $ 900,00.

a) Qual o imposto para uma renda de $ 600,00?

b) Qual o imposto para uma renda de $ 1.200,00?

c) Chamando x a renda e y o imposto de renda, obtenha a expressão de y em função de x.

18. Em determinada cidade, a tarifa mensal de água é cobrada da seguinte forma: para um consumo de até 10 m^3 mensais, a tarifa é um valor fixo de $ 8,00. A parte consumida no mês entre 10 m^3 e 20 m^3 paga uma tarifa de $ 1,00 por m^3, e o que exceder 20 m^3 paga $ 1,40 por m^3.

   a) Calcule a tarifa de quem consome 2 m^3 por mês.

   b) Calcule a tarifa de quem consome 15 m^3 por mês.

   c) Calcule a tarifa de quem consome 37 m^3 por mês.

   d) Chamando x o consumo mensal (em m^3) e y a tarifa, obtenha a expressão de y em função de x.

19. Um vendedor de assinaturas de uma revista ganha $ 2.000,00 de salário fixo mensal, mais uma comissão de $ 50,00 por assinatura. Sendo x o número de assinaturas vendidas por mês, expresse seu salário total S como função de x.

20. Um retângulo tem um perímetro igual a 40. Expresse a área do retângulo em função da medida x de um de seus lados.

21. Cada um dos lados de um triângulo equilátero mede x. Expresse a área desse triângulo em função de x.

22. A seguir estão gráficos de relações de A em R. Quais podem e quais não podem ser gráficos de funções?

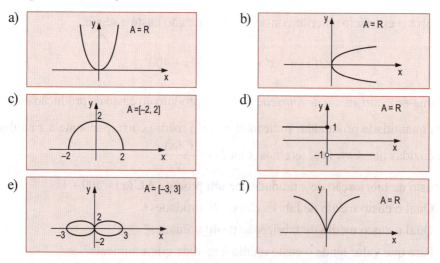

2.3 PRIMEIRAS NORMAS ELEMENTARES PARA O ESTUDO DE UMA FUNÇÃO

2.3.1 Domínio

Nas situações de funções dadas por sentenças do tipo $y = f(x)$, em que x e y são variáveis numéricas, e não é mencionado o domínio, convenciona-se que ele seja formado por todos os valores reais de x para os quais existam as respectivas imagens y.

EXEMPLO 2.6 Considere as funções:

$$a) f(x) = \frac{2}{x-3}$$
$$b) f(x) = \sqrt{x-2}$$
$$c) f(x) = x^2 + 5x$$

Temos,

a) $D = R - \{3\}$, pois o valor $x = 3$ faz que o denominador seja zero (não existe a fração);

b) $D = [2, \infty]$, pois para $x < 2$ o radicando é negativo e não existe a raiz quadrada;

c) $D = R$, pois neste exemplo x pode ser qualquer valor real.

Observemos que, em funções envolvendo situações práticas, o domínio é constituído por todos os valores reais de x para os quais tenha significado o cálculo da imagem. Assim, por exemplo, caso tenhamos uma função custo $C(x) = 400 + 3x$, os valores de x não podem ser negativos (não podemos ter quantidades negativas). Além disso, caso o produto seja indivisível (por exemplo, quando x é a quantidade de carros), o domínio é constituído apenas por números inteiros não negativos.

2.3.2 Interceptos

São os pontos de intersecção do gráfico de uma função com os eixos. Os pontos de intersecção com o eixo x têm coordenadas do tipo $(x, 0)$ e são chamados x-interceptos ou zeros da função. Os pontos de intersecção com o eixo y têm coordenadas do tipo $(0, y)$ e são chamados y-interceptos.

EXEMPLO 2.7 Vamos obter os pontos de interseccção do gráfico da função $y = (x^2 - 1)(x - 2)$ com os eixos x e y.

Temos,
- Intersecção com o eixo y

Como o ponto procurado é da forma $(0, y)$, devemos fazer na função $x = 0$. Assim:

$$y = (0^2 - 1)(0 - 2) = 2$$

Portanto, o ponto procurado é $(0, 2)$.

- Intersecção com o eixo x

Como o ponto procurado é da forma $(x, 0)$, devemos fazer na função $y = 0$. Assim:

$$0 = (x^2 - 1)(x - 2) \Rightarrow x = 1 \text{ ou } x = -1 \text{ ou } x = 2$$

Portanto os pontos procurados são: $(1, 0)$, $(-1, 0)$ e $(2, 0)$.
O esboço do gráfico dessa função encontra-se na Figura 2.9.

Figura 2.9: Esboço do gráfico da função $y = (x^2 - 1)(x - 2)$

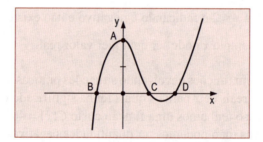

2.3.3 Funções crescentes e decrescentes

Dizemos que uma função f é *crescente* em um intervalo $[a, b]$ se dentro do intervalo, à medida que aumenta o valor de x, as imagens correspondentes também aumentam. Em outras palavras, f é crescente em um intervalo $[a, b]$ se, para quaisquer valores x_1 e x_2 do intervalo, com $x_1 < x_2$, tivermos $f(x_1) < f(x_2)$.

Analogamente, dizemos que uma função f é *decrescente* em um intervalo $[a, b]$ se dentro do intervalo, à medida que aumenta o valor de x, as imagens correspondentes vão diminuindo. Em outras palavras, f é decrescente em um intervalo $[a, b]$ se, para quaisquer valores x_1 e x_2 do intervalo, com $x_1 < x_2$, tivermos $f(x_1) > f(x_2)$. A Figura 2.10 ilustra essas duas situações.

Caso a função tenha a mesma imagem em todos os pontos de um intervalo $[a, b]$, dizemos que a função é constante naquele intervalo.

Figura 2.10: Funções crescente e decrescente

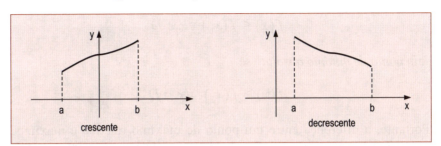

2.3.4 Pontos de máximo e de mínimo

Seja f uma função definida em um domínio D. Dizemos que x_0 é um *ponto de máximo relativo* (ou simplesmente *ponto de máximo*) se existir um intervalo aberto A, com centro em x_0 tal que:

$$f(x) \leq f(x_0) \ \forall x \in A \cap D.$$

Em outras palavras, x_0 é um ponto de máximo relativo se as imagens de todos os valores de x pertencentes ao domínio, situados em um intervalo centrado em x_0, forem menores ou iguais à imagem de x_0. A imagem $f(x_0)$ é chamada *valor máximo de f*.

Analogamente, dizemos que x_0 é um *ponto de mínimo relativo* (ou simplesmente *ponto de mínimo*) se existir um intervalo aberto A, com centro em x_0 tal que:

$$f(x) \geq f(x_0) \ \forall x \in A \cap D$$

Em outras palavras, x_0 é um ponto de mínimo relativo se as imagens de todos os valores de x pertencentes ao domínio situados em um intervalo centrado em x_0, forem maiores ou iguais à imagem de x_0. A imagem $f(x_0)$ é chamada *valor mínimo de f*.

Assim, por exemplo, na função definida no intervalo $[a, b]$ e representada no gráfico da Figura 2.11, teremos:

Pontos de máximo: a, x_2, x_4.

Pontos de mínimo: x_1, x_3, b.

Figura 2.11: Ilustração de pontos de máximo e de mínimo

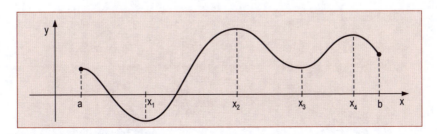

Por outro lado, dizemos que x_0 é um *ponto de máximo absoluto* se

$$f(x) \leq f(x_0) \ \forall x \in D$$

e x_0 é um *ponto de mínimo absoluto* se

$$f(x) \geq f(x_0) \ \forall x \in D$$

Portanto, a diferença entre um ponto de máximo relativo e máximo absoluto é que o primeiro é um conceito vinculado às vizinhanças do ponto considerado, ao passo que o segundo é ligado a todo o domínio da função. A mesma diferença ocorre entre ponto de mínimo relativo e mínimo absoluto.

Na função representada na Figura 2.11, x_2 é ponto de máximo absoluto e x_1 é ponto de mínimo absoluto.

2.3.5 Estudo do sinal de uma função

Estudar o sinal de uma função significa obter os valores de x para os quais $y > 0$ ou $y < 0$ ou $y = 0$.

Desse modo, por exemplo, na função definida no intervalo [2, 10] e representada na Figura 2.12, teremos:

- $y > 0$ *para* $2 \leq x < 3$ *ou para* $7 < x \leq 10$
- $y < 0$ *para* $3 < x < 7$
- $y = 0$ *para* $x = 3$ *ou* $x = 7$

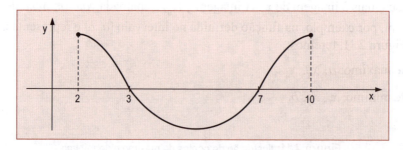

Figura 2.12: Ilustração do sinal de uma função

Simbolicamente representamos da forma indicada na Figura 2.13:

Figura 2.13: Representação do sinal de uma função

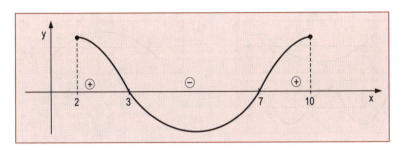

PROBLEMAS

23. Obtenha o domínio das seguintes funções:

    a) $y = 2x + 7$

    b) $y = \dfrac{1}{x-2}$

    c) $y = \dfrac{1}{x} + \dfrac{3}{x-3}$

    d) $y = \sqrt{x}$

    e) $y = \sqrt{x-2}$

    f) $y = \sqrt{2-x}$

    g) $y = \dfrac{3}{\sqrt{x-1}}$

    h) $y = \sqrt{2x-6} + \dfrac{3}{x}$

    i) $y = \dfrac{\sqrt{x-3}}{x-1}$

    j) $y = \sqrt{x} + \sqrt{x-2}$

24. Obtenha os intervalos nos quais a função dada é crescente e nos quais é decrescente, indicando pontos de máximo e de mínimo, para a figura a seguir:

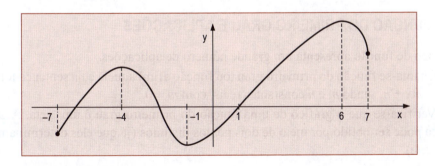

25. Estude o sinal das seguintes funções:

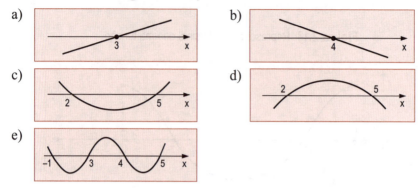

A seguir, procuraremos dar uma ideia geral das principais funções utilizadas nas áreas de Administração, Economia e Finanças. Após o estudo de cada uma destas funções, veremos algumas de suas aplicações.

2.4 FUNÇÃO CONSTANTE

É toda função do tipo $y = k$, em que k é uma constante real. Verifica-se que o gráfico dessa função é uma reta horizontal, passando pelo ponto de ordenada k (Figura 2.14):

Figura 2.14: Gráfico da função constante $y = k$

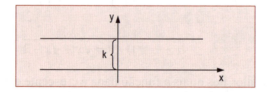

2.5 FUNÇÃO DO PRIMEIRO GRAU E APLICAÇÕES

Esse tipo de função apresenta um grande número de aplicações.

Chama-se função do primeiro grau (ou função afim) aquela cuja sentença for dada por $y = mx + n$, sendo m e n constantes reais, com $m \neq 0$.

Verifica-se que o gráfico de uma função do primeiro grau é uma reta. Assim, o gráfico pode ser obtido por meio de dois pontos distintos (já que eles determinam uma única reta).

EXEMPLO 2.8 Vamos esboçar o gráfico da função $y = 2x + 1$.

Atribuindo a x os valores 0 e 1, por exemplo, teremos:
- $x = 0 \Rightarrow y = 2 \cdot 0 + 1 = 1$. Assim, temos o ponto $(0, 1)$;
- $x = 1 \Rightarrow y = 2 \cdot 1 + 1 = 3$. Assim, temos o ponto $(1, 3)$.

Dessa forma, a reta procurada passa pelos pontos $(0, 1)$ e $(1, 3)$ e seu gráfico é o da Figura 2.15.

Figura 2.15: Gráfico da função do primeiro grau $y = 2x + 1$

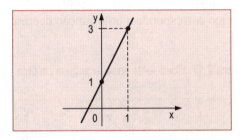

EXEMPLO 2.9 Obtenhamos a função cujo gráfico é dado na Figura 2.16.

Figura 2.16: Função do primeiro grau

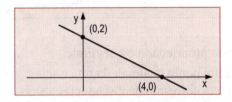

Seja $y = m \cdot x + n$ a função procurada. Então:
- o ponto $(0, 2)$ pertence ao gráfico, logo: $2 = m \cdot 0 + n \Rightarrow n = 2$;
- o ponto $(4, 0)$ pertence ao gráfico, logo: $0 = m \cdot 4 + n \Rightarrow 4m + n = 0$;
- tendo em conta que $n = 2$, obtemos: $4m + 2 = 0 \Rightarrow m = -\dfrac{1}{2}$;
- dessa forma, a função procurada é $y = -\dfrac{1}{2}x + 2$.

Observações:

i) A constante n é chamada *coeficiente linear* e representa, no gráfico, a ordenada do ponto de intersecção da reta com o eixo y (Figura 2.17).

A justificativa para essa afirmação é feita lembrando que, no ponto de intersecção do gráfico da função com o eixo y, a abscissa x vale zero; assim, o ponto de intersecção é da forma $(0, n)$, e como ele pertence também ao gráfico da função, podemos substituir x por 0 na função $y = m \cdot x + n$. Teremos então:

$$y = m \cdot 0 + n \Rightarrow y = n$$

Portanto, o ponto de intersecção do gráfico com o eixo y tem ordenada n.

ii) A constante m é chamada *coeficiente angular*, e representa a variação de y correspondente a um aumento do valor de x igual a 1, aumento esse considerado a partir de qualquer ponto da reta; quando $m > 0$, o gráfico corresponde a uma função crescente e quando $m < 0$, o gráfico corresponde a uma função decrescente (Figura 2.17).

Figura 2.17: Coeficiente linear e angular de uma reta

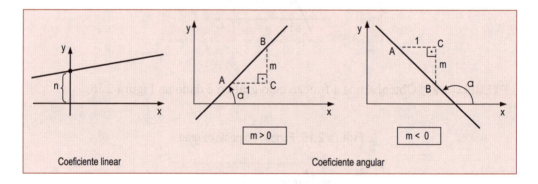

A demonstração dessa propriedade é a seguinte.

Seja x_1 a abscissa de um ponto qualquer da reta e seja $x_2 = x_1 + 1$. Sejam y_1 e y_2 as ordenadas dos pontos da reta correspondentes àquelas abscissas. Teremos

$$y_1 = m \cdot x_1 + n \qquad (2.1)$$

e

$$y_2 = m \cdot x_2 + n \qquad (2.2)$$

Subtraindo membro a membro as relações (2.2) e (2.1), e tendo em conta que $x_2 = x_1 + 1$, obteremos:

$$y_2 - y_1 = m(x_2 - x_1) \Rightarrow y_2 - y_1 = m$$

Assim, m corresponde à variação de y correspondente a uma variação de x igual a 1.

Notemos ainda que se $m > 0$, teremos $y_2 > y_1$; consequentemente, a função será crescente. Por outro lado, se $m < 0$, então $y_2 < y_1$; consequentemente, a função será decrescente.

É fácil verificar no triângulo ABC da Figura 2.17 que $m = tg\alpha$, em que α é o ângulo de inclinação da reta em relação ao eixo x.

iii) Conhecendo-se dois pontos de uma reta $A(x_1, y_1)$ e $B(x_2, y_2)$, o coeficiente angular m é dado por:

$$m = \frac{y_2 - y_1}{x_2 - x_1} = \frac{\Delta y}{\Delta x} \tag{2.3}$$

A demonstração de (2.3) é feita considerando-se o triângulo ABC da Figura 2.18.

Figura 2.18: Interpretação do coeficiente angular

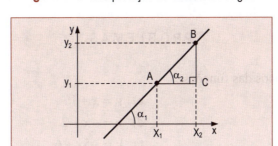

Temos:

$$tg\alpha_2 = \frac{\overline{BC}}{\overline{AC}} = \frac{y_2 - y_1}{x_2 - x_1}$$

Como $\alpha_2 = \alpha_1$, então $tg\alpha_2 = tg\alpha_1$ e $m = tg\alpha_1$; segue que $m = \frac{y_2 - y_1}{x_2 - x_1}$.

A demonstração é análoga se, na Figura 2.18, considerarmos uma reta de uma função decrescente.

iv) Conhecendo um ponto $P(x_0, y_0)$ de uma reta e seu coeficiente angular m, a função correspondente é dada por:

$$y - y_0 = m(x - x_0) \tag{2.4}$$

De fato, seja $Q(x, y)$ um ponto genérico da reta, distinto de P (Figura 2.19):

Figura 2.19: Determinação da reta por um ponto e pelo coeficiente angular

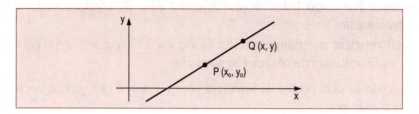

Teremos:

$$m = \frac{y - y_0}{x - x_0} \Rightarrow y - y_0 = m(x - x_0)$$

ou ainda:

$$y = y_0 + m(x - x_0)$$

PROBLEMAS

26. Esboce os gráficos das funções:
    a) $y = 5$
    b) $y = x + 1$
    c) $y = 3x + 2$
    d) $y = -x + 2$
    e) $y = -3x$
    f) $y = -5x + 6$
    g) $y = 6 - 10x$
    h) $\begin{cases} y = 2x, \text{ se } x \geq 0 \\ y = x, \text{ se } x < 0 \end{cases}$
    i) $\begin{cases} y = 2x + 1, \text{ se } x \geq 1 \\ y = 3, \text{ se } x < 1 \end{cases}$

27. Estude o sinal das seguintes funções:
    a) $y = 2x - 6$
    b) $y = 3x + 12$
    c) $y = -2x + 8$
    d) $y = -3x$
    e) $y = 5x + 2$

28. Obtenha o coeficiente angular da reta que passa por A e B nos seguintes casos:
    a) $A(1, 2)$ e $B(2, 7)$
    b) $A(0, 3)$ e $B(2, 5)$
    c) $A(-1, 4)$ e $B(3, 5)$
    d) $A(-2, 1)$ e $B(5, -2)$

29. Obtenha a equação da reta que passa por P e tem coeficiente angular m nos seguintes casos:
    a) $P(1, 3)$ e $m = 2$
    b) $P(0, 0)$ e $m = 3$
    c) $P(-1, 4)$ e $m = -1$
    d) $P(-1, -2)$ e $m = 2$
    e) $P(0, -4)$ e $m = -3$
    f) $P(-2, 0)$ e $m = -1$

30. Obtenha a equação da reta que passa pelos pontos A e B nos seguintes casos:
   a) $A(1, 2)$ e $B(2, 3)$
   b) $A(-1, 0)$ e $B(4, 2)$
   c) $A(2, 1)$ e $B(0, 4)$

31. Obtenha as funções, dados seus gráficos, nos seguintes casos:

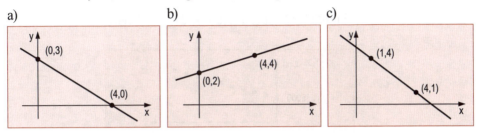

2.5.1 Funções custo, receita e lucro do primeiro grau

Seja x a quantidade produzida de um produto. O *custo total de produção* (ou simplesmente *custo*) depende de x, e chamamos a relação entre eles *função custo total* (ou simplesmente *função custo*), e a indicamos por C.

Existem custos que não dependem da quantidade produzida, como aluguel, seguros etc. A soma desses custos, chamamos *custo fixo* e indicamos por C_F. A parcela do custo que depende de x, chamamos *custo variável*, e indicamos por C_V.

Assim, podemos escrever:

$$C = C_F + C_V$$

Verificamos também que, para x variando dentro de certos limites (normalmente não muito grandes), o custo variável é, em geral, igual a uma constante multiplicada pela quantidade x. Essa constante é chamada custo variável por unidade.

Seja x a quantidade vendida de um produto. Chamamos *função receita* ao produto de x pelo preço de venda e a indicamos por R.

A *função lucro* é definida como a diferença entre a função receita R e a função custo C. Assim, indicando a função lucro por L, teremos:

$$L(x) = R(x) - C(x)$$

EXEMPLO 2.10 O custo fixo mensal de fabricação de um produto é $ 5.000,00 e o custo variável por unidade é $ 10,00. Então, a função custo total é dada por:

$$C = 5.000 + 10x$$

Se o produto em questão for indivisível (por exemplo, número de rádios), os valores de x serão 0, 1, 2, 3, ... e o gráfico será um conjunto de pontos alinhados (Figura 2.20). Caso o produto seja divisível (por exemplo, toneladas de aço produzidas), os valores de x serão reais positivos, e o gráfico será a semirreta da Figura 2.21, pois trata-se de uma função do primeiro grau.

Quando nada for dito a respeito das características do produto, admitiremos que o mesmo seja divisível, sendo o gráfico, então, uma curva contínua.

Figura 2.20: Função custo com domínio discreto

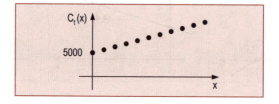

Figura 2.21: Função custo com domínio contínuo

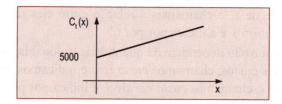

EXEMPLO 2.11 Um produto é vendido a $ 15,00 a unidade (preço constante). A função receita será:

$$R(x) = 15x$$

O gráfico dessa função será uma semirreta passando pela origem (pois trata-se de uma função do primeiro grau com coeficiente linear igual a zero). Assim, o gráfico desta função encontra-se na Figura 2.22:

Figura 2.22: Gráfico da função receita $R(x) = 15x$

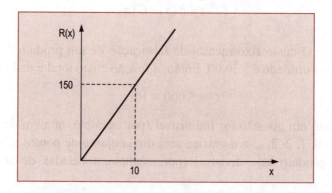

Se colocarmos o gráfico da função receita desse exemplo e o da função custo do exemplo anterior em um mesmo sistema de eixos, teremos a Figura 2.23. Nesta figura, podemos observar que os gráficos interceptam-se em um ponto N; neste ponto, a receita e o custo são iguais e, consequentemente o lucro é zero. A abscissa desse ponto é chamada *ponto de nivelamento* ou *ponto crítico* e é indicada por x^*.

Figura 2.23: Ponto crítico ou de nivelamento

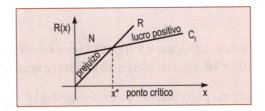

Observemos que:
- se $x > x^*$, então $R(x) > C(x)$ e portanto $L(x) > 0$ (lucro positivo);
- se $x < x^*$, então $R(x) < C(x)$ e portanto $L(x) < 0$ (lucro negativo ou prejuízo).

EXEMPLO 2.12 Suponhamos que a função custo seja $C(x) = 5.000 + 10x$ e a função receita seja:

$$R(x) = 15x$$

O ponto de nivelamento é o valor de x tal que

$$R(x) = C(x)$$

ou seja:

$$15x = 5.000 + 10x$$
$$5x = 5.000,$$
$$x = 1.000$$

Assim, se $x > 1.000$ o lucro será positivo, e se $x < 1.000$, o lucro será negativo (prejuízo).

A função lucro é dada por:

$$L(x) = R(x) - C(x),$$
$$L(x) = 15x - (5.000 + 10x),$$
$$L(x) = 5x - 5.000$$

A diferença entre o preço de venda e o custo variável por unidade é chamada *margem de contribuição por unidade*. Portanto, no nosso exemplo, a margem de contribuição por unidade vale $ 5,00 (15 − 10).

EXEMPLO 2.13

a) Um produto é vendido com uma margem de contribuição unitária igual a 40% do preço de venda. Qual o valor dessa margem como porcentagem do custo variável por unidade?

b) Um produto é vendido com uma margem de contribuição unitária igual a 50% do custo variável por unidade. Qual o valor dessa margem como porcentagem do preço de venda?

Resolução:

a) Admitamos um preço de venda igual a $ 100,00. Desta forma a margem de contribuição é igual a (0,40) . 100 = 40, e portanto o custo variável é igual a $ 60,00. Logo, a margem de contribuição como porcentagem do custo variável é $\frac{40}{60} = 0,6667 = 66,67\%$.

b) Admitamos um custo variável por unidade igual a $ 100,00. Desta forma a margem de contribuição é igual a (0,50) . 100 = 50, e portanto o preço de venda é igual a $ 150,00. Logo, a margem de contribuição como porcentagem do preço de venda é $\frac{50}{150} = 0,3333 = 33,33\%$.

Observações:

i) Em geral, para grandes intervalos de variação de x, o gráfico da função custo tem o aspecto da Figura 2.24. Até o ponto A os custos crescem lentamente, e depois de A passam a crescer de forma mais rápida (isso corresponde ao fato de que um grande aumento na produção implica novos investimentos). Podemos também perceber, pelo gráfico, que até o ponto B o gráfico da função custo é aproximadamente uma reta, e esta suposição foi a que utilizamos neste item.

Figura 2.24: Função custo genérica

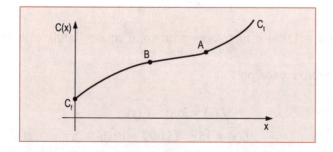

ii) Na função receita, admitimos que o preço era constante e, consequentemente, a função receita era do primeiro grau. Veremos nos próximos itens como abordar o fato de o preço não ser constante.

iii) Chamamos custo médio de produção (ou ainda custo unitário) e indicamos por *Cme*, o custo total dividido pela quantidade produzida, isto é:

$$Cme(x) = \frac{C(x)}{x}$$

PROBLEMAS

32. Determine o ponto de nivelamento (ou ponto crítico) e esboce os gráficos da função receita e custo em cada caso:
    a) $R(x) = 4x$ e $C(x) = 50 + 2x$;
    b) $R(x) = 200x$ e $C(x) = 10.000 + 150x$;
    c) $R(x) = \frac{1}{2}x$ e $C(x) = 20 + \frac{1}{4}x$.

33. Obtenha as funções lucro em cada caso do problema anterior, esboce seu gráfico e faça o estudo do sinal.

34. Uma editora vende certo livro por $ 60,00 a unidade. Seu custo fixo é $ 10.000,00 por mês e o custo variável por unidade é $ 40,00. Qual o ponto de nivelamento?

35. Em relação ao exercício anterior, quantas unidades a editora deverá vender por mês para ter um lucro mensal de $ 8.000,00?

36. O custo fixo de fabricação de um produto é $ 1.000,00 por mês e o custo variável por unidade é $ 5,00. Se cada unidade for vendida por $ 7,00:
    a) Qual o ponto de nivelamento?
    b) Se o produtor conseguir reduzir o custo variável por unidade em 20% à custa do aumento do custo fixo na mesma porcentagem, qual o novo ponto de nivelamento?
    c) Qual o aumento no custo fixo necessário para manter inalterado o ponto de nivelamento (em relação ao item a) quando o custo variável por unidade é reduzido em 30%?

37. O custo fixo mensal de uma empresa é $ 30.000,00, o preço unitário de venda é $ 8,00 e o custo variável por unidade é $ 6,00.
    a) Obtenha a função lucro mensal.
    b) Obtenha a função lucro líquido mensal, sabendo que o imposto de renda é 30% do lucro.

38. O custo fixo mensal de uma empresa é $ 5.000,00, o custo variável por unidade produzida é $ 30,00 e o preço de venda é $ 40,00.
    Que quantidade deve ser vendida por mês para dar um lucro líquido de $ 2.000,00 mensais, sabendo-se que o imposto de renda é igual a 35% do lucro?

39. Sabendo que a margem de contribuição por unidade é $ 3,00, o preço de venda é $ 10,00 e o custo fixo é $ 150,00 por dia, obtenha:

   a) a função receita;

   b) a função custo total diário;

   c) o ponto de nivelamento;

   d) a função lucro diário;

   e) a quantidade que deverá ser vendida para que haja um lucro de $ 180,00 por dia.

40. O preço de venda de um produto é $ 25,00. O custo variável por unidade é dado por:

   • matéria-prima: $ 6,00 por unidade;

   • mão de obra direta: $ 8,00 por unidade.

   Sabendo-se que o custo fixo mensal é de $ 2.500,00:

   a) Qual o ponto crítico (ponto de nivelamento)?

   b) Qual a margem de contribuição por unidade?

   c) Qual o lucro se a empresa produzir e vender mil unidades por mês?

   d) De quanto aumenta porcentualmente o lucro, se a produção aumentar de mil para 1.500 unidades por mês?

41. Para uma produção de 100 unidades, o custo médio é $ 4,00 e o custo fixo $ 150,00 por dia. Sabendo-se que o preço de venda é $ 6,00 por unidade, obtenha:

   a) o lucro para 100 unidades vendidas;

   b) o ponto crítico (nivelamento).

42. Uma editora pretende lançar um livro e estima que a quantidade vendida será de 20.000 unidades por ano. Se o custo fixo de fabricação for $ 150.000,00 por ano, e o variável por unidade $ 20,00, qual o preço mínimo que deverá cobrar pelo livro para não ter prejuízo?

43. Uma empresa fabrica um produto a um custo fixo de $ 1.200,00 por mês e um custo variável por unidade igual a $ 2,00; o preço de venda é $ 5,00 por unidade. Atualmente o nível de vendas é de mil unidades por mês. A empresa pretende reduzir em 20% o preço de venda visando, com isso, aumentar suas vendas. Qual deverá ser o aumento na quantidade vendida mensalmente para manter o lucro mensal?

44. Uma malharia opera a um custo fixo de $ 20.000,00 por mês. O custo variável por malha produzida é $ 60,00 e o preço unitário de venda é $ 100,00. Nestas condições seu nível mensal de vendas é de 2 mil unidades. A diretoria estima que, reduzindo em 10% o preço unitário de venda, haverá um aumento de 20% na quantidade vendida. Você acha vantajosa esta alteração? Justifique.

45. Um encanador A cobra por serviço feito um valor fixo de $ 100,00 mais $ 50,00 por hora de trabalho. Um outro encanador B cobra pelo mesmo serviço, um valor fixo de $ 80,00 mais $ 60,00 por hora trabalhada. A partir de quantas horas de um serviço o encanador *A* é preferível ao *B*?

46. A transportadora *X* cobra por seus serviços $ 3.000,00 fixos mais $ 20,00 por quilômetro rodado. A transportadora *Y* cobra $ 2.000,00 fixos mais $ 30,00 por quilômetro rodado. A partir de quantos quilômetros rodados é preferível usar a transportadora *X*?

47. Uma empresa que trabalha com um produto de precisão estima um custo diário de $ 2.000,00 quando nenhuma peça é produzida, e um custo de $ 8.000,00 quando 250 unidades são produzidas.
    a) Obtenha a função custo, admitindo que ela seja uma função do primeiro grau da quantidade produzida *x*.
    b) Qual o custo diário para produzir 300 unidades?

48. Quando 10 unidades de um produto são fabricadas por dia, o custo é igual a $ 6.600,00. Quando são produzidas 20 unidades por dia, o custo é de $ 7.200,00. Obtenha a função custo supondo que ela seja uma função do primeiro grau.

49. Uma empresa opera com um custo fixo diário de $ 500,00. O ponto de nivelamento ocorre quando são produzidas e vendidas 20 unidades diariamente. Qual a margem de contribuição por unidade?

50. Uma loja compra um produto e o revende com uma margem de contribuição unitária igual a 20% do preço de venda.
    a) Expresse o preço de venda (*p*) em função do custo variável por unidade (*c*).
    b) Qual a margem de contribuição unitária como porcentagem de *c*?

51. Se a margem de contribuição unitária é igual a 30% do preço de venda, qual será essa margem como porcentagem do custo variável por unidade?

52. Se a margem de contribuição unitária é igual a 25% do custo variável por unidade, qual o valor dessa margem como porcentagem do preço de venda?

53. Seja m_c a margem de contribuição como porcentagem do custo variável e m_p a margem de contribuição como porcentagem do preço de venda. Mostre que
$$m_c = \frac{m_p}{1 - m_p}.$$

54. Em relação ao exercício anterior, expresse m_p como função de m_c.

2.5.2 Funções demanda e oferta do primeiro grau

A demanda de um determinado bem é a quantidade desse bem que os consumidores pretendem adquirir em um certo intervalo de tempo (dia, mês, ano etc.).

A demanda de um bem é função de muitas variáveis: preço por unidade do produto, renda do consumidor, preços de bens substitutos, gostos etc. Supondo-se que todas as variáveis mantenham-se constantes, exceto o preço unitário do próprio produto (p), verifica-se que o preço p relaciona-se com a quantidade demandada (x). Chama-se *função de demanda* à relação entre p e x, indicada por $p = f(x)$.

Existe a função de demanda para um consumidor individual e para um grupo de consumidores (nesse caso, x representa a quantidade total demandada pelo grupo, a um nível de preço p). Em geral, quando nos referirmos à função de demanda, estaremos nos referindo a um grupo de consumidores e a chamaremos *função de demanda de mercado*.

Normalmente, o gráfico de p em função de x (que chamaremos *curva de demanda*) é o de uma função decrescente, pois quanto maior o preço, menor a quantidade demandada. Cada função de demanda depende dos valores em que ficaram fixadas as outras variáveis (renda, preço de bens substitutos etc.). Assim, se for alterada a configuração dessas outras variáveis, teremos uma nova função de demanda.

O tipo e os parâmetros da função de demanda são, geralmente, determinados por métodos estatísticos. Consideraremos, neste item, funções de demanda do primeiro grau.

EXEMPLO 2.14 O número de sorvetes (x) demandados por semana numa sorveteria relaciona-se com o preço unitário (p) de acordo com a função de demanda $p = 10 - 0{,}002x$.

Assim, se o preço por unidade for $ 4,00, a quantidade x demandada por semana será dada por:

$$4 = 10 - 0{,}002x$$

$$0{,}002x = 6$$

$$x = 3.000$$

O gráfico de p em função de x é o segmento de reta da Figura 2.25, pois tanto p como x não podem ser negativos.

Figura 2.25: Gráfico da função de demanda $p = 10 - 0{,}002x$

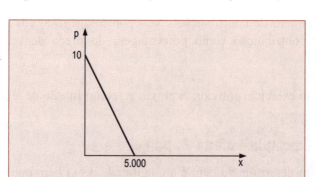

Analogamente, podemos explicar o conceito de função de oferta. Chamamos oferta de um bem, em um certo intervalo de tempo, à quantidade do bem que os vendedores desejam oferecer no mercado. A oferta é dependente de muitas variáveis: preço do bem, preços dos insumos utilizados na produção, tecnologia utilizada etc. Mantidas constantes todas as variáveis exceto o preço do próprio bem, chamamos *função de oferta* à relação entre o preço do bem (p) e a quantidade ofertada (x) e a indicamos por $p = g(x)$. Normalmente, o gráfico de p em função de x é o de uma função crescente, pois quanto maior o preço, maior a quantidade ofertada. Tal gráfico é chamado *curva de oferta*. Observe que teremos uma curva de oferta para cada configuração das outras variáveis que afetam a oferta. Veremos neste item funções de oferta do primeiro grau.

EXEMPLO 2.15 Admitamos que, para quantidades que não excedam sua capacidade de produção, a função de oferta da sorveteria do Exemplo 2.14, seja do primeiro grau. Suponhamos que, se o preço por sorvete for $ 2,10, a quantidade ofertada será 350 por semana e, se o preço for $ 2,40, a quantidade ofertada será 1.400. Vamos obter a função de oferta:

Observando a Figura 2.26, teremos:

- o coeficiente angular da reta é

$$m = \frac{\Delta y}{\Delta x} = \frac{2,4 - 2,1}{1.400 - 350} = \frac{0,3}{1.050} = \frac{1}{3.500}$$

- a equação da reta de oferta é

$$p - 2,1 = \frac{1}{3.500} = (x - 350)$$

ou seja,

$$p = \frac{1}{3.500} x + 2$$

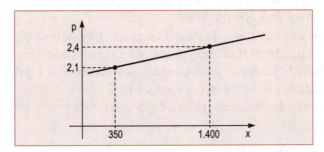

Figura 2.26: Gráfico da função de oferta $p = \dfrac{1}{3.500} x + 2$

Finalmente, passemos a explicar o conceito de *ponto de equilíbrio de mercado*. Trata-se do ponto de intersecção entre as curvas de demanda e oferta. Assim, temos um preço e uma quantidade de equilíbrio.

EXEMPLO 2.16 Consideremos a função de demanda por sorvetes $p = 10 - 0,002x$ e a função de oferta de sorvetes $p = \dfrac{1}{3.500}x + 2$.

Temos a situação esquematizada na Figura 2.27.

Figura 2.27: Ponto de equilíbrio de mercado

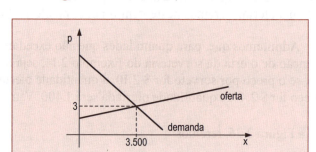

No ponto de equilíbrio, o preço é o mesmo nas curvas de demanda e de oferta. Logo:

$$\frac{1}{3.500}x + 2 = 10 - 0,002x$$

$$x + 7.000 = 35.000 - 7x$$
$$8x = 28.000$$
$$x = 3.500$$

Substituindo o valor de x encontrado em uma das duas curvas, por exemplo, na de oferta, teremos:

$$p = \frac{1}{3.500}(3.500) + 2 = 3$$

Portanto, no ponto de equilíbrio, o preço do sorvete será $ 3,00, e a quantidade semanal vendida será de 3.500 unidades.

O nome ponto de equilíbrio decorre do seguinte fato: se o preço cobrado for maior que $ 3,00, a quantidade ofertada será maior que a demandada. Os produtores, para se livrarem do excedente, tenderão a diminuir o preço, forçando-o em direção ao preço de equilíbrio. Por outro lado, se o preço for inferior a $ 3,00 a demanda será maior que a oferta e esse excesso de demanda tende a fazer que o preço suba em direção ao preço de equilíbrio.

EXEMPLO 2.17 As funções de demanda e oferta de um produto são dadas por:

- demanda: $p = 100 - 0,5x$
- oferta: $p = 10 + 0,5x$

a) Qual o ponto de equilíbrio de mercado?

b) Se o governo cobrar do produtor um imposto de $ 3,00 por unidade vendida, qual o novo ponto de equilíbrio?

Resolução:

a) $100 - 0,5x = 10 + 0,5x$,
$-x = -90$
$x = 90$

Consequentemente, $p = 100 - 0,5 \cdot (90) = 55$.

b) Neste caso, o custo de produção aumentará $ 3,00 por unidade. Como consequência, para um dado valor de x na curva de oferta, o preço correspondente será três unidades superior ao preço da curva anterior. Portanto, a nova curva de oferta será uma reta paralela à curva de oferta anterior, situada três unidades acima, como mostra a Figura 2.28:

Figura 2.28: Curva de oferta do Exemplo 2.17

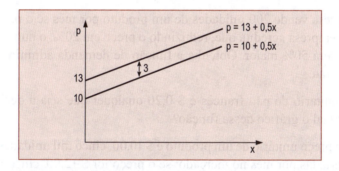

A nova curva de oferta terá como equação $p = 10 + 0,5x + 3$, ou seja, $p = 13 + 0,5x$.

A curva de demanda não se desloca, pois a cobrança do imposto não vai afetar as preferências do consumidor; o que efetivamente vai alterar é o ponto de equilíbrio, que, neste caso é dado por:

$$100 - 0,5x = 13 + 0,5x$$

$$-x = -87$$

$$x = 87$$

E o novo preço de equilíbrio passa a ser $p = 100 - 0,5 \cdot (87) = 56,5$.

Assim, o mercado se equilibra em um preço mais alto e com uma quantidade transacionada menor (Figura 2.29).

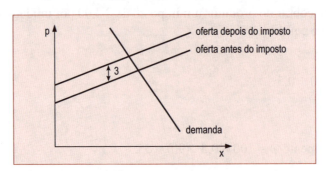

Figura 2.29: Preço de equilíbrio para o Exemplo 2.17

PROBLEMAS

55. Em um estacionamento para automóveis, o preço da diária é $ 20,00. A esse preço estacionam 50 automóveis por dia. Se o preço cobrado for $ 15,00, estacionarão 75 automóveis. Admitindo que a função de demanda seja do primeiro grau, obtenha essa função.

56. Uma empresa vende 200 unidades de um produto por mês se o preço unitário for $ 5,00. A empresa acredita que, reduzindo o preço em 20%, o número de unidades vendidas será 50% maior. Obtenha a função de demanda admitindo-a função do primeiro grau.

57. O preço unitário do pão francês é $ 0,20 qualquer que seja a demanda em uma padaria. Qual o gráfico dessa função?

58. Quando o preço unitário de um produto é $ 10,00, cinco mil unidades de um produto são ofertadas por mês no mercado; se o preço for $ 12,00, cinco mil e quinhentas unidades estarão disponíveis. Admitindo que a função oferta seja do primeiro grau, obtenha sua equação.

59. Um fabricante de fogões produz 400 unidades por mês quando o preço de venda é $ 500,00 por unidade e são produzidas 300 unidades por mês quando o preço é $ 450,00. Admitindo que a função oferta seja do primeiro grau, qual sua equação?

60. Das equações abaixo, quais podem representar funções de demanda e quais podem representar funções de oferta?
    a) $p = 60 - 2x$
    b) $p = 10 + x$
    c) $p - 3x + 10 = 0$
    d) $3x + 4p - 1.000 = 0$
    e) $2x - 4p - 90 = 0$

61. Determine o preço de equilíbrio de mercado nas seguintes situações:
    a) oferta: $p = 10 + x$;
       demanda: $p = 20 - x$.
    b) oferta: $p = 3x + 20$;
       demanda: $p = 50 - x$.

CAPÍTULO 2 Funções

62. Em certa localidade, a função de oferta anual de um produto agrícola é $p = 0,01x - 3$, em que p é o preço por quilograma e x é a oferta em toneladas.
    a) Que preço induz uma produção de 500 toneladas?
    b) Se o preço por quilograma for $ 3,00, qual a produção anual?
    c) Qual o ponto de equilíbrio de mercado se a função de demanda anual for $p = 10 - 0,01x$?

63. Uma doceria produz um tipo de bolo, de tal forma que sua função de oferta diária é $p = 10 + 0,2x$.
    a) Qual o preço para que a oferta seja de 20 bolos diários?
    b) Se o preço unitário for $ 15,00, qual a oferta diária?
    c) Se a função de demanda diária por esses bolos for $p = 30 - 1,8x$, qual o preço de equilíbrio?

64. Em um certo mercado, as equações de oferta e demanda de um produto são dadas por:
    - oferta: $x = 60 + 5p$
    - demanda: $x = 500 - 13p$

    Qual a quantidade transacionada quando o mercado estiver em equilíbrio?

65. Em certo mercado as funções de oferta e demanda são dadas por:
    - oferta: $p = 0,3x + 6$
    - demanda: $p = 15 - 0,2x$

    Se o governo tabelar o preço de venda em $ 9,00 por unidade, em quantas unidades a demanda excederá a oferta?

66. O preço unitário p de um produto relaciona-se com a quantidade mensal demandada x e com a renda mensal R das pessoas de uma cidade, usando a expressão $p = 50 - 2x + R$.
    a) Qual a equação de demanda se $R = 10$, $R = 20$ e $R = 30$? Faça os gráficos.
    b) O que acontece com o gráfico da função de demanda à medida que R aumenta?

67. A função de oferta de determinado produto é $p = 40 + 0,5x$, em que p é o preço unitário e x é a oferta mensal.
    a) Qual a nova função de oferta se houver um imposto de $ 1,00 por unidade vendida, cobrado junto ao produtor?
    b) Resolva o item anterior supondo que haja um subsídio de $ 1,00 por unidade vendida.

68. As funções de oferta e demanda de um produto são, respectivamente, $p = 40 + x$ e $p = 100 - x$.
    a) Qual o preço de equilíbrio?

b) Se o governo instituir um imposto igual a $ 6,00 por unidade vendida, cobrado junto ao produtor, qual o novo preço de equilíbrio?

c) Nas condições do item anterior, qual a receita arrecadada pelo governo?

69. No exercício anterior, qual seria a receita arrecadada pelo governo, se o imposto fosse de $ 2,00 por unidade?

70. As funções de oferta e demanda de um produto são dadas por:
    - oferta: $p = 20 + 0{,}5x$
    - demanda: $p = 160 - 3x$

    a) Qual o preço de equilíbrio de mercado?

    b) Se o governo instituir um imposto *ad valorem* igual a 10% do preço de venda, cobrado junto ao produtor, qual o novo preço de equilíbrio?

71. Resolva o exercício anterior, considerando um imposto igual a 20% do preço de venda.

72. Dado o gráfico a seguir, da função de oferta de um produto, observe:

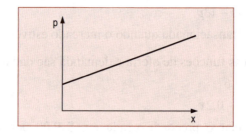

O que ocorre com esse gráfico se houver cada uma das alterações abaixo?

a) Aumento da produtividade do trabalho, mantidas as demais condições do enunciado.

b) Redução de impostos, mantidas as demais condições do enunciado.

2.5.3 Depreciação linear

Devido ao desgaste, obsolescência e outros fatores, o valor de um bem diminui com o tempo. Essa perda de valor chama-se *depreciação*.

Assim, o gráfico do valor em função do tempo é uma curva decrescente. Neste item vamos admitir que a curva de valor seja retilínea.

EXEMPLO 2.18 O valor de uma máquina hoje é $ 10.000,00 e estima-se que daqui a 6 anos seja $ 1.000,00.

a) Qual o valor da máquina daqui a x anos?

b) Qual sua depreciação total daqui a x anos?
   1. Considerando que o valor decresça linearmente com o tempo, o gráfico do valor é dado pela Figura 2.30.

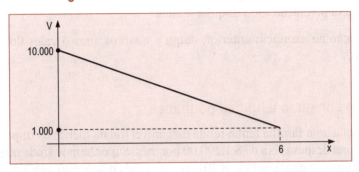

Figura 2.30: Gráfico de valor em função do tempo

A equação dessa reta é dada por $V = mx + n$, em que $n = 10.000$ (coeficiente linear). O coeficiente angular m é dado por:

$$m = \frac{\Delta y}{\Delta x} = \frac{10.000 - 1.000}{0 - 6} = -1.500$$

Portanto, a equação da reta procurada $V = -1.500x + 10.000$.

2. A depreciação total até a data x vale:

$$D = 10.000 - V$$

$$D = 10.000 - (-1.500x + 10.000)$$

$$D = 1.500x$$

PROBLEMAS

73. O valor de um equipamento hoje é $ 2.000,00 e daqui a 9 anos será $ 200,00. Admitindo depreciação linear:
    a) Qual o valor do equipamento daqui a 3 anos?
    b) Qual o total de sua depreciação daqui a 3 anos?
    c) Daqui a quanto tempo o valor da máquina será nulo?

74. Daqui a 2 anos o valor de um computador será $ 5.000,00 e daqui a 4 anos será $ 4.000,00. Admitindo depreciação linear:
    a) Qual seu valor hoje?
    b) Qual seu valor daqui a 5 anos?

75. Daqui a 3 anos a depreciação total de um automóvel será $ 5.000,00 e seu valor daqui a 5 anos será $ 10.000,00. Qual seu valor hoje?

76. Um equipamento de informática é comprado por $ 10.000,00 e após 6 anos seu valor estimado é de $ 2.000,00. Admitindo depreciação linear:
    a) Qual a equação do valor daqui a x anos?
    b) Qual a depreciação total daqui a 4 anos?

77. Com relação ao exercício anterior, daqui a quantos anos o valor do equipamento será nulo?

2.5.4 Função consumo e função poupança

Suponhamos que uma família tenha renda disponível (renda menos os impostos) variável mês a mês, e uma despesa fixa de $ 1.200,00 por mês. Suponhamos ainda que esta família gaste em consumo de bens e serviços 70% de sua renda disponível, além do valor fixo de $ 1.200,00. Assim, chamando C o consumo e Y a renda disponível, teremos:

$$C = 1.200 + 0,7Y$$

Observamos então que o consumo é função da renda disponível e tal função é chamada *função consumo*. A diferença entre a renda disponível e o consumo é chamada *poupança* e é indicada por S. Assim:

$$S = Y - C$$

$$S = Y - (1.200 + 0,7Y)$$

$$S = 0,3Y - 1.200$$

Portanto, a poupança também é função da renda disponível.

O gasto fixo de $ 1.200,00 é chamado *consumo autônomo* (existente mesmo que a renda disponível seja nula, à custa de endividamento ou de uso do estoque de poupança). O gráfico das funções consumo e poupança estão na Figura 2.31.

Figura 2.31: Funções consumo e poupança

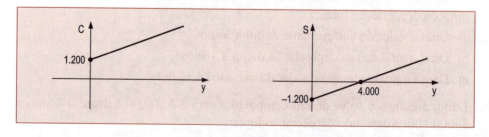

Notemos que na função poupança, se $Y = 4.000$, então $S = 0$, ou seja, $ 4.000,00 é a renda mínima para não haver endividamento (ou uso do estoque de poupança). De fato:

Se $Y = 4.000$, então $C = 1.200 + 0{,}7 \,(4.000) = 4.000$.

De modo geral, podemos escrever as funções consumo e poupança da seguinte forma:
$$C = C_0 + mY$$
e
$$S = Y - C = -C_0 + (1-m)Y$$

A constante C_0 é chamada *consumo autônomo*; o coeficiente angular m da função consumo é chamado *propensão marginal a consumir* e o coeficiente angular da função poupança, $(1 - m)$ é chamado *propensão marginal a poupar*.

Observações:

i) Verifica-se que a propensão marginal a consumir é sempre um número entre 0 e 1.

ii) Admitimos, neste item, que a função consumo é do primeiro grau da renda disponível. Contudo, dependendo das hipóteses feitas, ela pode ser de outra natureza.

iii) No exemplo feito vimos a função consumo e poupança para uma única família, mas a ideia pode ser estendida para o conjunto de famílias de um país. Nesse caso, teremos as funções *consumo e poupança agregadas*. A renda agregada (renda nacional) é a soma dos salários, lucros, aluguéis e juros recebidos; verifica-se que a *renda nacional é idêntica ao produto nacional* (valor da produção de todos os bens).

PROBLEMAS

78. Uma família tem um consumo autônomo de $ 800,00 e uma propensão marginal a consumir igual a 0,8. Obtenha:
    a) a função consumo;
    b) a função poupança.

79. Dada a função consumo de uma família $C = 500 + 0{,}6Y$, pede-se:
    a) a função poupança;
    b) a renda mínima para que a poupança seja não negativa.

80. Dada a função poupança de uma família $S = -\,800 + 0{,}35Y$, pede-se:
    a) a função consumo;
    b) a renda que induza um consumo de $ 1.450,00.

81. Suponha que tudo que é produzido em uma ilha seja consumido nela própria. Não há gastos com investimentos (visando aumento futuro da capacidade produtiva), nem governo. A função consumo anual é $C = 100 + 0{,}8Y$. Qual a renda de equilíbrio (aquela para a qual o que é produzido é consumido)?

82. Com relação ao exercício anterior, suponha que os habitantes decidam investir $ 50,00 por ano, visando, com esses gastos, um aumento da capacidade produtiva. Qual seria a renda anual de equilíbrio (aquela para a qual o que é produzido é gasto com consumo mais investimentos)?

83. Com relação ao exercício anterior, qual seria o valor do investimento anual I necessário para que, no equilíbrio, a renda fosse igual à renda de pleno emprego de $ 800,00? (Renda de pleno emprego é aquela em que são usados totalmente os recursos produtivos.)

84. Em uma economia fechada e sem governo, suponha que a função consumo de um país seja $C = 40 + 0{,}75y$ e a renda de pleno emprego igual a $ 500,00. Qual o nível de investimento I necessário para que a economia esteja em equilíbrio a pleno emprego?

85. Em um país, quando a renda é $ 6.000,00, o consumo é $ 5.600,00 e, quando a renda é $ 7.000,00 o consumo é $ 6.200,00. Obtenha a função consumo, admitindo-a do primeiro grau.

86. Com relação ao exercício anterior, obtenha a função poupança.

2.6 FUNÇÃO QUADRÁTICA E APLICAÇÕES

Função quadrática é toda função do tipo:

$$y = ax^2 + bx + c$$

em que a, b e c são constantes reais, com $a \neq 0$. O gráfico desse tipo de função é uma curva chamada parábola. A concavidade é voltada para cima se $a > 0$, voltada para baixo se $a < 0$ (Figura 2.32).

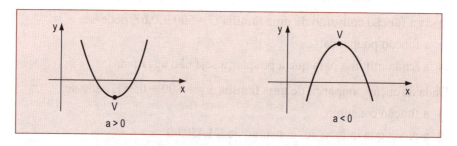

Figura 2.32: Gráfico da função quadrática

O ponto V da parábola, na Figura 2.32, é chamado *vértice*. Se $a > 0$, a abscissa do vértice é um ponto de mínimo; se $a < 0$, a abscissa do vértice é um ponto de máximo.

Os eventuais pontos de intersecção da parábola com o eixo x são obtidos fazendo-se $y = 0$. Teremos a equação $ax^2 + bx + c = 0$.

Se a equação tiver duas raízes reais distintas ($\Delta > 0$), a parábola interceptará o eixo x em dois pontos distintos; se a equação tiver uma única raiz real ($\Delta = 0$), a parábola interceptará o eixo x em um único ponto; finalmente, se a equação não tiver raízes reais ($\Delta < 0$), a parábola não interceptará o eixo x (Figura 2.33).

Figura 2.33: Funções quadráticas

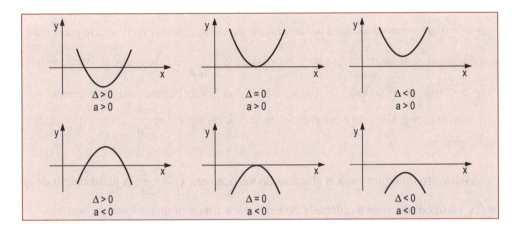

A intersecção com o eixo y é obtida fazendo-se $x = 0$. Portanto:

$$x = 0 \Rightarrow y = a.\,0^2 + b.0 + c \Rightarrow y = c$$

ou seja, o ponto de intersecção da parábola com o eixo y é $(0, c)$.

Com relação ao vértice da parábola, indicando por x_v e y_v respectivamente a abscissa e a ordenada do vértice, teremos:

$$x_v = \frac{-b}{2a} \quad \text{e} \quad y_v = f(x_v) = \frac{-\Delta}{4a}$$

Para demonstrarmos essas relações, vamos proceder da seguinte forma:
Seja:

$$y = ax^2 + bx + c$$

Logo:

$$y = a\,(x^2 + \frac{b}{a}x + ...) + c$$

Entre os parênteses, onde há reticências, vamos adicionar $\frac{b^2}{4a^2}$ e, para compensar, vamos subtrair de c o valor $\frac{b^2}{4a}$ (note que o termo adicionado entre parênteses está multiplicado por a). Dessa forma, teremos:

$$y = a\,(x^2 + \frac{b}{a}x + \frac{b^2}{4a^2}) + c - \frac{b^2}{4a}$$

ou seja, $y = a(x+\frac{b}{2a})^2 + c - \frac{b^2}{4a}$, pois o termo entre parênteses é um trinômio quadrado perfeito.

Como o termo entre parênteses é um quadrado, será sempre maior ou igual a zero. Assim:

- se $a > 0$, a concavidade será para cima e o ponto de mínimo será aquele para o qual a expressão entre parênteses for zero, ou seja $x = \frac{-b}{2a}$, e essa é a abscissa do vértice;
- se $a < 0$, a concavidade será para baixo e o ponto de máximo será aquele para o qual a expressão entre parênteses for zero, ou seja $x = \frac{-b}{2a}$, e essa é a abscissa do vértice.

Assim, em qualquer caso, a abscissa do vértice será $x_v = \frac{-b}{2a}$. A justificativa de que $y_v = f(x_v)$ é imediata, pois a ordenada do vértice é a imagem da abscissa do vértice.

EXEMPLO 2.19 Vamos esboçar o gráfico da função $y = x^2 - 4x + 3$. Temos:

a) $a = 1$.

   Portanto, a concavidade é voltada para cima.

b) Intersecção com o eixo x: $y = 0 \Rightarrow x^2 - 4x + 3 = 0$, cujas raízes são: $x = 1$ ou $x = 3$.

   Portanto, os pontos de intersecção com o eixo x são: (1, 0) e (3, 0).

c) Intersecção com o eixo y: $x = 0 \Rightarrow y = 0^2 - 4 \cdot 0 + 3 \Rightarrow y = 3$.

   Portanto, o ponto de intersecção com o eixo y é (0, 3).

d) Vértice
$$\begin{cases} x_v = \frac{-(-4)}{2} = 2, \\ y_v = f(2) = 2^2 - 4 \cdot (2) + 3 = -1 \end{cases}$$

Portanto, o vértice é o ponto (2, –1). Observemos que $x = 2$ é um ponto de mínimo da função.

De posse das informações obtidas, podemos esboçar o gráfico da função (Figura 2.34):

Figura 2.34 Gráfico da função y = x² – 4x + 3

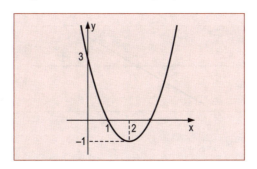

EXEMPLO 2.20 Vamos estudar o sinal da função $y = -x^2 + 9$.

Resolução:

Nesse caso, só precisamos encontrar os pontos de intersecção do gráfico com o eixo x, já que a concavidade é voltada para baixo ($a = -1$). Assim:

$$y = 0 \Rightarrow -x^2 + 9 = 0 \Rightarrow x^2 = 9, \text{ cujas raízes são: } x = 3 \text{ ou } x = -3.$$

Para o estudo do sinal não necessitamos conhecer a intersecção com o eixo y, nem o vértice. O esboço é dado a seguir:

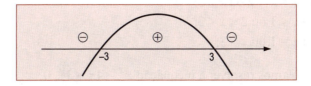

Portanto:
- $y > 0$ para $-3 < x < 3$.
- $y < 0$ para $x < -3$ ou $x > 3$.
- $y = 0$ para $x = 3$ ou $x = -3$.

EXEMPLO 2.21 Estudemos o sinal da função $y = \dfrac{x^2 - 4x + 3}{x - 2}$. Temos:

a) sinal de $x^2 - 4x + 3$. (A)

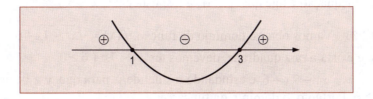

b) sinal de $x - 2$. (B)

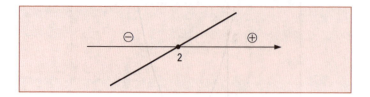

c) quadro quociente.

	1		2		3	
Sinal de A	+	−		−		+
Sinal de B	−	−		+		+
Sinal de $\frac{A}{B}$	⊖	⊕		⊖		⊕

Portanto:
- $y > 0$ para $1 < x < 2$ ou $x > 3$;
- $y < 0$ para $x < 1$ ou $2 < x < 3$;
- $y = 0$ para $x = 1$ ou $x = 3$.

EXEMPLO 2.22 Vamos resolver a inequação $x^2 - 4x + 3 \leq 0$.
Fazendo $y = x^2 - 4x + 3$, o estudo do sinal dessa função é dado a seguir.

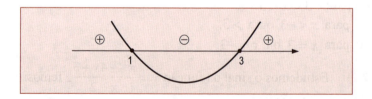

Como a inequação exige que $y \leq 0$, a resposta é $1 \leq x \leq 3$.

EXEMPLO 2.23 Vamos obter o domínio da função $f(x) = \sqrt{x^2 - 7x + 6}$.
Para que exista a raiz quadrada, devemos ter $x^2 - 7x + 6 \geq 0$.
Fazendo $y = x^2 - 7x + 6$ e estudando o sinal de y, para que $y \geq 0$, devemos ter: $x \leq 1$ ou $x \geq 6$. Portanto, o domínio da função é:

$$D = \{x \in R \mid x \leq 1 \; ou \; x \geq 6\}$$

PROBLEMAS

87. Esboce os gráficos das seguintes funções:

a) $y = x^2 - 3x + 2$
b) $y = x^2 - 5x + 4$
c) $y = -x^2 + 7x - 12$
d) $y = 3x - x^2$
e) $y = 4 - x^2$
f) $y = x^2 - 2x + 1$
g) $y = x^2 - x + 3$
h) $y = x^2 - 5$
i) $y = x^2 + 3$
j) $\begin{cases} y = x^2, \text{ se } x \geq 0 \\ y = 2, \text{ se } x < 0 \end{cases}$
k) $\begin{cases} y = x^2, \text{ se } x \geq 0 \\ y = x, \text{ se } x < 0 \end{cases}$
l) $\begin{cases} y = x^2, \text{ se } x \geq 0 \\ y = -x^2, \text{ se } x < 0 \end{cases}$

88. Estude o sinal das funções do exercício anterior, ache os pontos de máximo ou de mínimo e o conjunto imagem.

89. Estude o sinal das seguintes funções:

a) $f(x) = \dfrac{x^2 - 6x + 5}{x - 3}$
b) $f(x) = \dfrac{3 - x}{x^2 - 4}$
c) $f(x) = \dfrac{x^2 - 1}{x^2 - 3x}$
d) $f(x) = \dfrac{x^2 - 6x + 8}{x + 2}$

90. Dê o domínio das seguintes funções:

a) $f(x) = \sqrt{x^2 - 6x}$
b) $f(x) = \sqrt{3x - x^2}$
c) $f(x) = \dfrac{1}{\sqrt{x^2 - 4}}$
d) $f(x) = \sqrt{\dfrac{x - 3}{x^2 - 6x}}$
e) $f(x) = \sqrt{\dfrac{1 - x^2}{4 + x}}$

91. Obtenha os pontos de máximo e de mínimo das seguintes funções, nos domínios indicados:

a) $y = 4x - x^2$; $D = [2, 4]$
b) $y = 4x - x^2$; $D = [0, 2]$
c) $y = x^2$; $D = [-1, 1]$
d) $y = 10x - x^2$; $D = [5, 8]$

2.6.1 Funções receita e lucro quadráticas

Anteriormente vimos como obter a função receita quando o preço era constante. Vejamos, neste item, como obter a função receita quando o preço pode ser modificado (com consequente alteração da demanda, de acordo com a função de demanda).

EXEMPLO 2.24 A função de demanda de um produto é $p = 10 - x$, e a função custo é $C = 20 + x$. Vamos obter:

a) A função receita e o preço que a maximiza.

b) A função lucro e o preço que o maximiza.

Resolução:

a) Por definição, receita é o preço unitário p vezes a quantidade x:

$$R = p \cdot x$$

$$R = (10 - x)x$$

$$R = 10x - x^2$$

Assim, a receita é uma função quadrática de x, e seu gráfico é dado pela Figura 2.35:

Figura 2.35 Função receita $R(x) = 10x - x^2$

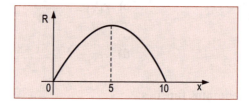

Portanto, o valor de x que maximiza R é a abscissa do vértice $x = \dfrac{-10}{-2} = 5$. Como consequência, o correspondente preço é dado pela função de demanda $p = 10 - 5 = 5$.

b) A função lucro é dada por $L = R - C$, ou seja:

$$L = 10x - x^2 - (20 + x)$$
$$L = -x^2 + 9x - 20$$

O lucro também é uma função quadrática de x e seu gráfico é dado pela Figura 2.36:

Figura 2.36 Função lucro $L(x) = x^2 + 9x - 20$

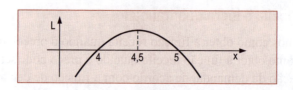

O valor de x que maximiza o lucro é a abscissa do vértice $x = \dfrac{-9}{-2} = 4{,}5$. O correspondente preço é dado pela função de demanda, $p = 10 - 4{,}5 = 5{,}5$. É importante observarmos pelo gráfico que o lucro só é positivo para $4 < x < 5$ e o lucro máximo é $L(4,5) = -(4,5)^2 + 9(4,5) - 20 = 0{,}25$.

PROBLEMAS

92. Dadas a função de demanda $p = 20 - 2x$ e a função custo $C = 5 + x$:
    a) obtenha o valor de x que maximiza a receita;
    b) obtenha o valor de x que maximiza o lucro.

93. Resolva o exercício anterior supondo $p = 40 - x$ e $C = 20 + 31x$.

94. Uma loja de CD adquire cada unidade por \$ 20,00 e a revende por \$ 30,00. Nessas condições, a quantidade mensal que consegue vender é 500 unidades. O proprietário estima que, reduzindo o preço de venda para \$ 28,00, conseguirá vender 600 unidades por mês.
    a) Obtenha a função de demanda admitindo que seu gráfico seja linear.
    b) Qual preço deve ser cobrado para maximizar o lucro mensal?

95. O proprietário de uma barbearia verificou que, quando o preço do corte de cabelo era \$ 20,00, o número de clientes era 100 por semana. Verificou também que, quando o preço passava para \$ 15,00, o número de clientes dobrava.
    a) Obtenha a função de demanda admitindo seu gráfico linear.
    b) Que preço deve ser cobrado para maximizar a receita semanal?

96. O dono de um restaurante verificou que, quando o preço da dose de vodca era \$ 10,00 o número de doses vendidas era 200 por semana. Verificou também que, quando o preço caía para \$ 7,00 o número de doses passava para 400 por semana.
    a) Obtenha a função de demanda admitindo seu gráfico linear.
    b) Calcule o preço que deve ser cobrado para maximizar o lucro semanal, considerando o custo de uma dose igual a \$ 4,00.

97. Em um cinema, verificou-se que o número de frequentadores por sessão (x) relacionava-se com o preço do ingresso (p) segundo a função $p = 15 - 0{,}015x$.
    a) Qual preço deve ser cobrado para maximizar a receita, se o total de lugares for 600?
    b) Qual preço deve ser cobrado para maximizar a receita, se o total de lugares for 400?

98. O Sr. Ângelo é proprietário de um hotel para viajantes solitários com 40 suítes. Ele sabe que, se cobrar $ 150,00 por diária, o hotel permanece lotado. Por outro lado, para cada $ 5,00 de aumento na diária, uma suíte permanece vazia.

a) Obtenha a função de demanda admitindo-a função do primeiro grau.

b) Qual preço deve ser cobrado para maximizar a receita?

99. Um estacionamento para automóveis tem a seguinte equação de demanda: $p = 100 - x$, em que p é o preço por dia de estacionamento e x o número de automóveis que comparecem. Encontre o preço que maximiza a receita, supondo que:

a) o estacionamento tenha 40 lugares;

b) o estacionamento tenha 60 lugares.

100. A função custo de um monopolista (único produtor de um produto) é $C = 200 + 2x$ e a função demanda pelo produto é $p = 100 - 2x$.

a) Qual preço deve ser cobrado para maximizar o lucro?

b) Se o governo tabelar o preço do produto de modo que seu máximo seja $ 60,00, qual preço deve ser cobrado para maximizar o lucro?

c) Resolva o item anterior considerando um preço máximo de $ 40,00.

101. Pesquisas mercadológicas determinaram que a quantidade x de um certo eletrodoméstico demandada por semana relacionava-se com seu preço unitário pela função $x = 1.000 - 100p$, em que $4 \leq p \leq 10$.

a) Obtenha a função receita.

b) Que preço deve ser cobrado para maximizar a receita semanal?

102. Uma locadora de bicicletas aluga 200 horas por dia, se o preço por hora de locação for $ 4,00. Para cada $ 1,00 de acréscimo no preço, há uma queda de demanda de 50 horas por dia.

a) Qual a equação de demanda em horas de locação por dia, admitindo-a função do primeiro grau?

b) Qual preço deve ser cobrado para maximizar a receita diária?

103. A equação de demanda de um produto é $p = 100 - 2x$ e o custo é $C = 500 + 3x$.

a) Obtenha o preço que maximiza o lucro.

b) Se o governo cobrar um imposto igual a $ 2,00 por unidade vendida, qual o novo preço que maximiza o lucro?

104. A função de demanda de um produto é $p = 30 - x$ e o custo variável por unidade é igual a 5.

a) Que preço deve ser cobrado para maximizar o lucro, se o governo cobrar, junto ao produtor, um imposto de $ 3,00 por unidade vendida?

b) Se o governo cobrar um imposto fixo por unidade vendida, e a empresa produtora maximizar seu lucro, qual o valor do imposto que maximiza a receita tributária?

105. Resolva o exercício anterior considerando um custo variável igual a 10.

106. O custo médio de fabricação de x unidades de um produto é $Cme = \dfrac{2.000}{x} + 20 + x$ e a função receita é $R = 200x - 2x^2$.
   a) Obtenha a função lucro.
   b) Obtenha a quantidade que deve ser produzida e vendida para maximizar o lucro.

107. O custo de produzir x unidades por dia de um produto é $C = \dfrac{x^2}{2} + 20x + 15$, e a equação de demanda é $p = 30 - x$. Obtenha o preço que maximiza o lucro.

108. Sabendo que a função demanda é $p = 10 - x$ e a função custo é $C = 12 + 3x$, pedem-se:
   a) o preço que maximiza o lucro;
   b) o intervalo em que deve variar o preço para que o lucro seja não negativo.

109. Com relação ao exercício anterior, que quantidade deve ser vendida para dar um lucro igual a $ 0,25?

2.7 FUNÇÃO POLINOMIAL

Função polinomial é toda função cuja imagem é um polinômio da variável x, isto é, f é uma função polinomial de grau n se:

$$f(x) = a_0 x^n + a_1 x^{n-1} + a_2 x^{n-2} + \ldots + a_{n-1} x^1 + a_n$$

em que $a_0, a_1, a_2, \ldots, a_n$ são todos números reais com $a_0 \neq 0$, para garantir o grau n.

EXEMPLO 2.25

a) A função $f(x) = 5$ é uma função polinomial de grau 0 (função constante), e seu gráfico, como já vimos, é uma reta horizontal.

b) A função $f(x) = 2x + 3$ é uma função polinomial de grau 1, e seu gráfico, como já vimos, é uma reta.

c) A função $f(x) = x^2 - 7x + 12$ é uma função polinomial de grau 2 (função quadrática), e seu gráfico, como já vimos, é uma parábola.

d) A função $f(x) = 2x^3 + 6x^2 - 7x + 9$ é uma função polinomial de grau 3.

O gráfico de funções polinomiais de grau 3 (ou maior que 3) não é feito com recursos elementares; utilizam-se habitualmente os conceitos de derivadas e limites, que veremos nos próximos capítulos.

Uma ferramenta que costuma ser utilizada quando se quer saber o comportamento gráfico de uma função, em um determinado intervalo do domínio, consiste em atribuir valores para x dentro do intervalo, de forma que os valores de x estejam próximos uns dos outros. Tal procedimento é geralmente feito, como já vimos, usando algum aplicativo computacional como o Excel, Maple, Derive, Mathematica etc. Digamos que queremos saber qual o comportamento gráfico da função:

$$f(x) = x^5 - 5x - 6\text{, dentro do intervalo } [-2, 2].$$

Vamos atribuir a x os valores: –2; –1,9; –1,8; ...; 1,8; 1,9; 2. Usando o aplicativo Excel, obteremos o gráfico da Figura 2.37:

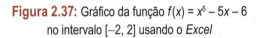

Figura 2.37: Gráfico da função $f(x) = x^5 - 5x - 6$
no intervalo [–2, 2] usando o *Excel*

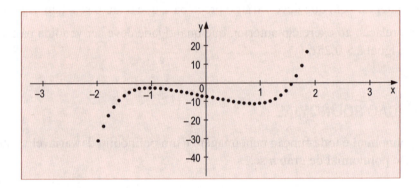

2.8 FUNÇÃO RACIONAL

É toda função cuja imagem é o quociente de dois polinômios, sendo o denominador um polinômio não nulo. São exemplos de funções racionais as funções:

a) $f(x) = \dfrac{x-3}{x^2 + 8x + 9}$

b) $f(x) = \dfrac{x+1}{x-1}$

c) $f(x) = \dfrac{5}{x-3}$

Nessa classe de funções tem particular interesse a função recíproca $f(x) = \dfrac{1}{x}$. O domínio dessa função é o conjunto dos reais excluindo o zero. À medida que x aumenta, a fração $\dfrac{1}{x}$ diminui e tende a zero; o mesmo ocorre se x diminuir e ficar muito grande em valor absoluto.

Por outro lado, à medida que x se aproxima de zero, por valores positivos (por exemplo, assumindo os valores: 0,1; 0,01; 0,001; ...) a fração $\frac{1}{x}$ fica cada vez maior (10; 100; 1.000; ...); à medida que x se aproxima de zero, por valores negativos (por exemplo, assumindo os valores: –0,1; –0,01; –0,001; ...) a fração x fica cada vez maior em valor absoluto, mas com sinal negativo (–10; –100; –1000; ...).

O aspecto do gráfico dessa função é o da Figura 2.38. Tal curva recebe o nome de *hipérbole* com ramos no primeiro e terceiro quadrantes:

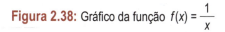

Figura 2.38: Gráfico da função $f(x) = \frac{1}{x}$

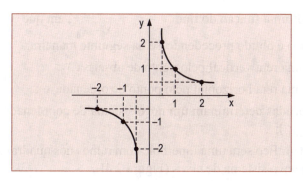

Observações:

- De modo geral, uma função do tipo $f(x) = \frac{k}{x}$, em que k é uma constante positiva, tem como gráfico uma curva semelhante à dada pela Figura 2.38; os ramos do gráfico (ramos da hipérbole) vão ficando cada vez mais para cima à medida que cresce o valor de k. O aspecto geral é o da Figura 2.39:

Figura 2.39: Gráfico da função $f(x) = \frac{k}{x}$ com $k > 0$

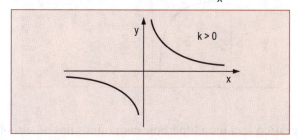

- Se tomarmos a função $f(x) = \frac{k}{x}$, em que k é negativo, o gráfico será simétrico ao da Figura 2.39, em relação ao eixo x, ou seja, uma hipérbole com ramos no segundo e quarto quadrantes e terá o aspecto da Figura 2.40:

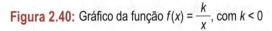

Figura 2.40: Gráfico da função $f(x) = \dfrac{k}{x}$, com $k < 0$

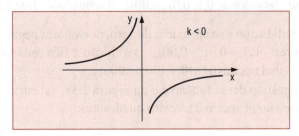

- Caso tenhamos uma função do tipo $y - y_0 = \dfrac{k}{x - x_0}$, em que x_0 e y_0 são valores dados, o gráfico é obtido procedendo-se da seguinte maneira:

  a) traçamos uma reta vertical pelo ponto de abscissa x_0;
  b) traçamos uma reta horizontal pelo ponto de ordenada y_0;
  c) as retas traçadas determinam um novo sistema de coordenadas, com origem no ponto (x_0, y_0);
  d) se $k > 0$, o gráfico será uma hipérbole com ramos nos quadrantes 1 e 3, considerando esse novo sistema de eixos (Figura 2.41).

Figura 2.41: Hipérbole com $k > 0$

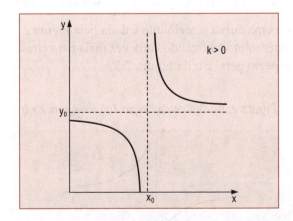

e) Se $k < 0$, o gráfico será uma hipérbole com ramos nos quadrantes 2 e 4, considerando esse novo sistema de eixos (Figura 2.42).

Figura 2.42: Hipérbole com k < 0

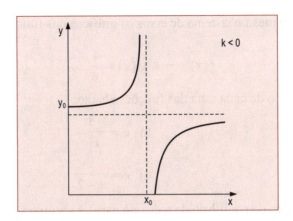

A justificativa dessa observação decorre do fato de que as coordenadas de qualquer ponto em relação ao novo sistema de eixos serão $X = x - x_0$ e $Y = y - y_0$ (Figura 2.43) e, portanto, a equação dada em relação ao novo sistema de eixos é $Y = \dfrac{k}{X}$.

Figura 2.43: Translação de eixos

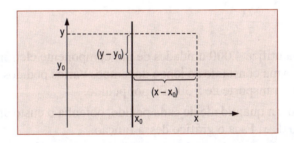

EXEMPLO 2.26 Consideremos a função $y - 1 = \dfrac{2}{x - 3}$; teremos $x_0 = 3$, $y_0 = 1$ e $k = 2$. Portanto, o gráfico é dado pela Figura 2.44.

Figura 2.44: Hipérbole com $x_0 = 3$, $y_0 = 1$ e $K = 2$

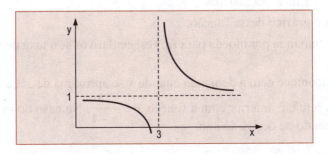

PROBLEMAS

110. Esboce em um mesmo sistema de eixos os gráficos das funções:

$$f(x) = \frac{3}{x} \text{ e } g(x) = \frac{4}{x}$$

111. Esboce o gráfico de cada uma das funções abaixo:

a) $y = \dfrac{2}{x}$

b) $y = \dfrac{-3}{x}$

c) $y = \dfrac{1}{x-1}$

d) $y = \dfrac{x}{x-2}$

112. Obtenha o ponto de equilíbrio de mercado para as seguintes funções de demanda e oferta:

a) demanda: $p = \dfrac{10}{x}$;

oferta: $p = 5x + 5$.

b) demanda: $p = \dfrac{8}{x}$;

oferta: $p = 6x + 2$.

c) demanda: $p = \dfrac{60 - 5x}{x + 6}$;

oferta: $p = 4 + \dfrac{27x}{7}$.

113. Uma empresa utiliza 4.000 unidades de um componente eletrônico por ano, consumidas de forma constante ao longo do tempo. Vários pedidos são feitos por ano a um custo de transporte de $ 300,00 por pedido.

a) Chamando x a quantidade de cada pedido, obtenha o custo anual de transporte em função de x. Faça o gráfico dessa função.

b) Qual o custo se $x = 400$? Neste caso, quantos pedidos são feitos por ano?

114. De acordo com Keynes (John Maynard, economista inglês, pioneiro da macroeconomia, 1883-1946) a demanda por moeda para fins especulativos é função da taxa de juros. Admita que em determinado país $y = \dfrac{10}{x - 3}$ (para $x > 3$), em que x é a taxa anual de juros (em %) e y é a quantia (em bilhões) que as pessoas procuram manter para fins especulativos.

a) Esboce o gráfico dessa função.

b) Qual a demanda por moeda para fins especulativos se a taxa de juros for 7% ao ano?

c) O que acontece com a demanda quando x se aproxima de 3% ao ano?

115. Repita o exercício anterior com a função $y = \dfrac{15}{x - 1}$. No caso do item **c**, considere x aproximando-se de 1% ao ano.

2.9 FUNÇÃO POTÊNCIA

Chamamos *função potência* a toda função do tipo $f(x) = x^n$. Quando $n = 0$ ou $n = 1$ e $n = 2$, temos situações particulares já estudadas, que são as funções constante, do primeiro grau e quadrática, respectivamente. Para outros valores de *n*, o gráfico varia dependendo da natureza de *n*. Geralmente nas aplicações o domínio da função potência é o conjunto dos reais não negativos e o expoente é positivo. Dependendo de *n* ser maior que 1 ou *n* ser um número entre 0 e 1, temos os aspectos dos gráficos da função potência dados pela Figura 2.45. Quando $n = -1$ temos a função $f(x) = x^{-1} = \dfrac{1}{x}$ estudada no item anterior.

Figura 2.45: Função potência

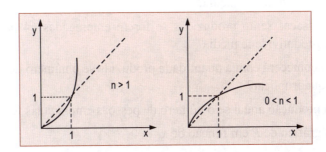

PROBLEMAS

116. Esboce os gráficos das funções abaixo considerando domínio o conjunto dos números reais não negativos.

  a) $f(x) = x^3$

  b) $f(x) = x^5$

  c) $f(x) = 2x^3$

  d) $f(x) = x^{\frac{1}{5}}$

  e) $f(x) = x^{\frac{1}{2}}$

  f) $f(x) = x^4$

  g) $f(x) = \sqrt[4]{x}$

  h) $f(x) = 3x^{\frac{1}{2}}$

  i) $f(x) = 8x^{0,75}$

117. Obtenha o ponto de equilíbrio de mercado para as seguintes funções de demanda e oferta:

  a) demanda: $p = \dfrac{1}{x^2}$;

  oferta: $p = x$.

  b) demanda: $p = \dfrac{1}{x^2}$;

  oferta: $p = x^3$.

118. **Função de Produção.** Denomina-se *função de produção* a relação entre a quantidade física dos fatores de produção, como capital, trabalho etc, e a quantidade física do produto na unidade de tempo. Se considerarmos fixos todos os fatores menos um, a quantidade produzida será função desse fator. Chamando P a quantidade produzida na unidade de tempo e x a quantidade do fator variável utilizado na unidade de tempo, teremos a função de produção $P = f(x)$.

Chamamos *produtividade média* do fator variável, o valor indicado por Pm dado por $Pm = \dfrac{P}{x}$. Considere a função de produção dada por $P = 100 \cdot x^{\frac{1}{2}}$, em que P é o número de sacas de café produzidas por ano em uma fazenda e x, o número de pessoas empregadas por ano.

a) Quantas sacas serão produzidas se forem empregadas 16 pessoas por ano? Qual a produtividade média?

b) Quantas sacas serão produzidas se forem empregadas 64 pessoas por ano? Qual a produtividade média?

c) O que acontecerá com a quantidade produzida se o número de pessoas empregadas quadruplicar?

d) Qual a produção anual se o número de pessoas empregadas for zero?

e) Faça o gráfico de P em função de x.

119. Considere a seguinte função de produção $P = 10x^{\frac{2}{3}}$, em que P é o número de mesas produzidas por semana numa marcenaria (com certo número fixo de empregados), e x o número de serras elétricas utilizadas.

a) Quantas mesas serão produzidas por semana se forem utilizadas 8 serras? Qual a produtividade média?

b) Quantas mesas serão produzidas por semana se forem utilizadas 64 serras? Qual a produtividade média?

c) O que acontecerá com a quantidade produzida se o número de serras ficar 8 vezes maior?

d) Qual a produção se o número de serras for igual a zero?

e) Faça o gráfico de P em função de x.

120. Qual o aspecto geral do gráfico de uma função de produção $P = kx^{\alpha}$ em que k é uma constante positiva e $0 < \alpha < 1$?

121. Com relação à função de produção do exercício anterior, mostre graficamente que se $x_1 < x_2$, então:

$$P(x_1+1) - P(x_1) > P(x_2+1) - P(x_2)$$

2.10 FUNÇÃO EXPONENCIAL – MODELO DE CRESCIMENTO EXPONENCIAL

Suponhamos que uma população tenha hoje 40 mil habitantes e que haja um crescimento populacional de 2% ao ano. Assim:

- daqui a um ano o número de habitantes será:

$$y_1 = 40.000 + (0,02).40.000 = 40.000\,(1+0,02)$$

- daqui a dois anos o número de habitantes será:

$$y_2 = y_1 + 0,02 y_1 = y_1(1+0,02) = 40.000\,(1,02)^2$$

- daqui a três anos o número de habitantes será:

$$y_3 = y_2 + 0,02 y_2 = y_2\,(1+0,02) = 40.000\,(1,02)^3$$

De modo análogo, podemos concluir que o número de habitantes daqui a x anos será:

$$y = 40.000\,(1,02)^x$$

Embora tenhamos feito a dedução do valor de y para x inteiro, pode-se mostrar que sob condições bastante gerais ela vale para qualquer valor real.

De modo geral, se tivermos uma grandeza com valor inicial y_0 que cresça a uma taxa igual a k por unidade de tempo, após um tempo x, medido na mesma unidade de k, o valor desta grandeza y será dado por:

$$y = y_0\,(1+k)^x$$

Tal expressão é conhecida como *função exponencial*. Ela é válida quando $k > 0$ (crescimento positivo) ou $k < 0$ (crescimento negativo ou decrescimento). O modelo que deu origem à função exponencial é conhecido como *modelo de crescimento exponencial*.

O padrão gráfico da função exponencial depende fundamentalmente da taxa de crescimento k ser positiva ou negativa. Consideremos, por exemplo, as funções: $f_1(x) = 10 \cdot (2)^x$ (taxa de crescimento igual a $1 = 100\%$) e $f_2(x) = 10 \cdot (0,5)^x$ (taxa de crescimento igual a $-0,5 = -50\%$).

Vamos atribuir a x os valores da tabela abaixo:

x	$f_1(x)$	$f_2(x)$
−3	1,25	80
−2	2,5	40
−1	5	20
0	10	10
1	20	5
2	40	2,5
3	80	1,25

Os gráficos dessas funções estão na Figura 2.46 (o da Figura 2.46(a) é o de $f_1(x)$ e o da Figura 2.46(b) é o de $f_2(x)$).

Figura 2.46: (a) Gráfico da função $f_1(x) = 10 \cdot 2^x$

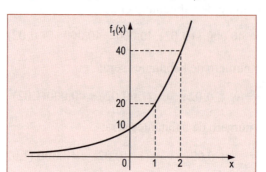

Figura 2.46: (b) Gráfico da função $f_2(x) = 10 \cdot (0,5)^x$

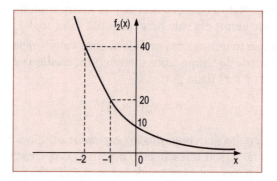

Verifica-se que quando a base $(1+k)$ é maior que 1 o padrão gráfico da função exponencial segue o de $f_1(x)$ e que quando a base $(1+k)$ está entre 0 e 1, o padrão gráfico da função exponencial segue o de $f_2(x)$.

EXEMPLO 2.27 Uma cidade tem hoje 20.000 habitantes e esse número cresce a uma taxa de 3% ao ano. Então:

a) O número de habitantes daqui a 10 anos será $y = 20.000 \,(1,03)^{10} = 26.878$.

b) Se daqui a 10 anos o número de habitantes fosse igual a 30.000, a taxa de crescimento anual seria dada por:

$$30.000 = 20.000 \,(1+k)^{10}$$

$$(1+k)^{10} = 1,5$$

Elevando ambos os membros a expoente 1/10, teremos:

$$[(1+k)^{10}]^{\frac{1}{10}} = [1,5]^{\frac{1}{10}}$$

$$(1+k)^1 = (1,5)^{0,1}$$

Calculando $(1,5)^{0,1}$ com uma calculadora (tecla y^x ou x^y) obteremos:

$$1+k = 1,0414$$

$$k = 0,0414 = 4,14\%$$

Portanto, a taxa de crescimento procurada seria de 4,14% ao ano.

PROBLEMAS

122. Calcule as potências (lembre-se de que $a^{-m} = \dfrac{1}{a^m}$ e $a^0 = 1$)

a) 2^4

b) $(-3)^4$

c) 5^0

d) 3^{-2}

e) 2^{-3}

f) $(-2)^{-4}$

g) $(-5)^{-2}$

h) $\left(\dfrac{1}{2}\right)^3$

i) $\left(\dfrac{1}{3}\right)^4$

j) $\left(\dfrac{-2}{3}\right)^2$

k) $\left(\dfrac{-2}{3}\right)^3$

l) $\left(\dfrac{2}{3}\right)^{-1}$

m) $\left(\dfrac{2}{3}\right)^{-2}$

123. Lembrando as propriedades das potências

(I) $a^m \cdot a^n = a^{m+n}$

(II) $\dfrac{a^m}{a^n} = a^{m-n}$

(III) $(a \cdot b)^n = a^n \cdot b^n$

(IV) $(a^m)^n = a^{mn}$

calcule ou simplifique:

a) $x^2 \cdot x^3$

b) $x^2 \cdot x^3 \cdot x^4$

c) $\dfrac{x^{10}}{x^6}$

d) $(xy)^3 \cdot (xy)^4$

e) $(2x)^4 \cdot (3x)^2$

f) $(8)^{1/3}$

g) $(16)^{1/2}$

h) $(32)^{-1/5}$

i) $[(1+i)^4]^{1/4}$

124. Lembrando que $a^{\frac{p}{q}} = \sqrt[q]{a^p}$, calcule, se necessário usando uma calculadora:

a) $8^{\frac{1}{3}}$

b) $25^{\frac{1}{2}}$

c) $3^{\frac{1}{2}}$

d) $8^{\frac{1}{2}}$

e) $6^{\frac{3}{2}}$

f) $10^{\frac{2}{5}}$

g) $(1,25)^{\frac{1}{12}}$

h) $5^{\frac{3}{8}}$

125. Calcule, sem o uso de calculadora:

a) $8^{4/3}$

b) $36^{1/2}$

c) $27^{1/3}$

d) $4^{7/2}$

e) $8^{-2/3}$

Refaça os cálculos usando uma calculadora.

126. O número de habitantes de uma cidade é hoje igual a 7 mil e cresce a uma taxa de 3% ao ano.

a) Qual o número de habitantes daqui a 8 anos?

b) Qual o número de habitantes daqui a 30 anos?

127. O número de habitantes de uma cidade é hoje igual a 8 mil e cresce exponencialmente a uma taxa k ao ano. Se daqui a 20 anos o número de habitantes for 16 mil, qual a taxa de crescimento anual?

128. A que taxa anual deve crescer exponencialmente uma população para que dobre após 25 anos?

129. O PIB (Produto Interno Bruto) de um país este ano é de 600 bilhões de dólares, e cresce exponencialmente a uma taxa de 5% ao ano. Qual o PIB daqui a 5 anos?

PIB: valor total de bens e serviços finais produzidos dentro de um país.

130. O número de habitantes de uma cidade é hoje igual a 20 mil e cresce exponencialmente a uma taxa de 2% ao ano.

a) Qual o número de habitantes y daqui a x anos?

b) Faça o gráfico de y em função de x.

131. O número de habitantes de uma cidade é hoje 20 mil. Sabendo-se que essa população crescerá exponencialmente à taxa de 2% ao ano nos próximos 5 anos e 3% ao ano nos 5 anos seguintes, quantos habitantes terá a população daqui a 10 anos?

132. Uma empresa expande suas vendas em 20% ao ano. Se este ano ela vendeu 1.000 unidades, quantas venderá daqui a 5 anos?

133. Um imóvel vale hoje $ 150.000,00 e a cada ano sofre uma desvalorização de 3% ao ano.

a) Qual seu valor daqui a 10 anos?

b) Seja y o valor do imóvel daqui a x anos. Qual o gráfico de y em função de x?

134. Um automóvel novo vale $ 20.000,00. Sabendo-se que ele sofre uma desvalorização de 15% ao ano:

a) Qual seu valor daqui a 5 anos?

b) Seja y o valor do carro daqui a x anos. Faça o gráfico de y em função de x.

135. Um equipamento sofre depreciação exponencial de tal forma que seu valor daqui a t anos será $V = 6561 \cdot \left(\dfrac{1}{3}\right)^x$

a) Qual seu valor hoje?

b) Qual seu valor daqui a 3 anos?

c) Qual será a depreciação total até essa data?

d) Faça o gráfico de V em função de t.

136. Daqui a t anos o valor de uma máquina (em milhares de dólares) será $V = 50 \cdot (0,8)^t$

a) Qual seu valor hoje?

b) Faça o gráfico de V em função de t.

137. Uma máquina vale hoje $ 200.000 e esse valor decresce exponencialmente a uma taxa k por ano. Se daqui a 4 anos seu valor for $ 180.000,00, qual o valor de k?

138. Uma máquina vale hoje $ 4.000,00 e seu valor decresce exponencialmente com o tempo. Sabendo-se que daqui a 2 anos seu valor será igual a $ 3.000,00, qual seu valor daqui a t anos?

139. Um carro 0 km deprecia 20% no 1º ano, 15% no 2º ano e 10% ao ano do 3º em diante.

a) Se uma pessoa comprou esse carro com 2 anos de uso pagando $ 17.000,00, qual seu preço quando era 0 km?

b) Nas condições do item anterior, qual o valor do carro daqui a x anos? ($x \geq 2$).

140. Esboce o gráfico, dê o domínio e o conjunto imagem de cada função abaixo:

a) $f(x) = 3^x$

b) $f(x) = 3^x + 1$

c) $f(x) = \left(\dfrac{1}{3}\right)^x$

d) $f(x) = \left(\dfrac{1}{3}\right)^x + 2$

e) $f(x) = (0,3)^x$

f) $f(x) = (0,3)^x + 4$

g) $f(x) = (1,2)^x$

h) $f(x) = (1,2)^x - 2$

i) $f(x) = 2 \cdot (3)^x$

j) $f(x) = 4 \cdot (2)^x$

k) $f(x) = 10 \cdot (1,2)^x$

l) $f(x) = 2^{-x}$

m) $f(x) = 3^{-x}$

2.11 LOGARITMOS E FUNÇÃO LOGARÍTMICA

Consideremos a equação exponencial (incógnita no expoente) $2^x = 64$. Para resolvê-la, podemos notar que 64 é igual à potência 2^6 e então concluirmos que $x = 6$. Analogamente poderíamos resolver a equação $3^x = \dfrac{1}{81}$, pois notamos que $\dfrac{1}{81} = \dfrac{1}{3^4} = 3^{-4}$. E, consequentemente, $x = -4$.

A situação muda, contudo, se tivermos uma equação exponencial na qual os dois membros não são potências de mesma base, por exemplo, a equação $2^x = 5$.

Podemos garantir apenas que $2 < x < 3$, pois $2^2 = 4 < 5$ e $2^3 = 8 > 5$.

Para resolvermos esse tipo de equação, precisamos lançar mão de outro instrumento matemático, chamado logaritmo, que passaremos a estudar.

Os *logaritmos* foram introduzidos no século XVII pelo matemático escocês John Napier (1550–1617) e pelo matemático inglês Henry Briggs (1561–1630) para a execução de complexos cálculos aritméticos.

Chamamos *logaritmo* do número N na base a ao expoente y que devemos colocar em a para dar o número N (N e a devem ser positivos e a diferente de 1). Assim, indicamos y por $\log_a N$. Portanto:

$$\log_a N = y \text{ se e somente se } a^y = N$$

As bases mais usadas na prática são a base 10, e os correspondentes logaritmos são chamados *decimais*, e a base e (número de Euler, que é uma importante constante matemática, cujo valor aproximado é 2,718); os correspondentes logaritmos são chamados *naturais* ou *neperianos*.

Os logaritmos decimais podem ser indicados sem a base ($\log_{10} N = \log N$) e os naturais podem ser indicados por $\ln(N)$ ($\ln(N) = \log_e N$).

EXEMPLO 2.28

a) $\log_2 16 = 4$, pois $2^4 = 16$;

b) $\log 100 = 2$, pois $10^2 = 100$;

c) $\log_6 6 = 1$, pois $6^1 = 6$;

d) $\log_7 1 = 0$, pois $7^0 = 1$.

Logaritmos cujos resultados não são imediatos podem ser calculados por desenvolvimento em séries ou usando calculadoras (tecla *Log* ou *Ln*), ou ainda por computadores.

A partir de algumas propriedades dos logaritmos, veremos como podem ser calculados muitos deles, conhecendo-se apenas alguns; além disso, veremos como calcular logaritmos em qualquer base desejada.

Propriedades dos logaritmos

(P1) $\qquad \log_a M.N = \log_a M + \log_a N$

(P2) $\qquad \log_a \dfrac{M}{N} = \log_a M - \log_a N$

(P3) $\qquad \log_a M^\alpha = \alpha . \log_a M$

(P4) $\qquad \log_a M = \dfrac{\log_c M}{\log_c a}$ (mudança de base)

EXEMPLO 2.29 Admitindo que $\log 2 = 0{,}30$ e $\log 3 = 0{,}48$, teremos:

a) $\log 16 = \log 2^4 = 4 . \log 2 = 4 . (0{,}30) = 1{,}2$

b) $\log 36 = \log 2^2 . 3^2 = \log 2^2 + \log 3^2 = 2\log 2 + 2\log 3 = 2 . (0{,}30) + 2 . (0{,}48) = 1{,}5$

c) $\log \dfrac{1}{3} = \log 1 - \log 3 = 0 - 0{,}48 = -0{,}48$

d) $\log_3 2 = \dfrac{\log 2}{\log 3} = \dfrac{0{,}30}{0{,}48} = 0{,}625$

EXEMPLO 2.30 Admitindo $\log 2 = 0{,}30$ e $\log 3 = 0{,}48$ vamos resolver a equação exponencial $2^x = 3$.

Como $2^x = 3$, então:

$$\log 2^x = \log 3$$

$$x . \log 2 = \log 3$$

$$x = \dfrac{\log 3}{\log 2} = \dfrac{0{,}48}{0{,}30} = 1{,}6$$

Chamamos *função logarítmica* a toda função dada por $f(x) = \log_a x$, em que a base a é um número positivo e diferente de 1.

Temos as seguintes características dessa função:

a) Domínio: conjunto dos números reais não negativos.

b) Interceptos: a intersecção com o eixo x é o ponto (1, 0); não há intersecção com o eixo y.

c) Para termos ideia do gráfico, tomemos as funções $f_1(x) = \log_2 x$ e $f_2(x) = \log_{\frac{1}{2}} x$ e consideremos a seguinte tabela de valores:

x	$f_1(x)$	$f_2(x)$
1/4	–2	2
1/2	–1	1
1	0	0
2	1	–1
4	2	–2
8	3	–3

Os gráficos dessas funções estão na Figura 2.47 (o da Figura 2.47(a) é o de $f_1(x)$ e o da Figura 2.47(b) é o de $f_2(x)$). Quando a base é maior que 1 ($a > 1$) o padrão gráfico da função é o do tipo de $f_1(x)$ e quando a base está entre 0 e 1 ($0 < a < 1$) o padrão é o de $f_2(x)$. Em ambos os casos o conjunto imagem é o conjunto R dos números reais.

Figura 2.47: (a) Gráfico da função $f_1(x) = \log_2 x$

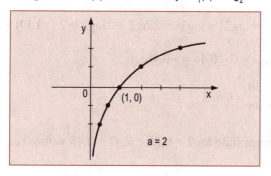

Figura 2.47: (b) Gráfico da função $f_2(x) = \log_{1/2} x$

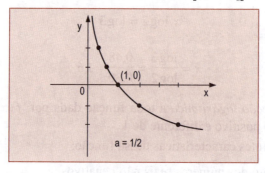

PROBLEMAS

141. Calcule os logaritmos abaixo sem o uso de calculadora.
a) $\log_2 8$
b) $\log_7 49$
c) $\log_3 81$
d) $\log_7 1$
e) $\log_3 3$
f) $\log_{10} 10^4$
g) $\log_2 2^{-3}$
h) $\log_3 \frac{1}{9}$
i) $\log_{\frac{1}{5}} 25$
j) $\log_{25} \frac{1}{5}$
k) $\log_2 (16 \times 4)$
l) $\log_5 5^6$

142. Usando uma calculadora ou computador, obtenha os seguintes logaritmos:
a) log 54
b) log 7
c) log 122
d) log 34,6
e) ln 31
f) ln 7
g) ln 1,5
h) ln 243
i) ln 1,7
j) ln (0,8)
k) ln (0,92)
l) ln (0,54)
m) $\log_2 7$
n) $\log_{12} 24$
o) $\log_{17} 5$

143. Admitindo log2 = 0,3 e log3 = 0,48, calcule os seguintes logaritmos:
a) log 6
b) log 8
c) log 12
d) log 24
e) log 20
f) log 300
g) log 5
h) log 50
i) log 0,2
j) log 0,03

144. Admitindo log2 = 0,3 e log3 = 0,48, resolva as equações exponenciais:
a) $3^x = 2$
b) $4^x = 3$
c) $2^x = 9$
d) $6^x = 8$
e) $6^x = 20$
f) $4^x = 0,3$

145. Resolva as equações exponenciais abaixo usando uma calculadora ou computador:
a) $2^x = 5 \cdot (3)^x$
b) $500 \cdot (1,2)^x = 800$
c) $6 \cdot (3)^x = 10^x$
d) $3^{x-2} = 5$
e) $2^{x-5} = 7$

146. Resolva as equações exponenciais abaixo usando uma calculadora ou computador:

   a) $e^x = 4$
   b) $e^{2x} = 5,17$
   c) $e^{-5x} = 0,12$
   d) $6 \cdot e^{3x} = 8,94$

147. O número de habitantes de uma cidade é hoje igual a 7.000 e cresce à taxa de 3% ao ano. Daqui a quanto tempo a população dobrará?

   Dados: log2 = 0,3010 e log(1,03) = 0,0128.

148. O PIB de um país cresce a uma taxa de 5% ao ano. Daqui a quantos anos aproximadamente o PIB triplicará?

   Dados: log3 = 0,4771 e log1,05 = 0,0212.

149. Um imóvel vale hoje $ 150.000,00 e a cada ano, sofre uma desvalorização de 3%. Daqui a quanto tempo seu valor se reduzirá à metade?

   Dados: ln0,5 = −0,6931 e ln0,97 = − 0,0305.

150. Um automóvel novo vale hoje $ 20.000,00 e sofre desvalorização de 15% ao ano. Daqui a quanto tempo seu valor se reduzirá à metade?

   Dados: ln0,5 = − 0,6931 e ln0,85 = − 0,1625.

151. Daqui a t anos o valor de uma máquina será $V = 50 \cdot (0,8)^t$ milhares de reais. Daqui a quanto tempo seu valor se reduzirá à metade?

   Dado log2 = 0,3010.

152. Estudos demográficos feitos em certo país estimaram que sua população daqui a t anos será $P = 40 \cdot (1,05)^t$ milhões de habitantes. Daqui a quanto tempo a população dobrará?

   Dados log2 = 0,3 e log1,05 = 0,02.

153. Esboce o gráfico, dê o domínio e o conjunto imagem de cada função:

   a) $f(x) = \log_3 x$
   b) $f(x) = \log_{\frac{1}{3}} x$
   c) $f(x) = \log_{0,2} x$
   d) $f(x) = \log_{1,2} x$

154. Estude o sinal das funções do exercício anterior.

155. Dê o domínio das seguintes funções:

   a) $y = \log(x-3)$
   b) $y = \log(2-x)$
   c) $y = \log(x^2 - 4x + 3)$
   d) $y = \log(x^2 - 4)$
   e) $y = \log(4x - x^2)$

156. **Curva de aprendizagem.** A curva de aprendizagem é o gráfico de uma função frequentemente utilizada para relacionar a eficiência de trabalho de uma pessoa em função de sua experiência. A expressão matemática dessa função é $f(t) = A - B \cdot e^{-k \cdot t}$, em que t representa o tempo e $f(t)$ a eficiência. Os valores A, B e

k são constantes positivas e dependem intrinsecamente do problema em questão. O gráfico da curva de aprendizagem tem o aspecto da Figura 2.48.

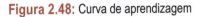

Figura 2.48: Curva de aprendizagem

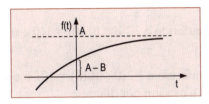

Nota-se que quando t aumenta muito, $e^{-k.t}$ tende a zero e, portanto, $f(t)$ tende a A. Assim, a reta horizontal que passa pelo ponto de ordenada A é uma assíntota do gráfico e reflete o fato de que, a partir de determinado tempo, a eficiência não se altera (ou se altera pouco). O ponto de intersecção com o eixo y tem ordenada $A - B$, pois $f(0) = A - B \cdot e^0 = A - B$.

Suponha que após t meses de experiência um operário consiga montar p peças por hora. Suponha ainda que $p = 40 - 20 \cdot e^{-0,4t}$.

a) Quantas peças ele montava por hora quando não tinha experiência?

b) Quantas peças montará por hora após 2,5 meses de experiência?
   Dado: $e^{-1} = 0{,}37$.

c) Quantas peças, no máximo, conseguirá montar por hora?

d) Esboce o gráfico de p em função de t.

157. Um digitador, após t dias de experiência, consegue digitar p palavras por minuto. Suponha que $p = 60 - 55e^{-0,1t}$.

a) Quantas palavras ele digitava por minuto quando não tinha experiência?

b) Quantas palavras digitará por minuto após 20 dias de experiência?
   Dado: $e^{-2} = 0{,}14$.

c) Quantas palavras conseguirá digitar por minuto no máximo?

d) Esboce o gráfico de p em função de t.

158. Considere a curva de aprendizagem $f(t) = 10 - B \cdot e^{-kt}$.
   Sabendo que $f(1) = 5$ e $f(2) = 6$ obtenha B e k.
   Dado $\ln 1{,}25 = 0{,}22$.

2.12 JUROS COMPOSTOS

Consideremos um capital de $ 1.000,00, aplicado a juros compostos à taxa de 10% ao ano. Isto significa que:
- no primeiro ano o juro auferido é 1.000 . (0,10) = 100 e o montante após 1 ano será $M_1 = 1.000 + 100 = 1.100$;
- no segundo ano o juro auferido é 1.100 . (0,10) = 110 e o montante após 2 anos será $M_2 = 1.100 + 110 = 1.210$;
- no terceiro ano o juro auferido é 1.210 . (0,10) = 121 e o montante após 3 anos será $M_3 = 1.210 + 121 = 1.331$, e assim por diante.

Portanto, no regime de *juros compostos*, o juro auferido em cada período se agrega ao montante do início do período e essa soma passa a gerar juros no período seguinte.

Consideremos um capital C, aplicado à taxa de juros i por período e obtenhamos a fórmula do montante após n períodos.

Temos:

$$M_1 = C + Ci = C(1+i)$$
$$M_2 = M_1 + M_1 \cdot i = M_1(1+i) = C(1+i)(1+i) = C(1+i)^2$$
$$M_3 = M_2 + M_2 i = M_2(1+i) = C(1+i)^2(1+i) = C(1+i)^3$$

Procedendo de modo análogo, obteremos o montante após n períodos, que é dado por:

$$M_n = C(1+i)^n, \text{ ou simplesmente } M = C(1+i)^n$$

Se quisermos um capital que, aplicado à taxa i durante n períodos, resulte em um montante M, devemos isolar C da equação anterior. O valor assim obtido, C, é chamado *valor presente* de M, isto é:

$$C = \frac{M}{(1+i)^n}$$

Embora a fórmula tenha sido deduzida para n inteiro e positivo, ela é estendida para todo n real positivo. Assim, M é uma função exponencial de n e crescente pois sendo a taxa de juros $i > 0$, $1 + i$ será maior que 1. Portanto o gráfico de M em função de n terá o aspecto da Figura 2.49.

Figura 2.49: Gráfico do montante em função do tempo

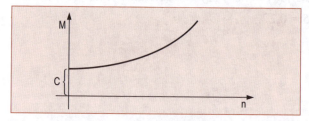

EXEMPLO 2.31 Um capital de $ 3.000 é aplicado a juros compostos durante 5 meses à taxa de 2% ao mês. Assim temos:

$$C = 3.000, \; i = 2\%, \; n = 5$$

$$M = 3.000 \, (1,02)^5$$

$$M = 3.000 \cdot (1,104081) = 3.312,24$$

Assim, o montante da aplicação será $ 3.312,24.

EXEMPLO 2.32 Um capital de $ 1.000,00 foi aplicado a juros compostos, durante 4 meses, produzindo um montante de $ 1.061,36. A taxa mensal de juros é dada por:

$$1.061,36 = 1.000(1 + i)^4$$

$$(1 + i)^4 = 1,06136$$

Elevando ambos os membros a expoente $\frac{1}{4}$ teremos:

$$\left[(1+i)^4\right]^{\frac{1}{4}} = [1,06136]^{\frac{1}{4}}$$

$$(1+i)^1 = (1,06136)^{0,25}$$

$$1 + i = 1,015 \Rightarrow i = 0,015 = 1,5\%$$

Portanto, a taxa mensal de juros da aplicação foi de 1,5% ao mês.

PROBLEMAS

159. Um capital de $ 2.000,00 é aplicado a juros compostos durante 4 meses à taxa de 1,8% ao mês. Qual o montante?

160. Um capital de $ 10.000,00 é aplicado a juros compostos durante 1 ano e meio à taxa de 2% ao mês. Qual o montante?

161. Uma pessoa aplica hoje $ 1.000,00 e aplicará $ 2.000,00 daqui a 3 meses a juros compostos à taxa de 2,5% ao mês. Qual seu montante daqui a 6 meses?

162. Qual o capital que, aplicado a juros compostos, durante 1 ano, à taxa de 7% ao trimestre, produz um montante de $ 5.000,00?

163. Um capital de $ 2.000,00 é aplicado durante 5 meses a juros compostos, produzindo um montante de $ 2.400,00. Qual a taxa mensal?

164. Durante quanto tempo um capital deve ser aplicado a juros compostos à taxa de 1,9% ao mês, para que duplique?

165. Um capital de $ 1.000,00 é aplicado a juros compostos à taxa de 300% ao ano. Um outro capital, de $ 2.000,00 é aplicado também a juros compostos, à taxa de

100% ao ano. Daqui a quantos anos a diferença entre os montantes será igual a $ 3.000,00?

Dados: log2 = 0,30 e log3 = 0,48.

166. Quanto devo aplicar hoje a juros compostos e à taxa de 2% ao mês para pagar um compromisso de $ 6.000,00 daqui a 6 meses? (em outras palavras, qual o valor presente do compromisso?)

167. Quanto devo aplicar hoje, a juros compostos e à taxa de 2% ao mês, para cumprir um compromisso de $ 4.000,00 daqui a 2 meses, e outro de $ 5.000,00 daqui a 3 meses?

168. A que taxa devo aplicar $ 1.000,00 em um fundo que rende juros compostos, para poder sacar $ 100,00 daqui a 1 mês e $ 1.100,00 daqui a 2 meses, esgotando meu saldo?

169. A que taxa devo aplicar $ 1.000,00 em um fundo que rende juros compostos, para poder sacar $ 400,00 daqui a 1 mês e $ 734,40 daqui a 2 meses, esgotando meu saldo?

170. A que taxa devo aplicar $ 500,00 em um fundo que rende juros compostos, para poder sacar $ 200,00 daqui a 1 mês e $ 341,25 daqui a 2 meses, esgotando meu saldo?

2.13 USO DO MATHEMATICA

Para fazer o gráfico de uma função, usamos o comando Plot.

EXEMPLO 2.4 (continuação) Nesse exemplo, usamos o Excel para fazer o gráfico da função $y = 4x - x^2$, no intervalo [0, 4], obtendo a Figura 2.7. A mesma figura pode ser obtida usando o comando Plot, como segue:

$$In[1]: = Plot\ [4*\ x - x \wedge 2,\ \{x,\ 0,\ 4\}]$$

Do mesmo modo, a Figura 2.8, correspondendo à função $y = x^3 - x$, no intervalo [–1, 1], pode ser obtida pelo comando:

$$In[1]: = Plot\ [x \wedge 3 - x,\ \{x,\ -1,\ 1\}]$$

Na Figura 2.47 temos os gráficos da função logarítmica, com bases 2 e 1/2. Essas duas figuras podem ser obtidas pelos comandos:

$$In[1]: = Plot\ [Log\ [2,\ x],\ \{x,\ -3,\ 3\}]$$

e

$$In[2]: = Plot\ [Log\ [1/2,\ x],\ \{x,\ -3,\ 3\}],$$

respectivamente. Para a base e, ou seja logaritmo natural, usamos simplesmente Log [x].

PROBLEMAS

Faça os gráficos das funções a seguir, usando o comando Plot:

171. $y = 10 \cdot 2^x$, para $-5 \leq x \leq 5$.
172. $y = 10 \cdot (0;5)^x$, para $-3 \leq x \leq 3$.
173. $y - 1 = 2 / (x - 3)$.
174. $y = x^5 - 5x - 6$.
175. $y = \log_3 x$ e $y = \log_{0,2} x$.

3

LIMITES

3.1 LIMITE DE FUNÇÕES

O conceito de limite de funções tem grande utilidade na determinação do comportamento de funções nas vizinhanças de um ponto fora do domínio, no comportamento de funções quando x aumenta muito (tende para infinito) ou diminui muito (tende para menos infinito). Além disso, o conceito de limite é utilizado em derivadas, que é o assunto do próximo capítulo.

Intuitivamente, dada uma função $f(x)$ e um ponto b do domínio, dizemos que o limite da função é L quando x tende a b pela direita ($x \to b^+$) se, à medida que x se aproxima de b pela direita (isto é, por valores superiores a b), os valores de $f(x)$ se aproximam de L. Simbolicamente, escrevemos:

$$\lim_{x \to b^+} f(x) = L$$

Analogamente, dizemos que o limite da função é M quando x tende a b pela esquerda ($x \to b^-$) se, à medida que x se aproxima de b pela esquerda (isto é, por valores inferiores a b), os valores de $f(x)$ se aproximam de M. Simbolicamente escrevemos:

$$\lim_{x \to b^-} f(x) = M$$

A Figura 3.1 ilustra essa ideia intuitiva.

Caso $L = M$, ou seja, os limites laterais são iguais, dizemos que existe o limite de $f(x)$ quando x tende a b e escrevemos, $\lim_{x \to b} f(x) = L = M$. A Figura 3.2 ilustra essa situação.

Quando os limites laterais L e M são distintos, dizemos que não existe o limite de $f(x)$ quando x tende a b (embora existam os limites laterais). A Figura 3.1 ilustra essa situação.

Figura 3.1: Limites à esquerda e à direita do ponto b

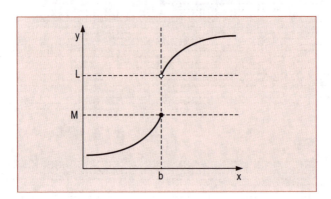

Figura 3.2: Existência do limite f(x), quando x tende a b

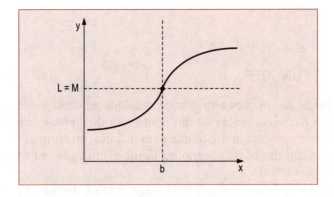

EXEMPLO 3.1 Consideremos a função dada por

$$f(x) = \begin{cases} x + 2, \text{ se } x \leq 3 \\ 2x, \text{ se } x > 3 \end{cases}$$

e calculemos os limites laterais quando x tende a 3 pela direita e pela esquerda.

- **Limite pela esquerda**

Consideremos uma sucessão que convirja para 3 pela esquerda, por exemplo, (2,9; 2,99; 2,999, ...).

Nesse caso, como x é menor que 3, a expressão de $f(x)$ é $f(x) = x + 2$. Assim, temos a seguinte correspondência:

x	f(x)
2,9	4,9
2,99	4,99
2,999	4,999
...	...

Deste modo, percebe-se intuitivamente que quando x tende a 3 pela esquerda, $f(x)$ tende a 5, e escrevemos:

$$\lim_{x \to 3^-} f(x) = 5$$

- **Limite pela direita**

Consideremos uma sucessão que convirja para 3 pela direita, por exemplo, (3,1; 3,01; 3,001; ...).

Nesse caso, como x é maior que 3, a expressão de $f(x)$ é $2x$. Assim, temos a seguinte correspondência:

x	f(x)
3,1	6,2
3,01	6,02
3,001	6,002
...	...

Percebe-se intuitivamente que quando x tende a 3 pela direita, $f(x)$ tende a 6, e escrevemos:

$$\lim_{x \to 3^+} f(x) = 6$$

Nesse caso, como os limites laterais existem, mas são diferentes, dizemos que não existe o limite global de $f(x)$ quando x tende a 3. A Figura 3.3 representa o gráfico dessa função e evidencia os limites laterais.

Figura 3.3: Limites para o Exemplo 3.1

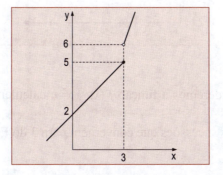

EXEMPLO 3.2 Consideremos a função

$$f(x) = \begin{cases} x+2, \text{ se } x \neq 3 \\ 7, \text{ se } x = 3 \end{cases}$$

e calculemos os limites laterais quando x tende a 3.

Considerando as mesmas sucessões usadas no exemplo anterior para caracterizar que x tende a 3 pela esquerda e pela direita, percebemos que:

- $\lim_{x \to 3^-} f(x) = 5$ e

- $\lim_{x \to 3^+} f(x) = 5$

Portanto, nesse caso, como os limites laterais são iguais, podemos escrever:

$$\lim_{x \to 3} f(x) = 5$$

É importante observarmos, neste exemplo, que no cálculo do limite de $f(x)$, quando x tende a 3, não importa o valor da imagem para $x = 3$ mas importa o que ocorre com as imagens quando x está próximo de 3, mantendo-se diferente de 3. A Figura 3.4 representa o gráfico de $f(x)$.

Figura 3.4: Gráfico da função do Exemplo 3.2

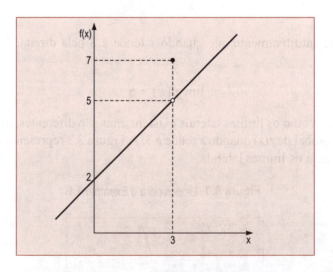

EXEMPLO 3.3 Consideremos a função $f(x) = x^2$ e calculemos seus limites laterais quando x tende a 3.

Usando as mesmas sucessões que convergem para 3 do Exemplo 3.1, teremos:

- **Limite pela esquerda**

x	f(x)
2,9	8,41
2,99	8,9401
2,999	8,9940
...	...

É intuitivo perceber que $\lim_{x \to 3^-} f(x) = 9$.

- **Limite pela direita**

x	f(x)
3,1	9,61
3,01	9,0601
3,001	9,0060
...	...

É intuitivo perceber que $\lim_{x \to 3^+} f(x) = 9$.

Como os limites laterais são iguais, podemos escrever: $\lim_{x \to 3} f(x) = 9$.
O gráfico de $f(x)$ é o da Figura 3.5.

Figura 3.5: Limites laterais em x = 3 iguais

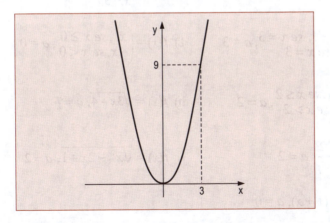

As seguintes propriedades dos limites podem ser provadas:

Se f e g são funções tais que existam e sejam números reais os limites: $\lim_{x \to b} f(x)$ e $\lim_{x \to b} g(x)$ então:

- $\lim_{x \to b}[f(x) + g(x)] = \lim_{x \to b} f(x) + \lim_{x \to b} g(x)$

- $\lim\limits_{x \to b}[f(x) - g(x)] = \lim\limits_{x \to b} f(x) - \lim\limits_{x \to b} g(x)$
- $\lim\limits_{x \to b} k \cdot f(x) = k \cdot \lim\limits_{x \to b} f(x)$ em que k é uma constante
- $\lim\limits_{x \to b} [f(x) \cdot g(x)] = \lim\limits_{x \to b} f(x) \cdot \lim\limits_{x \to b} g(x)$
- $\lim\limits_{x \to b} \dfrac{f(x)}{g(x)} = \dfrac{\lim\limits_{x \to b} f(x)}{\lim\limits_{x \to b} g(x)}$, desde que $\lim\limits_{x \to b} g(x) \neq 0$

Assim, por exemplo, podemos calcular $\lim\limits_{x \to 3}(x^2 + 4x)$ da seguinte forma:

$$\lim\limits_{x \to 3}(x^2 + 4x) = \lim\limits_{x \to 3} x^2 + \lim\limits_{x \to 3} 4x = \lim\limits_{x \to 3} x^2 + 4\lim\limits_{x \to 3} x = 9 + 4(3) = 21$$

PROBLEMAS

1. Para cada função abaixo $f(x)$ e para cada a, calcule (quando existir):

$\lim\limits_{x \to a^+} f(x)$, $\lim\limits_{x \to a^-} f(x)$, e $\lim\limits_{x \to a} f(x)$.

a) $f(x) = x^3$, $a = 2$

b) $f(x) = 2x + 1$, $a = 3$

c) $f(x) = \dfrac{x+5}{x-3}$, $a = 0$

d) $f(x) = \dfrac{x+5}{x-3}$, $a = 2$

e) $f(x) = \begin{cases} 2x+1, & \text{se } x \neq 3 \\ 8, & \text{se } x = 3 \end{cases}$, $a = 3$

f) $f(x) = \begin{cases} x^2, & \text{se } x \geq 0 \\ -x, & \text{se } x < 0 \end{cases}$, $a = 0$

g) $f(x) = \begin{cases} 2x, & \text{se } x \leq 2 \\ 7, & \text{se } x > 2 \end{cases}$, $a = 2$

h) $f(x) = \sqrt{3x+4}$, $a = 7$

i) $f(x) = \dfrac{x-2}{x}$, $a = 2$

j) $f(x) = \sqrt{x^2 - 2x + 1}$, $a = 2$

k) $f(x) = \log(1 + x)$, $a = 0$

3.2 FORMAS INDETERMINADAS

Consideremos a função $f(x) = \dfrac{x-2}{x^2 - 4}$ e vejamos qual o limite quando x tende a 2; se x tender a 2 pela esquerda ou pela direita, notamos que o numerador tende a 0, bem como o denominador. Teríamos então uma fração impossível de ser calculada $\left(\dfrac{0}{0}\right)$ e que é chamada de *forma indeterminada*.

Todavia, observamos que a expressão de $f(x)$ pode ser simplificada ao fatorarmos o denominador, ou seja:

$$f(x) = \frac{(x-2)}{(x+2)(x-2)} = \frac{1}{x+2}$$

Assim sendo, as funções $f(x) = \dfrac{x-2}{x^2-4}$ e $h(x) = \dfrac{1}{x+2}$ têm um comportamento idêntico (exceto para $x = 2$, em que a primeira não é definida).

Ora, no cálculo do limite de $f(x)$ quando x tende a 2, não interessa o que acontece quando $x = 2$ (pois quando x tende a 2 ele é diferente de 2). Assim, no cálculo do limite, $f(x)$ e $h(x)$ têm o mesmo comportamento. Portanto:

$$\lim_{x \to 2} \frac{x-2}{x^2-4} = \lim_{x \to 2} \frac{1}{x+2} = \frac{1}{4}$$

Convém, antes de darmos novos exemplos, lembrar algumas fórmulas de fatoração:

- $(a^2 - b^2) = (a+b)(a-b)$

- $a^2 + 2ab + b^2 = (a+b)^2$

- $a^2 - 2ab + b^2 = (a-b)^2$

- $ax^2 + bx + c = a(x - x_1)(x - x_2)$ em que x_1 e x_2 são raízes da equação $ax^2 + bx + c = 0$

- $(a^3 - b^3) = (a-b)(a^2 + ab + b^2)$

- $(a^3 + b^3) = (a+b)(a^2 - ab + b^2)$

EXEMPLO 3.4 Calculemos os limites abaixo:

a) $\lim\limits_{x \to 5} \dfrac{x^2 - 10x + 25}{x - 5} = \lim\limits_{x \to 5} \dfrac{(x-5)^2}{x-5} = \lim\limits_{x \to 5} (x-5) = 0$

b) $\lim\limits_{x \to 1} \dfrac{x^2 - 6x + 5}{x - 1} = \lim\limits_{x \to 1} \dfrac{(x-1)(x-5)}{(x-1)} = \lim\limits_{x \to 1} (x-5) = -4$

c) $\lim\limits_{x \to 0} \dfrac{x^2 + 8x}{x} = \lim\limits_{x \to 0} \dfrac{x(x+8)}{x} = \lim\limits_{x \to 0} (x+8) = 8$

PROBLEMAS

2. Obtenha os limites a seguir.

a) $\lim\limits_{x \to 3} \dfrac{x^2 - 9}{x - 3}$

b) $\lim\limits_{x \to -7} \dfrac{49 - x^2}{7 + x}$

c) $\lim\limits_{x \to 5} \dfrac{5 - x}{25 - x^2}$

d) $\lim\limits_{x \to 0} \dfrac{x^2 + x}{x^2 - 3x}$

e) $\lim\limits_{x \to 0} \dfrac{x^3}{2x^2 + x}$

f) $\lim\limits_{x \to 1} \dfrac{x^2 - 4x + 3}{x - 1}$

g) $\lim\limits_{x \to 4} \dfrac{x^2 - 7x + 12}{x - 4}$

h) $\lim\limits_{x \to 1} \dfrac{x - 1}{x^2 - 3x + 2}$

i) $\lim\limits_{x \to 1} \dfrac{x^2 - 2x + 1}{x - 1}$

j) $\lim\limits_{x \to 2} \dfrac{x - 2}{x^2 - 4}$

k) $\lim\limits_{x \to 2} \dfrac{x^3 - 8}{x - 2}$

l) $\lim\limits_{x \to 3} \dfrac{x^3 - 27}{x^2 - 5x + 6}$

m) $\lim\limits_{x \to 1} \dfrac{x^2 - 4x + 3}{x^3 - 1}$

n) $\lim\limits_{x \to -1} \dfrac{x + 1}{x^2 + 3x + 2}$

3.3 LIMITES INFINITOS

Consideremos a função $f(x) = \dfrac{5}{x - 3}$ definida para todos os números reais diferentes de 3. Vejamos o que acontece com $f(x)$ na vizinhança de 3.

Calculemos o limite de $f(x)$ quando x tende a 3 pela direita: vamos atribuir a x os valores de uma sucessão que convirja para 3 pela direita, por exemplo:

$$(3,1;\ 3,01;\ 3,001;\ 3,0001;\ ....)$$

As correspondentes imagens são:

$$f(3,1) = \dfrac{5}{0,1} = 50$$

$$f(3,01) = \dfrac{5}{0,01} = 500$$

$$f(3,001) = \dfrac{5}{0,001} = 5.000$$

$$f(3{,}0001) = \frac{5}{0{,}0001} = 50.000$$

Observamos que as imagens vão ficando cada vez maiores, superando qualquer valor fixado. Dizemos, neste caso, que o limite de $f(x)$, quando x tende a 3 pela direita, é infinito e escrevemos:

$$\lim_{x \to 3^+} f(x) = \lim_{x \to 3^+} \frac{5}{x-3} = \infty$$

Analogamente, para calcularmos o limite de $f(x)$ pela esquerda, vamos atribuir a x por exemplo, os valores:

$$2{,}9;\ 2{,}99;\ 2{,}999;\ 2{,}9999;\ \ldots$$

As correspondentes imagens são:

$$f(2{,}9) = \frac{5}{-0{,}1} = -50$$

$$f(2{,}99) = \frac{5}{-0{,}01} = -500$$

$$f(2{,}999) = \frac{5}{-0{,}001} = -5.000$$

$$f(2{,}9999) = \frac{5}{-0{,}0001} = -50.000$$

Observamos que as imagens vão diminuindo cada vez mais, ficando abaixo de qualquer valor fixado. Dizemos que o limite de $f(x)$ é menos infinito, quando x tende a 3 pela esquerda, e escrevemos:

$$\lim_{x \to 3^-} f(x) = \lim_{x \to 3^-} \frac{5}{x-3} = -\infty$$

De modo geral, o limite de uma função é infinito, quando os valores de $f(x)$ vão ficando cada vez maiores, superando qualquer valor fixado; da mesma forma, dizemos que o limite de uma função é menos infinito, quando os valores de $f(x)$ vão ficando cada vez menores, de modo a se situarem abaixo de qualquer valor fixado.

PROBLEMAS

3. Para cada função $f(x)$ abaixo, calcule $\lim_{x \to a^+} f(x)$ e $\lim_{x \to a^-} f(x)$, quando existirem:

a) $f(x) = \dfrac{4}{x-6}$, $a = 6$

b) $f(x) = \dfrac{3}{1-x}$, $a = 1$

c) $f(x) = \dfrac{2}{|x-5|}$, $a = 5$

d) $f(x) = \dfrac{x+5}{x}$, $a = 0$

e) $f(x) = \dfrac{x}{2-x}$, $a = 2$ $\qquad$ f) $f(x) = \dfrac{x^2}{x-1}$, $a = 1$

g) $f(x) = \dfrac{1}{x}$, $a = 0$ $\qquad$ h) $f(x) = \dfrac{1}{x^2}$, $a = 0$

i) $f(x) = \dfrac{-1}{x^2}$, $a = 0$ $\qquad$ j) $f(x) = \dfrac{1}{x^3}$, $a = 0$

k) $f(x) = 2x + \dfrac{1}{x^2}$, $a = 0$ $\qquad$ l) $f(x) = 5x + \dfrac{3}{x-2}$, $a = 2$

m) $f(x) = \dfrac{5x}{(x-1)^2}$, $a = 1$ $\qquad$ n) $f(x) = \dfrac{1}{5x(x-1)^2}$, $a = 1$

o) $f(x) = \dfrac{4x}{(x-3)^2}$, $a = 3$ $\qquad$ p) $f(x) = \dfrac{1}{4x(x-3)^2}$, $a = 3$

3.4 LIMITES NOS EXTREMOS DO DOMÍNIO

Quando fizemos o estudo das funções no Capítulo 2, vimos a importância de conhecer o comportamento de uma função quando x era muito grande (tendendo para infinito) ou muito pequeno (tendendo para menos infinito). Na verdade o que queríamos era determinar os valores dos limites, chamados limites nos extremos:

$$\lim_{x \to \infty} f(x) \text{ ou } \lim_{x \to -\infty} f(x)$$

A maneira de obtermos esses limites consiste em escolher uma sucessão que divirja para mais infinito, ou simplesmente para infinito (∞), ou menos infinito ($-\infty$) e determinarmos o comportamento da nova sucessão gerada por $f(x)$.

EXEMPLO 3.5 Consideremos a função $f(x) = \dfrac{1}{x}$ e tomemos uma sequência que divirja para infinito, por exemplo, (10; 100; 1.000; 10.000; ...; 10^n; ...).

As correspondentes imagens são:

$$f(10) = \dfrac{1}{10} = 0{,}1$$

$$f(100) = \dfrac{1}{100} = 0{,}01$$

$$f(1.000) = \dfrac{1}{1.000} = 0{,}001$$

$$f(10.000) = \dfrac{1}{10.000} = 0{,}0001$$

e assim sucessivamente.

Intuitivamente, percebemos que as correspondentes imagens convergem para 0. Dizemos que o limite de $f(x)$ quando x tende para infinito é 0 e escrevemos:

$$f(x) = \lim_{x \to \infty} \frac{1}{x} = 0$$

Analogamente, para determinarmos o limite de $f(x)$ quando x tende para menos infinito, tomamos uma sequência que divirja para menos infinito, por exemplo, (–10; –100; – 1.000; ...; –(10)^n...) . As correspondentes imagens são:

$$f(-10) = \frac{1}{-10} = -0,1$$

$$f(-100) = \frac{1}{-100} = -0,01$$

$$f(-1.000) = \frac{1}{-1.000} = -0,001$$

$$f(-10.000) = \frac{1}{-10.000} = -0,0001 \text{ etc.}$$

Percebemos intuitivamente que as imagens também convergem para 0. Dizemos então que o limite de $f(x)$ é 0 quando x tende a menos infinito, e escrevemos:

$$\lim_{x \to -\infty} f(x) = \lim_{x \to -\infty} \frac{1}{x} = 0$$

O gráfico de $f(x)$ é dado na Figura 3.6, em que ficam evidentes os limites calculados.

Figura 3.6: Gráfico da função $f(x) = 1/x$

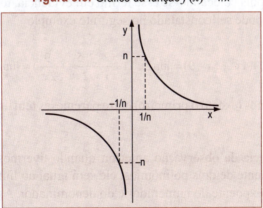

EXEMPLO 3.6 Consideremos a função $f(x) = x^3$. Se considerarmos as mesmas sucessões divergentes para mais e menos infinito dadas no exemplo anterior, poderemos concluir que:

$$\lim_{x \to \infty} f(x) = \lim_{x \to \infty} x^3 = \infty \text{ e } \lim_{x \to -\infty} f(x) = \lim_{x \to -\infty} x^3 = -\infty$$

Conforme vimos no Capítulo 2, o gráfico de $f(x)$ é dado pela Figura 3.7, em que se evidenciam os limites calculados.

Figura 3.7: Gráfico da função $f(x) = x^3$

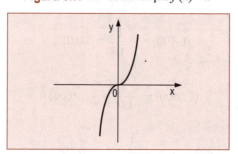

Observações:

i) Os limites nos extremos (x tendendo a mais ou menos infinito) podem ser um número real, ou ainda podem dar mais ou menos infinito, conforme os exemplos anteriores mostraram.

ii) Há funções cujos limites nos extremos não existem, como a função $f(x) = \text{sen } x$, pois $f(x)$ oscila entre -1 e 1 à medida que x tende para mais ou menos infinito.

iii) O limite nos extremos de uma função polinomial é igual ao limite de seu termo de maior expoente, pois colocando-se esse termo em evidência, todos os outros termos tendem a 0. Isso pode ser constatado no seguinte exemplo

$$\lim_{x \to \infty}(2x^3 + 4x^2 - 5x + 9) = \lim_{x \to \infty} 2x^3 (1 + \frac{2}{x} - \frac{5}{2x^2} + \frac{9}{2x^3}) = \lim_{x \to \infty} 2x^3 = \infty$$

pois todos os termos (exceto o primeiro) entre parênteses têm limite igual a 0 quando x tende a infinito.

iv) Como consequência da observação anterior, quando tivermos o limite nos extremos de um quociente de dois polinômios, ele será igual ao limite do quociente dos termos de maior expoente do numerador e do denominador. Assim, por exemplo:

$$\lim_{x \to \infty} \frac{4x^3 + 5x^2 - 7x + 9}{2x^2 - 8x - 17} = \lim_{x \to \infty} \frac{4x^3}{2x^2} = \lim_{x \to \infty} 2x = \infty$$

PROBLEMAS

4. Calcule os seguintes limites:

a) $\lim\limits_{x \to \infty} \dfrac{1}{x^2}$

b) $\lim\limits_{x \to -\infty} \dfrac{1}{x^2}$

c) $\lim\limits_{x \to \infty} x^4$

d) $\lim\limits_{x \to -\infty} x^4$

e) $\lim\limits_{x \to \infty} 3x^5$

f) $\lim\limits_{x \to -\infty} 3x^5$

g) $\lim\limits_{x \to \infty} e^x$

h) $\lim\limits_{x \to -\infty} e^x$

i) $\lim\limits_{x \to \infty} (2x^4 - 3x^3 + x + 6)$

j) $\lim\limits_{x \to -\infty} (2x^4 - 3x^3 + x + 6)$

k) $\lim\limits_{x \to \infty} (2x^5 - 3x^2 + 6)$

l) $\lim\limits_{x \to -\infty} (2x^5 - 3x^2 + 6)$

m) $\lim\limits_{x \to \infty} \dfrac{5x^4 - 3x^2 + 1}{5x^2 + 2x - 1}$

n) $\lim\limits_{x \to -\infty} \dfrac{5x^4 - 3x^2 + 1}{5x^2 + 2x - 1}$

o) $\lim\limits_{x \to -\infty} \dfrac{-3x^3 + 2x^2 + 5}{x + 1}$

p) $\lim\limits_{x \to \infty} \dfrac{2x + 1}{x - 3}$

q) $\lim\limits_{x \to -\infty} \dfrac{2x + 1}{x - 3}$

r) $\lim\limits_{x \to \infty} \dfrac{25x - 2}{16x - 3}$

s) $\lim\limits_{x \to \infty} \dfrac{x^2 + 3x + 1}{2x^2 - 5x}$

t) $\lim\limits_{x \to \infty} \dfrac{x - 1}{x^2 + 3}$

u) $\lim\limits_{x \to -\infty} \dfrac{x^2 - 3x + 1}{x^3 - x^2 + x - 1}$

v) $\lim\limits_{x \to -\infty} \dfrac{4x + 1}{-2x^2 + 5x - 1}$

w) $\lim\limits_{x \to \infty} \dfrac{1 - 2x^2}{3 - 4x}$

x) $\lim\limits_{x \to -\infty} \dfrac{1 - 2x}{3 - 4x}$

3.5 CONTINUIDADE DE UMA FUNÇÃO

Intuitivamente, a ideia de função contínua decorre da análise de seu gráfico. Quando o gráfico de uma função não apresenta interrupções, dizemos que ela é contínua. Se houver algum ponto onde ocorre a interrupção, dizemos que é um ponto de descontinuidade.

A fim de tornarmos mais formal esse conceito, observemos as funções que estão na Figura 3.8.

Figura 3.8: Algumas funções reais

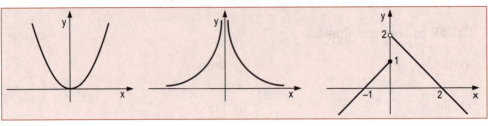

a) $f_1(x) = x^2$ b) $f_2(x) = \dfrac{1}{x^2}$ c) $f_3(x) = \begin{cases} x+1 \text{ para } x \leq 0 \\ -x+2 \text{ para } x > 0 \end{cases}$

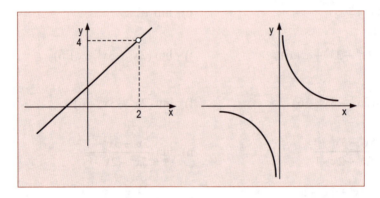

d) $f_4(x) = \dfrac{x^2-4}{x-2}$ e) $f_5(x) = \dfrac{1}{x}$

Temos as seguintes considerações a fazer:

- Para a função $f_1(x)$, cujo gráfico é uma parábola, para qualquer valor real de b, temos:

$$\lim_{x \to b^+} f_1(x) = \lim_{x \to b^-} f_1(x) = f_1(b)$$

Ou seja, o limite existe, para x tendendo a b e, além disso, ele é igual ao valor da função em b.

- Para a função $f_2(x)$, se calcularmos o limite para x tendendo a zero, veremos que:

$$\lim_{x \to 0^+} f_2(x) = \lim_{x \to 0^-} f_2(x) = \infty$$

Ou seja, o limite existe, para x tendendo a 0, mas não é igual ao valor da função para $x = 0$, pois 0 está fora do domínio.

- Para a função $f_3(x)$, se calcularmos o limite para x tendendo a zero, veremos que:

$$\lim_{x \to 0^-} f_3(x) = 1 \text{ e } \lim_{x \to 0^+} f_3(x) = 2$$

Ou seja, não existe o limite da função para $x = 0$.

- Para a função $f_4(x)$, se calcularmos o limite para x igual a 2, teremos:

$$\lim_{x \to 2^-} f_4(x) = \lim_{x \to 2^+} f_4(x) = 4$$

Ou seja, o limite existe para x tendendo a 2, mas a função não está definida para $x = 2$.

- Para a função $f_5(x)$, se calcularmos o limite para x tendendo a zero, teremos:

$$\lim_{x \to 0^+} f_5(x) = \infty \text{ e } \lim_{x \to 0^-} f_5(x) = -\infty$$

Ou seja, não existe o limite da função para x tendendo a zero.

Pela análise dos gráficos vemos que, com exceção de $f_1(x)$, todas as outras funções apresentam interrupções em algum ponto. No caso da função $f_1(x)$, o que caracteriza a ausência de interrupções é o fato de o limite existir em qualquer ponto b do domínio e além disso, desse limite ser igual à imagem de b.

Isso sugere a seguinte definição:

> Uma função $f(x)$ é *contínua em um ponto b*, se:
>
> $$\lim_{x \to b^+} f(x) = \lim_{x \to b^-} f(x) = f(b)$$
>
> Caso a função não seja contínua no ponto b diremos que ela é *descontínua* nesse ponto.

Em resumo, temos:

- $f_1(x)$ é contínua em todos os pontos do domínio,
- $f_2(x)$ é descontínua para $x = 0$;
- $f_3(x)$ é descontínua para $x = 0$;
- $f_4(x)$ é descontínua para $x = 2$;
- $f_5(x)$ é descontínua para $x = 0$.

É importante observarmos que, para a função ser contínua, é necessário que existam $f(b)$ e $\lim_{x \to b} f(x)$ e que sejam iguais. Além disso, pode-se verificar que, se duas funções f e g são contínuas em b, então também serão contínuas: $f + g$, $f - g$, $f \cdot g$, $k \cdot f$ (em que k é uma constante) e f/g (desde que $g(b) \neq 0$).

3.6 ASSÍNTOTAS VERTICAIS E HORIZONTAIS

Consideremos os gráficos das funções dadas na Figura 3.9:

No casos (a) e (b), dizemos que a reta de equação $x = x_0$ é uma *assíntota vertical* daquelas funções.

Figura 3.9: Assíntotas

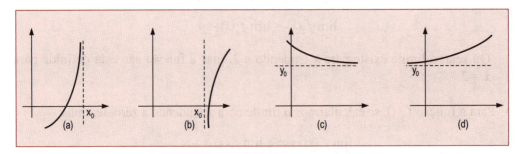

Nos casos (c) e (d), dizemos que a reta horizontal de equação $y = y_0$ é uma *assíntota horizontal* das correspondentes funções.

Formalmente, podemos dizer que, se existir um número x_0 tal que um dos limites laterais de x_0 seja infinito, ou menos infinito, então a reta $x = x_0$ é uma assíntota vertical da função considerada. Geralmente x_0 é um ponto de descontinuidade da função.

Se existirem os limites: $f(x)$

$$\lim_{x \to \infty} f(x) = c_1 \text{ e } \lim_{x \to -\infty} f(x) = c_2$$

então as retas $y = c_1$ e $y = c_2$ são chamadas de assíntotas horizontais da função considerada.

EXEMPLO 3.7 Consideremos a função $f(x) = \dfrac{5x + 3}{x - 2}$. Como para $x = 2$ ela não está definida, temos:

- $\lim\limits_{x \to 2^+} f(x) = \infty$ e $\lim\limits_{x \to 2^-} f(x) = -\infty$, então a reta $x = 2$ é uma assíntota vertical de $f(x)$.

- $\lim\limits_{x \to \infty} f(x) = 5$ e $\lim\limits_{x \to -\infty} f(x) = 5$, então a reta $y = 5$ é uma assíntota horizontal de $f(x)$.

3.7 LIMITE EXPONENCIAL FUNDAMENTAL

Consideremos a função $f(x) = (1 + \dfrac{1}{x})^x$ que aparece em curvas de crescimento em geral. À medida que x cresce, tendendo a infinito, a fração $\dfrac{1}{x}$ tende a zero. Entretanto tal fração somada a 1 e o resultado elevado a x não têm um valor de convergência evidente.

O matemático suiço Leonardo Euler (1707–1783) parece ter sido o primeiro a perceber a importância dessa função. Além disso, ele demonstrou que o limite daquela função para x tendendo a infinito era um número irracional compreendido entre 2 e 3, simbolizado por e (número de Euler). Usando uma calculadora é possível ter uma ideia da convergência da função $f(x) = \left(1+\dfrac{1}{x}\right)^x$; a Tabela 3.1 fornece alguns valores de $f(x)$.

Tabela 3.1 Limite exponencial fundamental

x	$\left(1+\dfrac{1}{x}\right)^x$
1	2
2	2,250000
5	2,488320
10	2,593742
20	2,653298
50	2,691588
100	2,704814
200	2,711517
500	2,715569
1.000	2,716924
5.000	2,718010
50.000	2,718255
100.000	2,718268
1.000.000	2,718280

Pode-se provar ainda que o limite da função $f(x) = \left(1+\dfrac{1}{x}\right)^x$ também dá o número e quando x tende a menos infinito. Em resumo:

$$\lim_{x\to\infty}\left(x+\dfrac{1}{x}\right)^x = \lim_{x\to-\infty}\left(x+\dfrac{1}{x}\right)^x = e$$

Uma forma equivalente de escrever o número e é pelo seu limite: $\lim_{x\to 0}(1+x)^{\frac{1}{x}}$. Isto é:

$$\lim_{x\to 0}(1+x)^{\frac{1}{x}} = e$$

EXEMPLO 3.8 Juros capitalizados continuamente.

Consideremos um capital de $ 1.000,00 aplicado a juros compostos a taxa de 12% ao ano, pelo prazo de 2 anos.

- Se os juros forem capitalizados anualmente, o montante será:
$$M = 1.000(1 + 0,12)^2 = 1.254,40$$

- Se os juros forem capitalizados semestralmente a uma taxa semestral proporcional a 12% ao ano, a taxa semestral será de $\frac{12\%}{2} = 6\%$ ao semestre, e o montante será:
$$M = 1.000(1 + 0,06)^4 = 1.262,48$$

- Se os juros forem capitalizados mensalmente a uma taxa mensal proporcional a 12% ao ano, a taxa mensal será de $\frac{12\%}{12} = 1\%$ ao mês, e o montante será:
$$M = 1.000(1 + 0,01)^{24} = 1.269,73$$

- Se os juros forem capitalizados diariamente a uma taxa diária proporcional a 12% ao ano, (considerando um ano de 360 dias), será de $\frac{12\%}{360}$ ao dia, e o montante será:
$$M = 1.000\left(1 + \frac{0,12}{360}\right)^{720} = 1.271,20$$

Poderíamos pensar em capitalização por hora, por minuto, por segundo etc. Cada vez que diminui o prazo de capitalização, o número de capitalizações (k) em um ano aumenta, de modo que a taxa proporcional a 12% ao ano, nesse período de capitalização, é igual a $\frac{12\%}{k}$ e o prazo de aplicação de 2 anos expresso de acordo com o prazo de capitalização vale $2k$. Consequentemente, o montante é dado por:

$$M = 1.000\left(1 + \frac{0,12}{k}\right)^{2k}$$

Dizemos que o capital é *capitalizado continuamente*, quando o montante M é dado por:

$$M = \lim_{k \to \infty} 1.000\left(1 + \frac{0,12}{k}\right)^{2k}$$

Para calcularmos tal limite, podemos chamar $\frac{0,12}{k}$ de $\frac{1}{x}$ e consequentemente x será igual a $\frac{k}{0,12}$. Quando k tende a infinito, x também tende, de modo que o limite acima pode ser expresso por

$$M = \lim_{x \to \infty} 1.000\left(1 + \frac{1}{x}\right)^{2.(0,12).x}$$

$$M = 1.000 \left[\lim_{x \to \infty} \left(1 + \frac{1}{x}\right)^x \right]^{2.(0,12)} = 1.000 \cdot e^{2 \cdot (0,12)} = 1.271,25$$

pois a expressão entre colchetes é o limite exponencial fundamental.

De um modo geral, se um capital C é capitalizado continuamente a uma taxa proporcional a uma taxa i anual, pelo prazo de n anos, o montante é dado por:

$$M = C \cdot e^{i \cdot n}$$

PROBLEMAS

5. A função $f(x) = \begin{cases} 2x - 1, \text{ se } x \leq 3 \\ 3x - 4, \text{ se } x > 3 \end{cases}$ é contínua no ponto $x = 3$?

6. A função $f(x) = \begin{cases} x^2 + 3, \text{ se } x \neq 2 \\ 10, \text{ se } x = 2 \end{cases}$ é contínua para $x = 2$?

7. Verifique se a função $f(x) = \begin{cases} \dfrac{x^2 - 1}{x - 1}, \text{ se } x \neq 1 \\ 3, \text{ se } x = 1 \end{cases}$ é contínua para $x = 1$.

8. Determine k, de modo que a função $f(x) = \begin{cases} 2x + 3, \text{ se } x \neq 2 \\ k, \text{ se } x = 2 \end{cases}$ seja contínua para $x = 2$.

9. Dada a função $f(x) = \dfrac{x - 1}{x + 1}$, determine:

    a) a assíntota vertical no ponto $x = -1$;

    b) as assíntotas horizontais.

10. Dada a função $f(x) = \dfrac{x^2}{x - 1}$, determine:

    a) a assíntota vertical no ponto $x = 1$;

    b) as assíntotas horizontais.

11. Dada a função $f(x) = \log x$, determine a assíntota vertical para $x = 0$.

12. Dada a função $f(x) = 2^x$, determine a assíntota horizontal.

13. Calcule os seguintes limites:

    a) $\lim\limits_{x \to \infty} \left(1 + \dfrac{1}{x}\right)^{2x}$

    b) $\lim\limits_{x \to \infty} \left(1 + \dfrac{1}{x}\right)^{\frac{x}{3}}$

c) $\lim_{x\to\infty} \left(1 + \dfrac{2}{x}\right)^x$

d) $\lim_{x\to\infty} \left(\dfrac{2x+3}{2x}\right)^x$

e) $\lim_{x\to 0} \dfrac{\ln(1+x)}{x}$

14. Calcule o montante de uma aplicação de $ 2.000,00 a juros compostos capitalizados continuamente a uma taxa proporcional a 15% ao ano, durante 4 anos.

15. Calcule o montante de uma aplicação de $ 5.000,00 a juros compostos capitalizados continuamente a uma taxa proporcional a 20% ao ano, durante 6 meses.

16. Calcule o montante de uma aplicação de $ 6.000,00 a juros compostos capitalizados continuamente a uma taxa proporcional a 22% ao ano, durante 15 meses.

17. Um capital de $ 2.000,00 foi aplicado a juros compostos capitalizados continuamente a uma taxa proporcional a 10% ao ano, produzindo um montante de $ 3.800,00. Qual o prazo da aplicação?

3.8 USO DO MATHEMATICA

O Mathematica usa o comando Limit para calcular limites. Calculemos o:

$$\lim_{x\to 2} \dfrac{x+5}{x-3}$$

Obtemos:

$$In[1]: = Lim[(x+5)/(x-3), x->2]$$

$$Out[1]: = -7$$

Calculemos, agora:

$$\lim_{x\to 1} \dfrac{x^2 - 6x + 5}{x - 1}$$

Vemos que trata-se de um limite da forma $\dfrac{0}{0}$. Temos que fatorar o numerador, obtendo $(x-1)(x-5)$, de modo que, cancelando, obtemos o limite -4.

Usando o comando Lim, obtemos:

$$In[1]: = Lim[(x \wedge 2 - 6x + 5)/(x-1), x->1]$$

$$Out[1]: = -4$$

O limite que dá origem ao número e de Euler é obtido como segue:

$$\text{In[1]:} = \text{Lim}[(1 + x) \wedge (1/x), x ->0]$$

$$\text{Out[1]:} = e$$

Ou, ainda:

$$\text{In[1]:} = \text{Lim}[(1 + i/x) \wedge x, x ->\text{Infinity}]$$

Para limites à direita, use adicionalmente Direction $->-1$. Para limites à esquerda, use Direction $->1$.

PROBLEMAS

Calcular os seguintes limites, usando Lim:

18. $\lim\limits_{x \to 1} \dfrac{5x}{(x-1)^2}$.

19. $\lim\limits_{x \to 0} (1 + 2x)^{1/x}$.

20. $\lim\limits_{x \to 2} \dfrac{x-2}{x^2-4}$.

4 DERIVADAS

4.1 INTRODUÇÃO

O conceito de derivada foi introduzido em meados do século XVII em estudos de problemas de Física ligados à pesquisa dos movimentos. Entre outros, destacam-se nesse estudo, o físico e matemático inglês Isaac Newton (1642–1727), o filósofo e matemático alemão Gottfried Leibniz (1646–1716) e o matemático francês (nasceu em Turin, na Itália, mas viveu praticamente toda sua vida na França) Joseph-Louis Lagrange (1736–1813).

As ideias preliminarmente introduzidas na Física foram aos poucos sendo incorporadas a outras áreas do conhecimento. Em Economia e Administração o conceito de derivada é utilizado principalmente no estudo gráfico de funções, determinação de máximos e mínimos e cálculo de taxas de variação de funções.

Consideremos uma função $f(x)$ e sejam x_0 e x_1 dois pontos de seu domínio; sejam $f(x_0)$ e $f(x_1)$ as correspondentes imagens (Figura 4.1).

Chamamos *taxa média de variação* de f, para x variando de x_0 até x_1, ao quociente:

$$\frac{f(x_1) - f(x_0)}{x_1 - x_0}$$

Essa taxa mede o ritmo de variação da imagem em relação à variação de x. Observemos ainda que a taxa média de variação depende do ponto de partida x_0 e da variação de x, dada por $x_1 - x_0$.

Usando o símbolo Δ para indicar uma variação, podemos indicar a taxa média de variação de f pela relação:

Figura 4.1: Variação de uma função

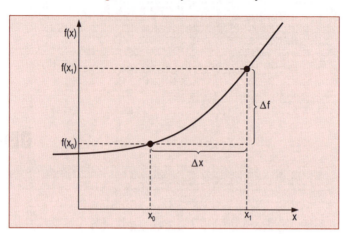

$$\frac{\Delta f}{\Delta x} = \frac{f(x_1) - f(x_0)}{x_1 - x_0}$$

EXEMPLO 4.1 Sejam a função $f(x) = x^2$, o ponto inicial de abscissa $x_0 = 1$ e a variação $\Delta x = 2$ (isto é, x varia de 1 a 3). A taxa média de variação de f para esses valores é:

$$\frac{\Delta f}{\Delta x} = \frac{f(3) - f(1)}{3 - 1} = \frac{3^2 - 1^2}{2} = 4$$

Isso significa que se x variar 2 unidades (a partir de $x_0 = 1$) a variação de f será 4 vezes maior, pois $\Delta f = 8$, enquanto $\Delta x = 2$ (Figura 4.2).

Figura 4.2: Taxa média de variação da função $f(x) = x^2$

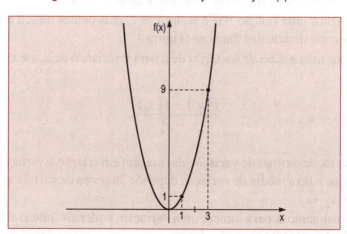

EXEMPLO 4.2 Consideremos novamente a função $f(x) = x^2$ e calculemos a taxa média de variação a partir de um ponto genérico, de abscissa $x_0 = x$, e um acréscimo, também genérico, Δx.

Temos:

$$\frac{\Delta f}{\Delta x} = \frac{f(x+\Delta x) - f(x)}{\Delta x} = \frac{(x+\Delta x)^2 - x^2}{\Delta x} = \frac{2x.\Delta x + (\Delta x)^2}{\Delta x} = 2x + \Delta x$$

Assim, por exemplo, se quisermos a taxa média de variação a partir do ponto $x = 5$ e com uma variação $\Delta x = 3$, o resultado será $2 . 5 + 3 = 13$.

EXEMPLO 4.3 Suponhamos que um objeto seja abandonado em um planeta a 2.000 m de altura e que a função $f(t) = 2.000 - 10t^2$ indique a altura do objeto em relação ao solo, t segundos após ele ser abandonado.

Temos:

- $f(0) = 2.000$ e $f(5) = 1.750$. Logo, nos 5 primeiros segundos o objeto caiu 250 m, pois $\Delta f_1 = 1.750 - 2.000 = -250$.

- Já nos 5 segundos seguintes, quando t varia de 5 a 10, o objeto caiu 750 m, pois $\Delta f_2 = f(10) - f(5) = 1.000 - 1.750 = -750$.

Isso nos mostra que, para uma mesma variação de t (5 segundos), a variação de altura é diferente. A taxa média de variação da função representa a velocidade média do objeto em cada intervalo de tempo considerado. Assim:

- No primeiro intervalo a velocidade média é $\frac{\Delta f_1}{5} = \frac{-250}{5} = -50$ m/s.

- No segundo intervalo a velocidade média é $\frac{\Delta f_2}{5} = \frac{-750}{5} = -150$ m/s.

O gráfico da Figura 4.3 ilustra as variações Δf_1 e Δf_2.

Podemos ainda querer calcular velocidades médias em intervalos de tempo de amplitudes diferentes. Por exemplo, a velocidade média para t variando de 5 a 8 é:

$$\frac{\Delta f_3}{\Delta t} = \frac{f(8) - f(5)}{8 - 5} = \frac{1.360 - 1.750}{3} = -130 \text{ m/s}$$

Muitas vezes estamos interessados na velocidade de um objeto em um determinado instante (velocidade instantânea). Assim, no exemplo considerado, calculemos a velocidade instantânea para $t = 5$ segundos. Para isso, consideremos a velocidade média (taxa média de variação) para amplitudes de variação do tempo cada vez menores. Portanto, para o intervalo $[5; 5 + \Delta t]$, teremos:

Figura 4.3: Variação da função do Exemplo 4.3

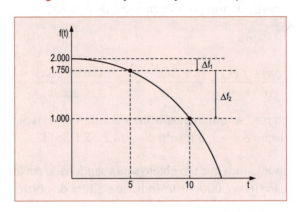

$$\frac{\Delta f}{\Delta t} = \frac{f(5+\Delta t) - f(5)}{\Delta t}$$

$$\frac{\Delta f}{\Delta t} = \frac{\left[2.000 - 10(5+\Delta t)^2\right] - \left[2000 - 10.(5)^2\right]}{\Delta t}$$

$$\frac{\Delta f}{\Delta t} = \frac{-100\Delta t - 10(\Delta t)^2}{\Delta t} = -100 - 10\Delta t$$

Calculemos a velocidade média para valores de Δt cada vez menores (Tabela 4.1):

Tabela 4.1: Velocidade média para o Exemplo 4.3

Intervalo	Δt	$\frac{\Delta f}{\Delta t}$
[5; 10]	5	–150
[5; 8]	3	–130
[5; 6]	1	–110
[5; 5,5]	0,5	–105
[5; 5,1]	0,1	–101
[5; 5,01]	0,01	–100,1
...	...	...

Verificamos, assim, que a velocidade média está se aproximando de 100 m/s. A *velocidade instantânea* é, assim, o limite para o qual tende a velocidade média quando o intervalo de tempo tende a 0. Isto é, a velocidade instantânea no ponto $t = 5$ é dada por:

$$\lim_{\Delta t \to 0} \frac{\Delta f}{\Delta t} = \lim_{\Delta t \to 0}(-100 - 10\Delta t) = -100$$

Esse limite da taxa média de variação quando Δt tende a zero é chamado *derivada da função* $f(t)$ *no ponto* $t = 5$.

4.2 CONCEITO DE DERIVADA

4.2.1 Derivada de uma função em um ponto

Seja $f(x)$ uma função e x_0 um ponto de seu domínio. Chamamos *derivada de f no ponto* x_0, se existir e for finito, o limite dado por:

$$\lim_{\Delta x \to 0} \frac{\Delta f}{\Delta x} = \lim_{\Delta x \to 0} \frac{f(x_0 + \Delta x) - f(x_0)}{\Delta x}$$

Indica-se a derivada de $f(x)$ no ponto x_0 por $f'(x_0)$ ou $\frac{df}{dx}(x_0)$ ou ainda por $\frac{dy}{dx}(x_0)$.

EXEMPLO 4.4 Qual a derivada de $f(x) = x^2$ no ponto $x_0 = 3$?

Temos:

$$f'(3) = \lim_{\Delta x \to 0} \frac{f(3 + \Delta x) - f(3)}{\Delta x}$$

$$f'(3) = \lim_{\Delta x \to 0} \frac{(3 + \Delta x)^2 - 3^2}{\Delta x} = \lim_{\Delta x \to 0} \frac{6\Delta x + (\Delta x)^2}{\Delta x} = \lim_{\Delta x \to 0} (6 + \Delta x) = 6$$

Isso significa que um pequeno acréscimo Δx dado a x, a partir de $x_0 = 3$, acarretará um correspondente acréscimo Δf que é aproximadamente 6 vezes maior que o acréscimo Δx.

EXEMPLO 4.5 Qual a derivada de $f(x) = x^2$ no ponto $x_0 = -2$?

Temos:

$$f'(-2) = \lim_{\Delta x \to 0} \frac{f(-2 + \Delta x) - f(-2)}{\Delta x}$$

$$f'(-2) = \lim_{\Delta x \to 0} \frac{(-2 + \Delta x)^2 - (-2)^2}{\Delta x} = \lim_{\Delta x \to 0} \frac{-4\Delta x + (\Delta x)^2}{\Delta x} = \lim_{\Delta x \to 0} (-4 + \Delta x) = -4$$

Isso significa que um pequeno acréscimo Δx dado a x, a partir de $x_0 = -2$, acarretará um correspondente decréscimo Δf que é aproximadamente 4 vezes maior que o acréscimo Δx, em valor absoluto.

EXEMPLO 4.6 Existe a derivada da função $f(x) = |x|$ no ponto $x_0 = 0$?

Temos:

$$f'(0) = \lim_{\Delta x \to 0} \frac{f(0 + \Delta x) - f(0)}{\Delta x} = \lim_{\Delta x \to 0} \frac{f(\Delta x) - f(0)}{\Delta x}$$

$$f'(0) = \lim_{\Delta x \to 0} \frac{|\Delta x|}{\Delta x}$$

Se Δx tende a 0 pela direita, então $\Delta x > 0$ e $|\Delta x| = \Delta x$; consequentemente, o limite vale 1.

Se Δx tende a 0 pela esquerda, então $\Delta x < 0$ e $|\Delta x| = -\Delta x$; consequentemente, o limite vale -1.

Como os limites laterais são diferentes, concluímos que não existe o limite para Δx tendendo a zero. Assim, não existe a derivada de $f(x)$ no ponto $x_0 = 0$.

4.2.2 Função derivada

Dada uma função $f(x)$, podemos pensar em calcular a derivada de $f(x)$ em um ponto genérico x, em vez de calcular em um ponto particular x_0. A essa derivada, calculada em um ponto genérico x, chamamos de *função derivada* de $f(x)$; o domínio dessa função é o conjunto dos valores de x para os quais existe a derivada de $f(x)$. A vantagem em calcular a função derivada é que com ela poderemos calcular a derivada de $f(x)$ em qualquer ponto x_0, bastando para isso substituir, na função derivada, x por x_0.

EXEMPLO 4.7 Qual a função derivada de $f(x) = x^2$?

Temos:
$$f'(x) = \lim_{\Delta x \to 0} \frac{f(x+\Delta x) - f(x)}{\Delta x}$$

$$f'(x) = \lim_{\Delta x \to 0} \frac{(x+\Delta x)^2 - x^2}{\Delta x} = \lim_{\Delta x \to 0} \frac{2x\Delta x + (\Delta x)^2}{\Delta x} = \lim_{\Delta x \to 0} (2x + \Delta x) = 2x$$

Assim, por exemplo, se quisermos a derivada no ponto $x_0 = 5$, basta calcularmos $f'(5)$, que é igual a 10.

É importante ainda observar que: $f'(x) \cong \dfrac{\Delta f}{\Delta x}$, para Δx pequeno.

Desta forma, se $x = 5$ e $\Delta x = 0{,}1$, teremos:
$$f'(5) = 10$$
$$\Delta f = f(5{,}1) - f(5) = (5{,}1)^2 - 5^2 = 1{,}01$$
$$\frac{\Delta f}{\Delta x} = \frac{1{,}01}{0{,}1} = 10{,}1.$$

Portanto, $f'(5) \cong \dfrac{\Delta f}{\Delta x}$.

PROBLEMAS

1. Para cada função $f(x)$, determine a derivada $f'(x_0)$ no ponto x_0 indicado:
   a) $f(x) = x^2$ $x_0 = 4$
   b) $f(x) = 2x + 3$ $x_0 = 3$

c) $f(x) = -3x$ $\quad x_0 = 1$ $\qquad$ d) $f(x) = x^2 - 3x$ $\quad x_0 = 2$

e) $f(x) = x^2 - 4$ $\quad x_0 = 0$ $\qquad$ f) $f(x) = \dfrac{1}{x}$ $\quad x_0 = 2$

g) $f(x) = \dfrac{1}{x}$ $\quad x_0 = 5$ $\qquad$ h) $f(x) = x^2 - 3x + 4$ $\quad x_0 = 6$

2. Determine a função derivada para cada função do exercício anterior.

3. Dada a função

$$f(x) = \begin{cases} x, & se\ x \leq 1 \\ 2, & se\ x > 1 \end{cases}$$

mostre que não existe $f'(1)$.

4. Considere a função $f(x) = 2|x|$. Mostre que não existe $f'(0)$.

4.3 DERIVADA DAS PRINCIPAIS FUNÇÕES ELEMENTARES

Vimos no item anterior que a função derivada de $f(x) = x^2$ era $f'(x) = 2x$. Se conseguirmos achar a função derivada das principais funções elementares e se, além disso, soubermos achar as funções derivadas de somas, diferenças, produtos e quocientes dessas funções elementares, poderemos achar as derivadas de muitas funções sem termos de recorrer à definição (que muitas vezes pode ser trabalhoso). Vejamos então como isso pode ser realizado.

4.3.1 Derivada da função constante

Se $f(x) = c$ (função constante), então $f'(x) = 0$, para todo x.

Demonstração:

$$f'(x) = \lim_{\Delta x \to 0} \frac{f(x + \Delta x) - f(x)}{\Delta x} = \lim_{\Delta x \to 0} \frac{c - c}{\Delta x} = 0 \text{ para todo } x.$$

EXEMPLO 4.8

$$f(x) = 5 \Rightarrow f'(x) = 0$$

$$f(x) = e^2 \Rightarrow f'(x) = 0$$

4.3.2 Derivada da função potência

Se $f(x) = x^n$, então $f'(x) = n \cdot x^{n-1}$.

Demonstração:

Provemos essa relação no caso de n ser inteiro e positivo, embora a propriedade seja válida para todo n real (desde que $x > 0$).

Temos $\Delta f = (x + \Delta x)^n - x^n$, e usando a fórmula do Binômio de Newton:

$$\Delta f = x^n + \binom{n}{1} x^{n-1} \cdot (\Delta x)^1 + \binom{n}{2} x^{n-2} \cdot (\Delta x)^2 + \ldots + \binom{n}{n-1} x^1 \cdot (\Delta x)^{n-1} + (\Delta x)^n - x^n$$

$$\frac{\Delta f}{\Delta x} = \binom{n}{1} x^{n-1} + \binom{n}{2} x^{n-2} \cdot (\Delta x)^1 + \ldots + \binom{n}{n-1} x^1 \cdot (\Delta x)^{n-2} + (\Delta x)^{n-1}$$

Para Δx tendendo a zero, todos os termos do segundo membro tendem a zero, exceto o primeiro. Portanto:

$$f'(x) = \lim_{\Delta x \to 0} \frac{\Delta f}{\Delta x} = \binom{n}{1} x^{n-1} = \frac{n!}{1!(n-1)!} x^{n-1} = n \cdot x^{n-1}$$

EXEMPLO 4.9

$f(x) = x^3 \Rightarrow f'(x) = 3x^2$

$f(x) = x^8 \Rightarrow f'(x) = 8x^7$

$f(x) = \dfrac{1}{x^3} = x^{-3} \Rightarrow f'(x) = -3 \cdot x^{-4} = \dfrac{-3}{x^4}$

$f(x) = \sqrt{x} = x^{\frac{1}{2}} \Rightarrow f'(x) = \dfrac{1}{2} x^{-\frac{1}{2}} = \dfrac{1}{2\sqrt{x}}$

4.3.3 Derivada da função logarítmica

Se $f(x) = \ln x$, então $f'(x) = \dfrac{1}{x}$ (para $x > 0$).

Demonstração:

$$\Delta f = \ln(x + \Delta x) - \ln x$$

$$= \ln \frac{x + \Delta x}{x} = \ln \left(1 + \frac{\Delta x}{x}\right)$$

$$= \ln \left(1 + \frac{\Delta x}{x}\right)$$

Logo:

$$\frac{\Delta f}{\Delta x} = \frac{1}{\Delta x} \ln\left(1 + \frac{\Delta x}{x}\right)$$

$$= \ln\left(1 + \frac{\Delta x}{x}\right)^{\frac{1}{\Delta x}}$$

Fazendo $m = \dfrac{\Delta x}{x}$, então quando Δx tende a 0, m também tende a 0.

Portanto:

$$\lim_{\Delta x \to 0} \frac{\Delta f}{\Delta x} = \lim_{m \to 0} \ln (1+m)^{\frac{1}{mx}}$$

$$= \lim_{m \to 0} \left[\frac{1}{x} \ln (1+m)^{\frac{1}{m}}\right]$$

$$= \frac{1}{x} \lim_{m \to 0} \ln (1+m)^{\frac{1}{m}}$$

$$= \frac{1}{x} \ln \lim_{m \to 0} (1+m)^{\frac{1}{m}}$$

Mas:

$$\lim_{m \to 0} (1+m)^{\frac{1}{m}} = e$$

Então:

$$\lim_{\Delta x \to 0} \frac{\Delta f}{\Delta x} = \frac{1}{x} \ln e = \frac{1}{x},$$

Ou seja:

$$f'(x) = \frac{1}{x}$$

4.4 PROPRIEDADES OPERATÓRIAS

As propriedades operatórias permitem achar as derivadas de somas, diferenças, produtos e quocientes de funções elementares. São as seguintes:

> (P1) Se $f(x) = k \cdot g(x)$, então $f(x) = k \cdot g'(x)$
> (P2) Se $f(x) = u(x) + v(x)$, então $f'(x) = u'(x) + v'(x)$
> (P3) Se $f(x) = u(x) - v(x)$, então $f'(x) = u'(x) - v'(x)$
> (P4) Se $f(x) = u(x) \cdot v(x)$, então $f'(x) = u(x) \cdot v'(x) + u'(x) \cdot v(x)$
> (P5) Se $f(x) = \dfrac{u(x)}{v(x)}$, então $f'(x) = \dfrac{v(x) \cdot u'(x) - v'(x) \cdot u(x)}{[v(x)]^2}$

Demonstração:
- (P1) Da definição

$$f'(x) = \lim_{\Delta x \to 0} \frac{\Delta f}{\Delta x}$$

$$= \lim_{\Delta x \to 0} \frac{f(x+\Delta x) - f(x)}{\Delta x}$$

$$= \lim_{\Delta x \to 0} \frac{k \cdot g(x+\Delta x) - k \cdot g(x)}{\Delta x}$$

$$= k \lim_{\Delta x \to 0} \frac{g(x+\Delta x) - g(x)}{\Delta x}$$

$$= k \cdot \lim_{\Delta x \to 0} \frac{\Delta g}{\Delta x}$$

ou seja, $f'(x) = k \cdot g'(x)$.

- (P2) Temos que

$$\Delta f = f(x+\Delta x) - f(x)$$

$$= u(x+\Delta x) + v(x+\Delta x) - u(x) + v(x)$$

$$= u(x+\Delta x) - u(x) + v(x+\Delta x) - v(x)$$

do que segue $\dfrac{\Delta f}{\Delta x} = \dfrac{\Delta u}{\Delta x} + \dfrac{\Delta v}{\Delta x}$.

Passando ao limite para Δx tendendo a 0,

$$\lim_{\Delta x \to 0} \frac{\Delta f}{\Delta x} = \lim_{\Delta x \to 0} \frac{\Delta u}{\Delta x} + \lim_{\Delta x \to 0} \frac{\Delta v}{\Delta x}$$

isto é, $f'(x) = u'(x) + v'(x)$.

A propriedade (P2) pode ser estendida à soma de n funções, isto é, se:

$$f(x) = f_1(x) + f_2(x) + \ldots + f_n(x)$$

Então:

$$f'(x) = f_1'(x) + f_2'(x) + \ldots + f_n'(x)$$

A demonstração da (P3) é totalmente análoga à da (P2).

- (P4) Temos que

$$\Delta f = f(x + \Delta x) - f(x)$$
$$= u(x + \Delta x) \cdot v(x + \Delta x) - u(x) \cdot v(x)$$

Como

$$\Delta u = u(x + \Delta x) - u(x)$$
$$\Delta v = v(x + \Delta x) - v(x)$$

vem que:

$$\Delta f = [u(x) + \Delta u][v(x) + \Delta v] - u(x)\,v(x)$$
$$\Delta f = u(x) \cdot v(x) + u(x) \cdot \Delta v + v(x) \cdot \Delta u + \Delta u \cdot \Delta v - u(x)\,v(x)$$
$$\Delta f = u(x) \cdot \Delta v + v(x) \cdot \Delta u + \Delta u \cdot \Delta v$$

Portanto:

$$f'(x) = \lim_{\Delta x \to 0} \frac{\Delta f}{\Delta x} = u(x) \cdot \lim_{\Delta x \to 0} \frac{\Delta v}{\Delta x} + v(x) \cdot \lim_{\Delta x \to 0} \frac{\Delta u}{\Delta x} + \lim_{\Delta x \to 0} \Delta u \cdot \frac{\Delta v}{\Delta x}$$

Mas:

$\Delta u = \Delta x \cdot \dfrac{\Delta u}{\Delta x}$ e quando Δx tende a 0, Δu também tende a 0.

Logo:

$$f'(x) = u(x) \cdot v'(x) + v(x) \cdot u'(x)$$

A (P5) tem demonstração análoga à (P4).

EXEMPLO 4.10

$$f(x) = 5\ln x \Rightarrow f'(x) = 5 \cdot \frac{1}{x}$$

$$f(x) = x^2 + \ln x \Rightarrow f'(x) = 2x + \frac{1}{x}$$

$$f(x) = x^2 \cdot \ln x \Rightarrow f'(x) = x^2 \cdot \frac{1}{x} + 2x \cdot \ln x = x + 2x\ln x$$

$$f(x) = \frac{x^3}{\ln x} \Rightarrow f'(x) = \frac{(\ln x) \cdot 3x^2 - (\frac{1}{x}) \cdot x^3}{(\ln x)^2} = \frac{3x^2 \ln x - x^2}{(\ln x)^2}$$

PROBLEMAS

5. Obtenha a derivada de cada função a seguir:

a) $f(x) = 10$

b) $f(x) = x^5$

c) $f(x) = 10x^5$

d) $f(x) = \dfrac{1}{2}x^2$

e) $f(x) = x^2 + x^3$

f) $f(x) = 10x^3 + 5x^2$

g) $f(x) = 2x + 1$

h) $f(t) = 3t^2 - 6t - 10$

i) $f(u) = 5u^3 - 2u^2 + 6u + 7$

j) $f(x) = 3\ln x + 5$

k) $f(x) = 10\ln x - 3x + 6$

l) $f(x) = x^{-3} + x^{-1} - 4$

m) $f(x) = x \cdot \ln x$

n) $f(x) = x^3 \cdot \ln x$

o) $f(x) = (2x^2 - 3x + 5)(2x - 1)$

p) $f(x) = \dfrac{\ln x}{x^2}$

q) $f(x) = \dfrac{x}{x-1}$

r) $f(x) = \dfrac{x-1}{x-2}$

s) $f(x) = \dfrac{2}{x^3} + \dfrac{5}{x^2}$

t) $f(x) = x^{2/3}$

u) $f(x) = x^{1/3} + x^{1/4}$

v) $f(x) = 3\sqrt{x} + 5\sqrt[3]{x} + 10$

4.5 FUNÇÃO COMPOSTA – REGRA DA CADEIA

Consideremos a função $f(x) = (x^2 - 1)^3$. Poderíamos achar a derivada de $f(x)$, desenvolvendo a expressão cubo de uma diferença. Todavia poderíamos fazer $u = x^2 - 1$ e nossa função ficaria sob a forma u^3. Assim, para calcularmos uma imagem dessa função, procedemos em duas etapas:

a) Para um dado valor de x, primeira função calcula a imagem $u = x^2 - 1$.

b) Para o valor de u assim encontrado, segunda função calcula a imagem $v = u^3$.

Dizemos que a função $f(x)$ é *composição* dessas duas funções.

Para o cálculo da derivada de $f(x)$, podemos usar o seguinte raciocínio intuitivo:

$$\frac{\Delta f}{\Delta x} = \frac{\Delta v}{\Delta u} \cdot \frac{\Delta u}{\Delta x}$$

Sob condições bastante gerais, quando Δx tende a zero, o mesmo ocorre com Δu, de forma que:

Isto é:
$$f'(x) = v'(u) \cdot u'(x)$$

$f'(x)$ = (derivada de v em relação a u) . (derivada de u em relação a x)

A fórmula anterior é conhecida como *regra da cadeia*.
Assim, no exemplo dado, teremos:

$$\begin{aligned} f'(x) &= 3u^2 \cdot u' \\ &= 3(x^2 - 1)^2 \cdot (2x) \\ &= 6x(x^2 - 1)^2 \end{aligned}$$

EXEMPLO 4.11 Obter a derivada das funções:

a) $f(x) = \ln(3x + 6)$

b) $f(x) = (x^2 + 5x + 7)^4$

a) Fazendo-se $u = 3x + 6$, teremos $v = \ln u$. Assim:

$$f'(x) = \frac{1}{u} \cdot u' = \frac{1}{3x+6} \cdot 3 = \frac{3}{3x+6}$$

b) Fazendo-se $u = x^2 + 5x + 7$, teremos $v = u^4$. Assim:

$$f'(x) = (4u^3) \cdot u' = 4(x^2 + 5x + 7)^3 \cdot (2x + 5)$$

4.6 DERIVADA DA FUNÇÃO EXPONENCIAL

Se $f(x) = a^x$, então $f'(x) = a^x \cdot \ln a$, para todo x real (com $a > 0$ e $a \neq 1$)

Demonstração:

Consideremos a função:

$$l(x) = \ln f(x) = \ln a^x = x \ln a$$

Aplicando-se a regra da cadeia, teremos:

$$l'(x) = \frac{1}{f(x)} \cdot f'(x)$$

Mas, por outro lado:

$$l'(x) = \ln a$$

Consequentemente:

$$\frac{f'(x)}{f(x)} = \ln a \Rightarrow f'(x) = f(x) \cdot \ln a = a^x \cdot \ln a$$

EXEMPLO 4.12

$$f(x) = 3^x \Rightarrow f'(x) = 3^x \cdot \ln 3;$$
$$f(x) = e^x \Rightarrow f'(x) = e^x \cdot \ln e = e^x, \text{ pois } \ln e = 1$$

EXEMPLO 4.13 Se quisermos calcular a derivada de $f'(x) = e^{x^2+3x-5}$, poderemos fazer $u = x^2 + 3x - 5$ e aplicar a regra da cadeia, isto é:

$$f'(x) = e^u \cdot \ln e \cdot u'$$
$$f'(x) = e^{x^2+3x-5} \cdot (2x+3)$$

EXEMPLO 4.14 Vimos anteriormente que, se $f(x) = x^n$ então $f'(x) = n \cdot x^{n-1}$ e fizemos a demonstração para n inteiro e positivo. Mostremos que tal relação é válida para qualquer n real (desde que $x > 0$).

De fato, tomando-se o logaritmo natural de ambos os membros de $f(x) = x^n$, teremos:

$$\ln f(x) = \ln x^n = n \cdot \ln x$$

Derivando ambos os membros em relação a x, obteremos:

$$\frac{1}{f(x)} \cdot f'(x) = n \cdot \frac{1}{x}$$

E, portanto:

$$f'(x) = \frac{n}{x} \cdot f(x) = \frac{n}{x} \cdot x^n = n \cdot x^{n-1}$$

PROBLEMAS

6. Obtenha a derivada das seguintes funções:

a) $f(x) = (2x - 1)^3$

b) $f(x) = (2x - 1)^4$

c) $f(x) = (5x^2 - 3x + 5)^6$

d) $f(x) = (\frac{1}{x^2} + \frac{1}{x} + 1)^3$

e) $f(x) = \dfrac{1}{(x^2 - 3x - 2)^5}$

f) $f(x) = \ln(3x^2 - 2x)$

g) $f(x) = \ln(x^2 - 3x + 6)$

h) $f(x) = \ln(x^2 - 3x)$

i) $f(x) = 2^x$

j) $f(x) = 5^x$

k) $f(x) = e^x + 3^x$

l) $f(x) = e^{x^2 - 2x+1}$

m) $f(x) = 3^{x^2 - 4}$

n) $f(x) = e^{x - 1/x + 1}$

o) $f(x) = e^x + e^{-x}$

p) $f(x) = \dfrac{e^x + e^{-x}}{e^x - e^{-x}}$

q) $f(x) = \sqrt{2x + 1}$

r) $f(x) = \sqrt[3]{2x + 1}$

s) $f(x) = (6x^2 + 2x + 1)^{\frac{3}{2}}$

t) $f(x) = \sqrt{x+1} + \sqrt[3]{x^2 - 3x + 1}$

u) $f(x) = \sqrt{x} + \sqrt{x+1}$

v) $f(x) = \sqrt{\dfrac{\ln x}{e^x}}$

w) $f(x) = \sqrt{\dfrac{x+1}{3x-2}}$

x) $f(x) = \ln\sqrt{3x^2 + 1}$

4.7 INTERPRETAÇÃO GEOMÉTRICA DA DERIVADA

Consideremos a função f e os pontos $P(x_0, f(x_0))$ e $Q(x_0 + \Delta x, f(x_0 + \Delta x))$ da Figura 4.4. A reta que passa por PQ é secante ao gráfico e seu coeficiente angular é $\dfrac{\Delta f}{\Delta x}$.

Figura 4.4: Reta secante

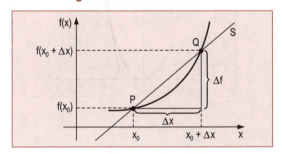

À medida que Δx se aproxima de zero, a reta secante vai mudando seu coeficiente angular.

Consideremos a reta que passa por P e cujo coeficiente angular é dado por:

$$m = \lim_{\Delta x \to 0} \frac{\Delta f}{\Delta x} = f'(x_0)$$

Esta reta (Figura 4.5) é chamada reta tangente ao gráfico de f no ponto P (desde que f seja derivável em x_0).

Figura 4.5: Reta tangente ao gráfico de uma função

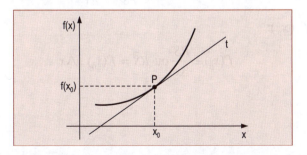

EXEMPLO 4.15 Obtenha a reta tangente ao gráfico da função $f(x) = x^2$ no ponto P de abscissa 2.

Temos que, para $x = 2$, $f(2) = 4$. Logo, o ponto P tem coordenadas $P(2, 4)$.

Também $f'(2) = 2x$ e portanto $f'(2) = 4$. Assim, a reta tangente t tem coeficiente angular igual a 4. Logo, sua equação é:

$$y - 4 = 4(x - 2), \text{ ou seja, } y = 4x - 4$$

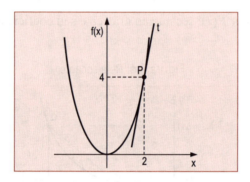

Figura 4.6: Reta tangente ao gráfico da função $f(x) = x^2$ no ponto $(2, 4)$

4.8 DIFERENCIAL DE UMA FUNÇÃO

Consideremos uma função f derivável em x_0. A variação sofrida por f, quando se passa do ponto x_0 ao ponto $x_0 + \Delta x$, é:

$$\Delta f = f(x_0 + \Delta x) - f(x_0)$$

Consideremos ainda a reta PR, tangente ao gráfico de f no ponto $P(x_0, f(x_0))$ e cujo coeficiente angular é $m = f'(x_0)$.

No triângulo PRS da Figura 4.7, temos:

$$m = \text{tg}\alpha = \frac{\overline{RS}}{\overline{PS}} = \frac{\overline{RS}}{\Delta x},$$

E como $m = f'(x_0)$:

$$f'(x_0) = \frac{\overline{RS}}{\Delta x} \text{ ou } \overline{RS} = f'(x_0) \cdot \Delta x$$

Figura 4.7: Definição de diferencial

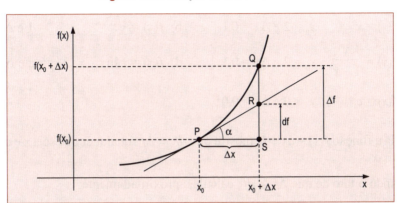

Ao valor $\overline{RS}$ (que depende de Δx) denominamos *diferencial* de f no ponto de abscissa x_0 e o indicamos por *df*. Assim:

$$df = f'(x_0) \cdot \Delta x$$

Observemos que *df* depende de Δx e é fácil perceber que, quanto menor for Δx, mais próximo *df* estará de Δf. Assim, podemos dizer que:

$$df \cong \Delta f \text{ para pequenos valores de } \Delta x$$

Dessa forma, a diferencial de uma função pode ser usada para calcular aproximadamente variações de *f*, para pequenos valores de Δx.

EXEMPLO 4.16 Consideremos a função $f(x) = 3x^2$ e os pontos de abscissa 1 e 1,01. A variação de *f* entre os pontos dados é:

$$\Delta f = f(1,01) - f(1) = 3 \cdot (1,01)^2 - 3 \cdot 1^2 = 0,0603$$

A diferencial de *f* no ponto de abscissa 1, para $\Delta x = 0,01$ é:

$$df = f'(1) \cdot 0,01$$

Como $f'(x) = 6x$, $f'(1) = 6$ e temos $df = 6 \cdot (0,01) = 0,06$. Assim, $df \cong \Delta f$.

PROBLEMAS

7. Obtenha a equação da reta tangente ao gráfico de *f* nos pontos de abscissas indicadas.

a) $f(x) = x^2$ $x_0 = 5$

b) $f(x) = x^2 - 5x$ $x_0 = 1$

c) $f(x) = 2x + 3$ $x_0 = 3$

d) $f(x) = x^2 - 5x + 6$ $x_0 = 2$

e) $f(x) = \ln x$ $x_0 = e$

f) $f(x) = \dfrac{x-1}{x+3}$ $x_0 = 3$

8. Calcule a diferencial das funções dadas nas seguintes situações:

   a) $f(x) = x^2 \quad x_0 = 2$ e $\Delta x = 0,1$ \quad b) $f(x) = \sqrt{x} \quad x_0 = 1$ e $\Delta x = 0,02$

   c) $f(x) = \dfrac{x}{1-x} \quad x_0 = 2$ e $\Delta x = 0,1$ \quad d) $f(x) = x \ln x - x \quad x_0 = a$ e $\Delta x = d$

   e) $f(x) = e^{-x^2} \quad x_0 = 0$ e $\Delta x = 0,01$

9. Dada a função $f(x) = ax + b$, mostre que $df = \Delta f$, qualquer que seja x e qualquer que seja Δx.

10. Usando o fato de que $\Delta f \cong df$, calcule, aproximadamente:

    a) $e^{1,1}$;

    b) O acréscimo sofrido pela área de um quadrado de lado x, quando x varia de 3 para 3,01.

11. O custo de fabricação de x unidades de um produto é $C(x) = 2x^2 + 5x + 8$. Atualmente o nível de produção é de 25 unidades. Calcule aproximadamente, usando diferencial de função, quanto varia o custo se forem produzidas 25,5 unidades.

12. O custo de fabricação de x unidades de um produto é $C(x) = 0,1x^3 - 0,5x^2 + 300x + 100$. Atualmente o nível de produção é de 10 unidades e o produtor deseja aumentá-la para 10,2 unidades. Calcule aproximadamente, usando diferencial de função, quanto varia o custo.

13. A função receita de uma empresa é $R(x) = 200x - 2x^2$, sendo que x é o número de unidades produzidas. Atualmente, o nível de produção é de 40 unidades e a empresa pretende reduzir a produção em 0,6 unidades. Usando diferencial de função, dê aproximadamente a variação correspondente da receita.

14. Uma empresa produz mensalmente uma quantidade de um produto dada pela função de produção $P(x) = 200x^{\frac{1}{2}}$, sendo que x é a quantidade de trabalho envolvida (medida em homens-hora). Atualmente utilizam-se 900 homens-hora por mês. Calcule aproximadamente, usando diferencial de função, qual o acréscimo na quantidade produzida quando passa-se a utilizar 950 homens-hora.

15. O custo do fabricação de x unidades de um produto é $C(x) = 0,1x^3 - 0,5x^2 + 300x + 100$. Calcule, usando diferencial de função, o custo aproximado de fabricação da 21ª unidade.

4.9 FUNÇÕES MARGINAIS

Em Economia e Administração, dada uma função $f(x)$, costuma-se utilizar o conceito de função marginal para avaliar o efeito causado em $f(x)$ por uma pequena variação de x. Chama-se *função marginal* de $f(x)$ à função derivada de $f(x)$. Assim, a função *custo marginal* é a derivada da função custo, a função *receita marginal* é a derivada da função receita etc. Veremos a seguir algumas funções marginais e suas interpretações.

4.9.1 Custo marginal

Seja $C(x)$ a função custo de produção de x unidades de um produto. Chamamos *custo marginal* à derivada de $C(x)$. Indicamos o custo marginal por $C_{mg}(x)$. Assim:

$$C_{mg}(x) = C'(x)$$

EXEMPLO 4.17 Consideremos a função custo $C(x) = 0{,}01x^3 - 0{,}5x^2 + 300x + 100$.
O custo marginal é dado por $C_{mg}(x) = C'(x) = 0{,}03x^2 - x + 300$.

Se quisermos o custo marginal para $x = 10$, teremos:

$$C_{mg}(10) = 0{,}03 \cdot (10)^2 - 10 + 300 = 293$$

Esse resultado pode ser interpretado da seguinte forma: sendo

$$C_{mg}(x) = \lim_{\Delta x \to 0} \frac{\Delta C}{\Delta x}$$

tem-se que:

$$C_{mg}(x) \cong \frac{\Delta C}{\Delta x} \text{ (para } \Delta x \text{ pequeno)}$$

Frequentemente, esse Δx pequeno é suposto como igual a 1. Assim:

$$C_{mg}(x) \cong \Delta C = C(x+1) - C(x)$$

Portanto, o custo marginal é aproximadamente igual à variação do custo, decorrente da produção de uma unidade adicional a partir de x unidades.

No exemplo dado, $C_{mg}(10) = 293$ representa, aproximadamente, $C(11) - C(10)$ ou seja, o custo de produção da 11ª unidade.

4.9.2 Receita marginal

Seja $R(x)$ a função receita de vendas de x unidades de um produto. Chamamos receita marginal a derivada de $R(x)$ em relação a x. Indicamos a receita marginal por $R_{mg}(x)$. Assim:

$$R_{mg}(x) = R'(x)$$

EXEMPLO 4.18 Dada a função receita $R(x) = -2x^2 + 1.000x$, a receita marginal é

$$R_{mg}(x) = -4x + 1.000$$

Se quisermos a receita no ponto $x = 50$, teremos:

$$R_{mg}(50) = -4 \cdot (50) + 1.000 = 800$$

Esse resultado pode ser interpretado da seguinte forma: sendo

$$R_{mg}(x) = \lim_{\Delta x \to 0} \frac{\Delta R}{\Delta x}$$

tem-se que:

$$R_{mg}(x) \cong \frac{\Delta R}{\Delta x} \text{ (para } \Delta x \text{ pequeno)}$$

Supondo $\Delta x = 1$, vem:

$$R_{mg}(x) \cong \Delta R = R(x+1) - R(x)$$

Portanto, a receita marginal é aproximadamente igual a variação da receita decorrente da venda de uma unidade adicional, a partir de x unidades.

No exemplo dado, $R_{mg}(50) = 800$ representa aproximadamente $R(51) - R(50)$, ou seja, o aumento da receita decorrente da venda da 51ª unidade.

PROBLEMAS

16. Dada a função custo $C(x) = 50x + 10.000$, obtenha o custo marginal e interprete o resultado.

17. Dada a função custo $C(x) = 0,3x^3 - 2,5x^2 + 20x + 200$, obtenha:
    a) o custo marginal C_{mg};
    b) $C_{mg}(5)$ e a interpretação do resultado;
    c) $C_{mg}(10)$ e a interpretação do resultado.

18. Repita o exercício anterior para a seguinte função custo: $C(x) = 0,1x^2 + 5x + 200$.

19. Dada a função receita $R(x) = 100x$, obtenha a receita marginal e interprete o resultado.

20. Dada a função receita $R(x) = -4x^2 + 500x$, obtenha:
    a) a receita marginal Rmg;
    b) $Rmg(10)$ e a interpretação do resultado;
    c) $Rmg(20)$ e a interpretação do resultado.

21. Se a função de demanda for $p = 20 - 2x$, obtenha a receita marginal.

22. Repita o exercício anterior com a seguinte função de demanda: $p = \dfrac{500}{x+30} - 10$.

23. Se $p = a - bx$ for a função de demanda, obtenha a receita e a receita marginal.

24. Em cada caso, obtenha o custo marginal e esboce os respectivos gráficos:
    a) $C(x) = 2x + 100$
    b) $C(x) = x + 200$
    c) $C(x) = 2x^3 - 10x^2 + 30x + 100$
    d) $C(x) = 3x^3 - 5x^2 + 20x + 100$

25. Em cada caso, obtenha a receita marginal e a receita média e esboce os respectivos gráficos:
    a) $R(x) = 10x$
    b) $R(x) = 6x$

c) $R(x) = -2x^2 + 600x$ d) $R(x) = -10x^2 + 1.000x$

Observação: A receita média Rme é dada por $Rme(x) = \dfrac{R(x)}{x}$.

4.9.3 Propensão marginal a consumir e a poupar

Chamando y a renda disponível e C, o consumo, vimos que C é função de y e a função $C(y)$ é chamada função consumo. Denomina-se *propensão marginal a consumir* (e indica-se por p_{mg}^C) a derivada de C em relação a y. Isto é:

$$p_{mg}^C = C'(y)$$

Analogamente, vimos que a poupança S é também função de y, e que a função $S(y)$ é chamada de função poupança. Denomina-se *propensão marginal a poupar* (e indica-se por p_{mg}^S) a derivada de S em relação a y, ou seja:

$$p_{mg}^S(y) = S'(y)$$

EXEMPLO 4.19

Supondo que a função consumo de uma família seja $C(y) = 20 + 0,4y^{0,75}$, teremos:

$$p_{mg}^C(y) = 0,3y^{-0,25}$$

Se quisermos o valor dessa propensão para $y = 16$, teremos:

$$p_{mg}^C(16) = 0,3 \cdot (16)^{-0,25} = 0,3 \cdot (2^4)^{-0,25} = 0,15$$

A interpretação é análoga à feita para o custo e a receita marginal, ou seja, aumentando-se em uma unidade a renda disponível (de 16 para 17), o aumento do consumo será aproximadamente igual a 0,15.

Como vimos, a função poupança é dada por $S = y - C$, ou seja:

$$S(y) = y - 20 - 0,4y^{0,75}$$

Assim, a propensão marginal a poupar é:

$$p_{mg}^S(y) = 1 - 0,3 \cdot y^{-0,25}$$

Se quisermos o valor dessa propensão para $y = 16$, teremos:

$$p_{mg}^S(16) = 1 - 0,3 \cdot (16)^{-0,25} = 1 - 0,15 = 0,85$$

Portanto, se a renda passar de 16 para 17, o aumento da poupança será aproximadamente 0,85.

4.9.4 Produtividade marginal

Consideremos uma função de produção P que dependa da quantidade x de um fator variável. Chama-se *produtividade marginal* do fator à derivada de P em relação a x.

EXEMPLO 4.20 Consideremos a função de produção $P(x) = 50x^{0,5}$, sendo que P é a quantidade (em toneladas) produzidas por mês de um produto e x o trabalho mensal envolvido (medido em homens-hora).

A produtividade marginal do trabalho é:

$$P'(x) = 25 \cdot x^{-0,5}$$

Se $x = 10.000$, então:

$$P'(10.000) = 25 \cdot (10.000)^{-0,5} = 25 \cdot (10^4)^{-0,5} = 25 \cdot (10^{-2}) = 0,25$$

Assim, se o número de homens-hora passar de 10.000 para 10.001, o aumento na produção mensal será de, aproximadamente, 0,25 toneladas.

PROBLEMAS

26. Dada a função consumo $C = 500 + 0,7y$, obtenha:
    a) a propensão marginal a consumir e interprete o resultado;
    b) a propensão marginal a poupar e interprete o resultado.

27. Dada a função consumo $C = 30 + 0,4y^{0,5}$, obtenha:
    a) a propensão marginal a consumir p_{mg}^C;
    b) $p_{mg}^C(64)$ e interprete o resultado;
    c) $p_{mg}^S(64)$ e interprete o resultado.

28. Repita o exercício anterior com a seguinte função consumo: $C = 50 + 0,6y^{0,5}$.

29. Dada a função de produção $P = 500x^{0,5}$, sendo que x é o número de homens-hora empregados por mês e P o número de litros produzidos de um produto mensalmente, pede-se:
    a) a produtividade marginal do trabalho para $x = 6.400$ e a interpretação do resultado.
    b) a produtividade marginal do trabalho para $x = 8.100$ e a interpretação do resultado.

30. A produção anual de algodão (em toneladas) de um agricultor é função da quantidade x de fertilizante empregada (em toneladas), segundo a relação $P = 100 + 200x - x^2$.
    a) Determine a produtividade marginal do fertilizante para $x = 50$ e interprete o resultado.
    b) Determine a produtividade marginal do fertilizante para $x = 75$ e interprete o resultado.

31. Considere a função de produção $P(L) = 500\sqrt{L} - 6L$, sendo que P é a produção mensal (em toneladas) e L o número de homens-hora empregados.
   a) Calcule $P'(L)$.
   b) Calcule $P'(1)$, $P'(4)$, $P'(9)$, $P'(25)$ e $P'(100)$.

4.9.5 Elasticidade

A função de demanda relaciona o preço unitário p com a quantidade demandada x. Um indicador da sensibilidade de variação da demanda em relação ao preço poderia ser a derivada de x em relação a p. Todavia, essa derivada depende das unidades de medida utilizadas. Assim, se a queda de \$ 1,00 por quilograma de abóbora fizesse o consumidor aumentar em 1 kg por mês o consumo desse produto, a relação consumo/preço seria 1 se o consumo fosse medido em quilogramas, mas seria mil se o consumo fosse medido em gramas. Em razão disso, costuma-se definir um indicador de sensibilidade que independa das unidades de medida utilizadas. Tal indicador é chamado *elasticidade*, e passaremos a defini-lo.

Suponhamos que a um preço p_0 a quantidade demandada seja x_0. Suponhamos, ainda, que o preço sofra uma variação Δp a partir de p_0 e, como consequência, a quantidade demandada sofra uma variação Δx, a partir de x_0.

Consideremos:

- a variação porcentual no preço: $\dfrac{\Delta p}{p_0}$
- a variação porcentual na quantidade: $\dfrac{\Delta x}{x_0}$

Chamamos *elasticidade da demanda* no ponto (x_0, p_0) o número:

$$e = \left| \lim_{\Delta p \to 0} \frac{\Delta x / x_0}{\Delta p / p_0} \right| = \frac{p_0}{x_0} \left| \lim_{\Delta p \to 0} \frac{\Delta x}{\Delta p} \right|$$

O limite dentro do módulo é $\dfrac{dx}{dp}$ (derivada da quantidade em relação ao preço). O módulo é introduzido na definição para que a elasticidade resulte em um número positivo, uma vez que, em geral, $\dfrac{dx}{dp} < 0$. Observemos que alguns autores preferem fazer a definição sem o uso do módulo.

Assim

$$e = \frac{p_0}{x_0} \cdot \left| \frac{dx}{dp} \right|$$

em que a derivada $\dfrac{dx}{dp}$ é calculada no ponto (x_0, p_0).

É importante salientar que a elasticidade é uma característica do ponto da curva de demanda e não da curva em si. Embora usemos a letra *e* para elasticidade, não confundir com o número de Euler.

EXEMPLO 4.21 Se a equação de demanda for dada por $x = 500 - 10p$, teremos:

$$\frac{dx}{dp} = -10$$

Portanto:

$$e = \frac{p_0}{x_0} \cdot 10$$

Assim, se $P_0 = 40$, então, $x_0 = 500 - 400 = 100$, e $e = \frac{40}{100} \cdot 10 = 4$.

Isso significa que, para Δp pequeno, $4 \cong \left|\frac{\Delta x/100}{\Delta p/40}\right|$.

Admitindo $\frac{\Delta p}{40} = 1\%$ (como é usual), teremos:

$$\frac{\Delta x}{100} \cong -4\% \quad \text{(pois } \Delta x \text{ e } \Delta p \text{ têm sinais contrários)}$$

Em outras palavras, se o preço for 40 e sofrer um aumento porcentual de 1%, a queda porcentual na demanda será de aproximadamente 4%.

De modo análogo, se admitíssemos um aumento porcentual no preço de 2% (a partir de 40), a queda porcentual na demanda seria de aproximadamente 8%.

Se $e > 1$, a demanda é dita *elástica* no ponto considerado. Se $0 < e < 1$ a demanda é dita *inelástica* e, se $e = 1$, a demanda tem *elasticidade unitária* no ponto considerado.

Para a função de oferta, define-se *elasticidade da oferta* em relação ao preço de modo análogo

$$f = \lim_{\Delta p \to 0} \frac{\frac{\Delta x}{x_0}}{\frac{\Delta p}{p_0}} = \frac{p_0}{x_0} \cdot \frac{dx}{dp}$$

em que $\frac{dx}{dp}$ é calculada no ponto $x = x_0$ e $p = p_0$ da equação de oferta.

Nesse caso o módulo foi omitido, pois $\frac{dx}{dp} > 0$.

EXEMPLO 4.22. Se a equação de oferta for $x = 64 + p^2$, então $\frac{dx}{dp} = 2p$.

Se quisermos a elasticidade para $p_0 = 6$, então $x_0 = 64 + 6^2 = 100$ e $\frac{dx}{dp} = 12$, no ponto em que $p_0 = 6$.

Assim:

$$f = \frac{6}{100} \cdot 12 = 0,72$$

Desse modo, para um acréscimo porcentual de 1% no preço (a partir de 6), o acréscimo porcentual na quantidade ofertada (a partir de 100) será de aproximadamente 0,72%.

PROBLEMAS

32. Se a equação de demanda for dada por $x = \dfrac{10-p}{5}$, obtenha a elasticidade da demanda para $p = 5$ e interprete o resultado.

33. Resolva o exercício anterior para $p = 3$.

34. Obtenha a elasticidade da oferta para $p = 9$, sabendo que a equação da oferta é dada por $x = 20 - 0{,}05p + p^{\frac{1}{2}}$. Interprete o resultado.

35. Resolva o exercício anterior para $p = 16$.

36. Considere a função de demanda dada por $p = \sqrt{200-x}$. Obtenha a elasticidade da demanda para $x = 100$ e interprete o resultado.

37. Considere a função de demanda dada por $p = \sqrt{300-2x}$. Obtenha a elasticidade da demanda para $x = 132$ e interprete o resultado.

38. Considere a função de demanda $p = \sqrt{100-x}$ (em que $0 < x < 100$). Calcule para quais valores de x a demanda é:
    a) elástica;
    b) inelástica.

39. A função de demanda de um produto é $p = 50 - 0{,}5q$, sendo que p é o preço unitário e q é a quantidade demandada.
    a) Ache a expressão da elasticidade da demanda em função de q.
    b) Ache o valor da elasticidade para $q = 20$, $q = 40$, $q = 60$, $q = 80$ e $q = 100$.
    c) Qual o limite da elasticidade quando q tende a zero pela direita?

40. A equação de demanda de um produto é $p = 120 - 4x$.
    a) Obtenha a elasticidade da demanda para $p = 10$.
    b) Qual a queda porcentual da demanda quando o preço sobe 5% (a partir de 10)?
    Faça o cálculo pela elasticidade, calcule também diretamente.

41. A elasticidade da demanda em relação ao preço de um produto é 0,6. Calcule a diminuição porcentual na quantidade demandada quando o preço:
    a) sobe 1%;
    b) sobe 2%;
    c) sobe 5%.

42. A elasticidade da demanda em relação ao preço de um bem é 2,4 no ponto em que a quantidade é igual a 2.000 unidades. Qual será o valor aproximado da demanda, se o preço sofrer uma redução de 1%?

43. Considere a equação de demanda $x = \dfrac{k}{p^{\alpha}}$, sendo que k e α são constantes positivas.
Mostre que a elasticidade da demanda em relação ao preço é constante e dê o valor dessa constante.

44. Mostre que, se a equação de oferta é da forma $x = k \cdot p^{\alpha}$, sendo que k e α são constantes positivas, então a elasticidade da oferta é constante.

45. Considere o gráfico abaixo de uma curva de demanda, seja t a reta tangente ao gráfico no ponto $P(x_0, p_0)$. Mostre que a elasticidade da demanda em relação ao preço no ponto P é dada por:

$$e = \dfrac{\overline{MP}}{\overline{PN}}$$

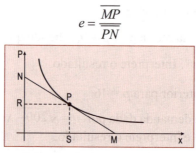

(Sugestão: use a semelhança entre os triângulos MPS e NPR.)

4.10 DERIVADAS SUCESSIVAS

Seja $f'(x)$ a derivada de $f(x)$. Se calcularmos a função derivada de $f'(x)$, nos pontos em que ela existe, chamaremos derivada segunda de $f(x)$ a essa função e a indicamos por $f''(x)$.

De modo análogo, podemos definir derivada terceira, quarta e assim por diante. A derivada de ordem n de $f(x)$ será representada por $f^{(n)}(x)$, se n for grande, evitando o uso de muitas "linhas".

EXEMPLO 4.23 Se $f(x) = 4x^3 - 2x^2 + 6x - 4$, teremos:

$$f'(x) = 12x^2 - 4x + 6$$

$$f''(x) = 24x - 4$$

$$f'''(x) = 24$$

$$f^{(4)}(x) = 0 \text{ etc.}$$

PROBLEMAS

46. Obtenha a derivada terceira das funções:

a) $f(x) = 6x^3 - 4x^2 - 10$ b) $f(x) = e^x$

c) $f(x) = e^{-x}$

d) $f(x) = \ln x$

e) $f(x) = e^x + e^{-x}$

4.11 REGRAS DE L'HOSPITAL

São algumas regras de cálculo de limites por meio das derivadas e foram desenvolvidas por Guillaume François Antoine de L'Hospital (matemático francês, 1661–1704).

Tais regras permitem o cálculo de limites indeterminados habitualmente indicados sob a forma $\dfrac{0}{0}$ ou $\dfrac{\infty}{\infty}$ (observemos que isso é apenas uma notação para indicar que o numerador e o denominador convergem para 0 ou ∞). Tal regra diz o seguinte:

Se $f(x)$ e $g(x)$ são funções deriváveis, tais que $\lim\limits_{x \to a} \dfrac{f(x)}{g(x)}$ é da forma $\dfrac{0}{0}$ ou $\dfrac{\infty}{\infty}$, então:

$$\lim_{x \to a} \frac{f(x)}{g(x)} = \lim_{x \to a} \frac{f'(x)}{g'(x)},$$ desde que exista o limite do segundo membro.

O mesmo resultado é válido quando x tende a infinito.

EXEMPLO 4.24 Calcule os limites pela regra de L'Hospital:

a) $\lim\limits_{x \to 2} \dfrac{x^2 - 4}{x - 2}$

b) $\lim\limits_{x \to 2} \dfrac{x^2 - 4}{x^3 - x^2 - 2x}$

c) $\lim\limits_{x \to \infty} \dfrac{3x + 5}{2x + 1}$

Temos:

a) Tal limite poderia ser obtido usando as formas indeterminadas vistas no capítulo anterior. Todavia, como numerador e denominador tendem a 0, quando x tende a 2 podemos aplicar a regra de L'Hospital:

$$\lim_{x \to 2} \frac{x^2 - 4}{x - 2} = \lim_{x \to 2} \frac{2x}{1} = 4$$

b) Analogamente ao exemplo anterior:

$$\lim_{x \to 2} \frac{x^2 - 4}{x^3 - x^2 - 2x} = \lim_{x \to 2} \frac{2x}{3x^2 - 2x - 2} = \frac{4}{6} = \frac{2}{3}$$

c) Tanto o numerador como o denominador tendem a ∞, quando x tende a ∞. Logo, pela regra de L'Hospital:

$$\lim_{x \to \infty} \frac{3x + 5}{2x + 1} = \lim_{x \to \infty} \frac{3}{2} = \frac{3}{2}$$

4.12 USO DO MATHEMATICA

O Mathematica usa o operador D para obter derivadas de funções de uma e várias variáveis. No caso deste Capítulo, é necessário explicitar a variável em relação a qual a derivada é tomada, e a ordem da derivada, se esta for maior ou igual a dois.

Para obter a derivada da função $y = x^n$, usamos

$$In[1] = D[x \wedge n, x]$$

obtendo-se:

$$Out[1]: = n\, x \wedge (-1 + n)$$

Se quisermos a segunda derivada dessa função, escrevemos

$$In[2]: = D[x \wedge n, \{x, 2\}]$$

obtendo-se:

$$Out[2]: = (n - 1)n\, x \wedge (-2 + n)$$

Se $f(x) = \log_e(3x + 6)$ (veja o Exemplo 4.11), então

$$In[3=]\, D[\text{Log}(3x + 6), x]$$

obtendo o resultado:

$$Out[3]: = 3/(6 + 3x)$$

PROBLEMAS

Obtenha a derivada primeira e segunda das funções dos seguintes problemas, usando o operador D:

47. Problemas 5.i e 5.v.

48. Problemas 6.p e 6.t.

49. Problema 7.d.

50. Problema 32.

APLICAÇÕES DE DERIVADAS

5.1 INTRODUÇÃO

As derivadas têm inúmeras aplicações sendo as mais importantes em um curso introdutório de Cálculo, a maximização e a minimização de funções, crescimento e decrescimento, concavidade e pontos de inflexão, sendo que essas últimas constituem uma importante ferramenta na construção de gráficos de funções.

Vamos recordar alguns conceitos vistos no Capítulo 2 (Funções e suas aplicações). Para isso, consideremos o gráfico da função da Figura 5.1, cujo domínio é o intervalo $[x_1, x_5]$.

Figura 5.1: Máximos e mínimos

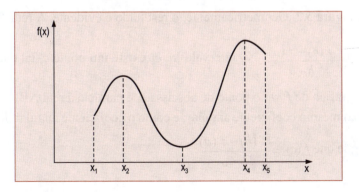

Temos:

- A função é crescente no intervalo $]x_1, x_2[$.

- A função é decrescente no intervalo $]x_2, x_3[$.

- A função é crescente no intervalo $]x_3, x_4[$.

- A função é decrescente no intervalo $]x_4, x_5[$.

- Os pontos de máximo relativo (ou simplesmente pontos de máximo) são x_2 e x_4.

- Os pontos de mínimo relativo (ou simplesmente pontos de mínimo) são x_1, x_3 e x_5.

- O ponto de máximo absoluto é x_4 e o de mínimo absoluto é x_3.

Os teoremas dados a seguir permitem estudar o crescimento e decrescimento de funções, bem como determinar eventuais pontos de máximo e mínimo.

5.2 CRESCIMENTO E DECRESCIMENTO DE FUNÇÕES

Vimos, no Capítulo 2, o conceito de função crescente e decrescente, bem como o de máximos e mínimos. Vamos, neste capítulo, estudar de que forma esses assuntos se vinculam com o conceito de derivadas. Existem três teoremas básicos sobre o assunto.

> **Teorema 5.1 – Teorema do valor médio**
> Suponha que $f(x)$ seja uma função contínua no intervalo $[a, b]$ e derivável no intervalo $]a, b[$. Então existe um ponto c pertencente ao intervalo $]a, b[$ tal que:
> $$f'(c) = \frac{f(b) - f(a)}{b - a}$$

Veja a Figura 5.2. Geometricamente, o resultado é evidente. A reta AB tem coeficiente angular $\frac{f(b) - f(a)}{b - a}$. No intervalo $]a, b[$ existe um ponto c, tal que a reta t, que tangencia o gráfico de $f(x)$ no ponto de abscissa c, é paralela à reta AB. Assim, as retas t e AB terão o mesmo coeficiente angular; e como o coeficiente angular da reta t é dado por $f'(c)$, segue que $f'(c) = \frac{f(b) - f(a)}{b - a}$.

Figura 5.2: Ilustração do teorema de valor médio

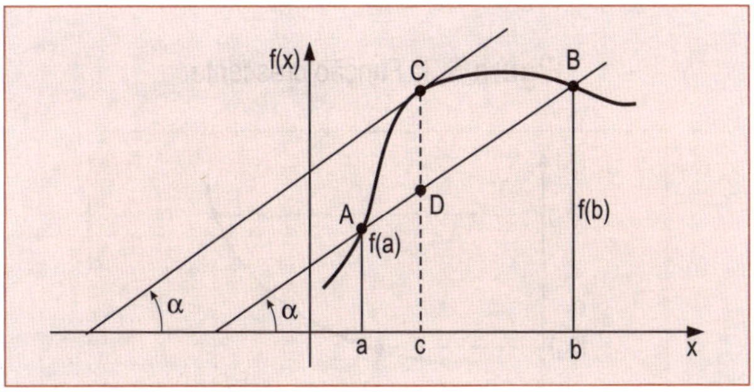

EXEMPLO 5.1 Consideremos a função $f(x) = x^2 + 5x$ definida no intervalo $[1, 3]$. Determinemos o ponto c tal que $f'(c) = \dfrac{f(3) - f(1)}{3 - 1}$.

Temos, $f(1) = 6$, $f(3) = 24$ e $f'(x) = 2x + 5$.

Queremos achar o número c tal que:

$$f'(c) = 2c + 5 = \frac{24 - 6}{3 - 1} = 9$$

$$2c = 4$$

$$c = 2$$

Teorema 5.2

Se, para todo $x \in\ ]a, b[$ tivermos $f'(x) > 0$, então $f(x)$ é crescente em todo intervalo $]a, b[$.

Demonstração:

Consideremos dois pontos arbitrários x_1 e x_2 do intervalo $]a, b[$ e tais que $x_1 < x_2$. Como $f(x)$ é derivável em $]a, b[$, também o será em $]x_1, x_2[$. Assim, pelo Teorema do Valor Médio, haverá um valor $c \in\ ]x_1, x_2[$ tal que:

$$f'(c) = \frac{f(x_2) - f(x_1)}{x_2 - x_1}$$

Mas, por hipótese, $f'(c) > 0$. Portanto:

$$\frac{f(x_2) - f(x_1)}{x_2 - x_1} > 0$$

Tendo em conta que $x_1 < x_2$ (e portanto $x_2 - x_1 > 0$), concluímos que:

$$f(x_2) - f(x_1) > 0 \text{ e portanto } f(x_2) > f(x_1)$$

Assim, $f(x)$ será crescente em $]a, b[$ (Figura 5.3).

Figura 5.3: Função crescente

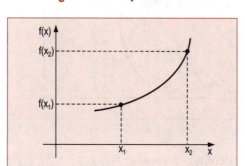

Teorema 5.3

Se, para todo $x \in]a, b[$ tivermos $f'(x) < 0$, então $f(x)$ é decrescente em todo intervalo $]a, b[$.

A demonstração é análoga à do Teorema 5.2.

É fácil perceber, então, que os Teoremas 5.2 e 5.3 nos fornecem um instrumento para obter os intervalos de crescimento e decrescimento de uma função, bem como para encontrar seus pontos de máximo e de mínimo, caso existam.

EXEMPLO 5.2 Consideremos a função $f(x) = x^2 - 4x$. Temos:

$$f'(x) = 2x - 4$$

- **Sinal de f'**

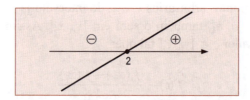

- **Comportamento de f**

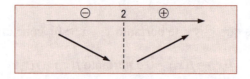

Usamos a simbologia:

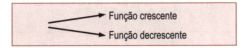

Assim, a função $f(x)$ é decrescente em $]-\infty, 2[$ e crescente em $]2, \infty[$. Como ela é contínua em 2, concluímos que $x = 2$ é um ponto de mínimo de $f(x)$.

EXEMPLO 5.3 Consideremos a função $f(x) = \dfrac{x^3}{3} - 2x^2 + 3x + 10$. Temos que $f'(x) = x^2 - 4x + 3$.

- **Sinal de f'**

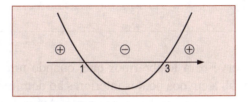

- **Comportamento de f**

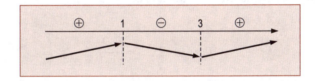

Assim, $f(x)$ é crescente em $]-\infty, 1[$ e $]3, \infty[$ e $f(x)$ é decrescente em $]1, 3[$. Como $f(x)$ é contínua em 1 e 3, segue que 1 é ponto de máximo e 3 é ponto de mínimo.

Notemos que $x = 1$ é um ponto de máximo relativo e $x = 3$ é um ponto de mínimo relativo. Além disso, não há ponto de máximo absoluto, pois a função é crescente depois de 3 com imagens que acabam superando $f(1)$. Da mesma forma, não há ponto de mínimo absoluto.

Suponhamos ainda que o domínio da função seja restrito aos números reais entre 0 e 5, isto é, $D = [0, 5]$. Nessas condições, é fácil perceber que $x = 0$ também é ponto de mínimo relativo e $x = 5$ também é ponto de máximo relativo. Além disso, como

$$f(0) = 10, \quad f(1) = \dfrac{34}{3}, \quad f(3) = 10 \text{ e } f(5) = \dfrac{50}{3}$$

concluímos que o gráfico de $f(x)$ tem o aspecto da Figura 5.4.

Consequentemente, no intervalo $[0, 5]$ = 5 é um ponto de máximo absoluto e $x = 0$ e $x = 3$ são pontos de mínimo absolutos.

Figura 5.4: Gráfico da função

$$f(x) = \frac{x^3}{3} - 2x^2 + 3x + 10 \text{ no intervalo } [0, 5]$$

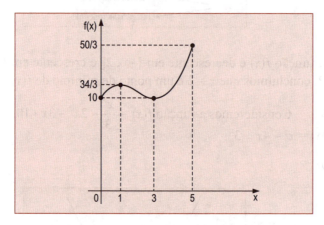

Esse exemplo serve para lembrarmos que, quando uma função é definida num intervalo fechado [a, b], além dos pontos interiores ao domínio, podemos ter pontos de máximo e de mínimo nos extremos $x = a$ e $x = b$. Além disso, podemos verificar se existem pontos de máximo ou mínimo absolutos.

EXEMPLO 5.4 Consideremos a função $f(x) = \dfrac{1}{x^2} = x^{-2}$.
Temos:

$$f'(x) = -2x^{-3} = -\frac{2}{x^3}$$

Para o estudo do sinal de $f'(x)$, precisamos inicialmente estudar o sinal de $g(x) = x^3$.

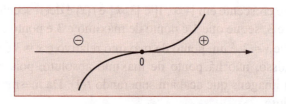

Como o numerador de $f'(x)$ é -2, segue que o sinal de $f'(x)$ é:

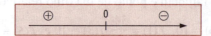

Assim, $f(x)$ é crescente em $]-\infty, 0[$ e decrescente em $]0, \infty[$. O ponto $x = 0$ não é de máximo pois a função não é definida para $x = 0$ (portanto não é contínua para $x = 0$). O gráfico da função feito com o Mathematica está na Figura 5.5.

Figura 5.5: Gráfico da função $f(x) = \dfrac{1}{x^2}$ usando o Mathematica

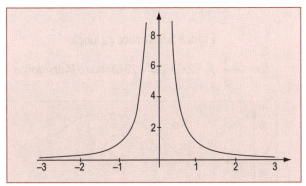

EXEMPLO 5.5 Uma empresa fabrica um produto com custo mensal dado por:

$$C = \frac{1}{3}x^3 - 2x^2 + 10x + 20$$

Cada unidade do produto é vendida a $ 31,00. Que quantidade deve ser produzida e vendida para dar o máximo lucro mensal?

Resolução:

O lucro mensal é dado por:

$$L = R - C = 31x - \left(\frac{1}{3}x^3 - 2x^2 + 10x + 20\right)$$

Portanto:

$$L = -\frac{1}{3}x^3 + 2x^2 + 21x - 20$$

Derivando a função lucro, teremos:

$$L' = -x^2 + 4x + 21$$

- **Sinal de L'**

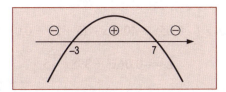

- **Comportamento de L**

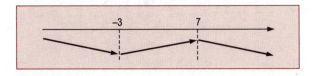

Como x é positivo (quantidade), concluímos que o ponto de máximo relativo e absoluto é $x = 7$. Assim, para ter o máximo lucro a empresa deve vender 7 unidades por mês. O gráfico da função feito com o aplicativo Mathematica é mostrado na Figura 5.6.

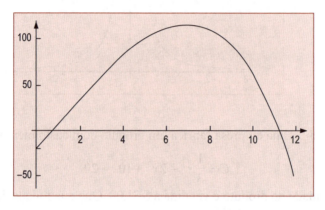

Figura 5.6: Gráfico da função $f(x) = -\dfrac{1}{3}x^3 + 2x^2 + 21x - 20$ usando o Mathematica

EXEMPLO 5.6 Um monopolista (produtor único de um certo bem) tem custo mensal dado por $C = 5 + 2x + 0{,}01x^2$. A função de demanda mensal é $P = -0{,}05x + 400$. Que preço deve ser cobrado para maximizar o lucro, sabendo-se que:

a) a capacidade máxima de produção mensal é de 2.000 unidades?

b) a capacidade máxima de produção mensal é de 4.000 unidades?

Resolução:
O lucro é dado por:

$$L = R - C = px - C$$

$$L = (-0{,}05x + 400)x - (5 + 2x + 0{,}01x^2)$$

$$L = -0{,}06x^2 + 398x - 5$$

Derivando L, teremos:

$$L' = -0{,}12x + 398$$

- **Sinal de L'**

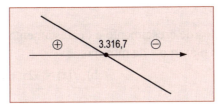

- **Comportamento de L**

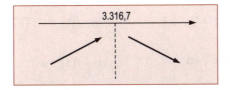

a) Pelo comportamento de L, concluímos que o máximo de L ocorre, nesse caso, para $x = 2.000$, pois $0 \leq x \leq 2.000$.

b) Pelo comportamento de L, concluímos que o máximo de L ocorre, nesse caso, para $x = 3.316,7$, pois $0 \leq x \leq 4.000$.

O gráfico da função está na Figura 5.7.

Figura 5.7: Gráfico da função
$f(x) = -0,06\, x^2 + 398x - 5$ usando o Mathematica

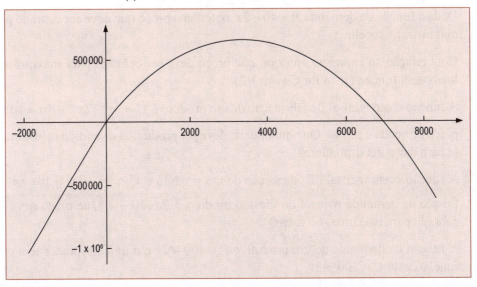

PROBLEMAS

1. Obtenha os intervalos de crescimento e decrescimento das funções e determine os eventuais pontos de máximo e de mínimo:

   a) $f(x) = 3x + 4$

   b) $f(x) = -2x + 6$

   c) $f(x) = x^2 - 3x$

   d) $f(x) = 1 - x^2$

   e) $f(x) = x^2 - 4x + 6$

   f) $f(x) = \dfrac{x^3}{3} - \dfrac{7}{2}x^2 + 12x + 3$

   g) $f(x) = \dfrac{x^3}{3} - \dfrac{3}{2}x^2 + 2x + 1$

   h) $f(x) = -\dfrac{x^3}{3} + 4x + 6$

   i) $f(x) = -\dfrac{x^3}{3} + 4x^2 + 10$

   j) $f(x) = x^3$

   k) $f(x) = -2x^3$

   l) $f(x) = \dfrac{1}{4}x^4$

   m) $f(x) = \dfrac{x^4}{4} - \dfrac{x^2}{2} + 10$

   n) $f(x) = \dfrac{1}{x}$

   o) $f(x) = \dfrac{x-1}{x-2}$

   p) $f(x) = \dfrac{x}{x-3}$

   q) $f(x) = e^{-x^2}$

   r) $f(x) = \dfrac{2x}{x^2+1}$

   s) $f(x) = (x-1)(x-2)(x-3)$

2. Dada a função receita $R(x) = -2x^2 + 10x$, obtenha o valor de x que a maximiza.

3. Dada a função de demanda $P = 40 - 2x$, obtenha o preço que deve ser cobrado para maximizar a receita.

4. Com relação ao exercício anterior, que preço deve ser cobrado para maximizar o lucro, se a função custo for $C = 40 + 2x$?

5. A função custo mensal de fabricação de um produto é $C = \dfrac{x^3}{3} - 2x^2 + 10x + 10$ e o preço de venda é $p = 13$. Que quantidade deve ser produzida e vendida mensalmente para dar o máximo lucro?

6. A função custo mensal de fabricação de um produto é $C = \dfrac{x^3}{3} - 2x^2 + 10x + 1$ e a função de demanda mensal do mesmo produto é $P = 10 - x$. Que preço deve ser cobrado para maximizar o lucro?

7. A função de demanda de um produto é $P = 100 - 2x$ e o único produtor tem uma função custo $C = 500 + 3x$.

CAPÍTULO 5   Aplicações de derivadas   **155**

    a) Que preço deve ser cobrado para maximizar o lucro, se o governo cobrar do produtor um imposto de $ 1,00 por unidade vendida?

    b) Se a empresa maximizar o lucro, que imposto o governo deve cobrar para maximizar a receita tributária?

8. Dada a função $f(x) = 10x - x^2$, obtenha seus pontos de máximo e mínimo relativos e absolutos, sabendo que o domínio é $D = [0, 6]$.

9. Resolva o exercício anterior considerando a função $f(x) = \dfrac{x^3}{3} - \dfrac{7}{2}x^2 + 12x + 5$ e o domínio $D = [0, \infty[$.

10. Dada a função custo $C = \dfrac{x^3}{3} - 6x^2 + 60x + 20$, mostre que tal função é sempre crescente e tem um ponto de mínimo para $x = 0$.

11. Com relação ao exercício anterior, obtenha o custo marginal e mostre que ele tem um ponto de mínimo para $x = 6$.

12. Considere a função custo $C = 0{,}1x^3 - 4x^2 + 70x + 50$. Mostre que tal função é sempre crescente.

13. A função demanda mensal de um produto é $P = 40 - 0{,}1x$ e a função custo mensal é $C = \dfrac{x^3}{3} - 7x^2 + 60x + 50$.

    a) Obtenha o valor de x que maximiza o lucro e o correspondente preço.

    b) Mostre que, para o valor de x encontrado no item anterior, a receita marginal é igual ao custo marginal.

14. Dada a função custo anual de uma empresa $C(x) = 40x - 10x^2 + x^3$:

    a) ache o custo médio $Cme(x) = \dfrac{C(x)}{x}$;

    b) ache os intervalos de crescimento e decrescimento do custo médio, indicando eventuais pontos de máximo e mínimo.

15. Repita o exercício anterior com a função custo $C = \dfrac{x^3}{3} - 4x^2 + 30x$.

16. Dada a função custo $C = 20 + 3x$, mostre que o custo médio é sempre decrescente.

17. Dada a função custo mensal de fabricação de um produto $C = 40 + 5x$:

    a) mostre que o custo médio é sempre decrescente;

    b) qual o custo médio mínimo, se a capacidade da empresa é produzir no máximo 60 unidades por mês?

18. O custo mensal de fabricação de x unidades de um produto é $C(x) = 0{,}1x^2 + 3x + 4.000$.

    a) Obtenha o custo médio.

    b) Para que valor de x o custo médio é mínimo?

c) Resolva o item anterior, supondo que a capacidade da empresa é produzir no máximo 180 unidades por mês.

d) Idem ao item anterior, se a capacidade for de 250 unidades por mês.

19. Uma empresa tem capacidade de produção máxima de 200 unidades por semana. A função de demanda do produto é $P = -0{,}2x + 900$ e a função custo semanal é $C = 500 - 8x + x^2$. Que preço deve ser cobrado para maximizar o lucro?

20. Uma empresa opera em um mercado cujo preço de venda é constante e igual a $ 20,00. Seu custo marginal mensal é dado por $Cmg = 3x^2 - 6x + 15$. Qual a produção mensal que dá o máximo lucro?

21. O custo anual de fabricação de x unidades de um produto é $C = 0{,}01x^2 + 5x + 200$. Obtenha o valor de x que minimiza o custo médio.

22. Dada a função custo anual $C = x^3 - 20x^2 + 400x$:
    a) obtenha o custo médio e o custo marginal;
    b) mostre que, no ponto de mínimo do custo médio, o custo médio é igual ao custo marginal.

23. Um monopolista tem um custo médio mensal dado por $Cme = x^2 - 10x + 60$, sendo que x é a quantidade produzida. A função de demanda desse produto é $P = 50 - 3x$. Que preço deve ser cobrado para maximizar o lucro mensal?

24. Um produtor observou que, quando o preço unitário de seu produto era $ 5,00, a demanda mensal era 3 mil unidades e, quando o preço era $ 6,00, a demanda mensal era 2.800 unidades.
    a) Qual a equação de demanda admitindo-a função do primeiro grau?
    b) Que preço deve ser cobrado para maximizar a receita mensal?

25. A função de demanda mensal de um produto é $p = 20\, e^{-\frac{x}{2}}$, em que p é o preço unitário e x a demanda mensal. Que preço maximiza a receita mensal?

26. A equação de demanda de um produto é $x = 200 - 2p$. Mostre que a receita é maximizada quando a elasticidade da demanda é igual a 1.

27. Em uma cidade, estima-se que o número de habitantes daqui a t anos seja:
$$N = 50 - \frac{4}{t+2} \text{ milhares de pessoas.}$$
    a) Qual a estimativa para daqui a 8 anos?
    b) Mostre que N cresce em relação a t a taxas decrescentes
    c) Qual o número de habitantes a longo prazo?

28. Uma empresa produz $P = 50\sqrt{N}$ toneladas mensais de um produto, utilizando N homens-hora de trabalho. Mostre que a produtividade marginal do trabalho, $\frac{dP}{dN}$, é decrescente com N.

29. Um consumidor consegue certo nível de satisfação consumindo x unidades de um produto A e y de um produto B; os valores de x e y se relacionam pela curva de indiferença $y = \dfrac{18}{x}$. Se cada unidade de A custa \$ 2,00 e cada unidade de B custa \$ 1,00, qual a combinação que dará ao consumidor aquele nível de satisfação a um custo mínimo?

30. Um banco capta dinheiro pagando a seus aplicadores uma taxa anual de juros igual a i e repassa esse valor captado à taxa de 24% ao ano. Sabendo que a quantia captada C é dada por $C = 1.000i$, obtenha o valor de i que maximiza o lucro anual do banco.

31. Um investidor aplica seu patrimônio em duas ações A e B; ele aplica uma porcentagem x na ação A e $(1 - x)$ na ação B. A lucratividade esperada (μ) e o risco da carteira (σ^2) são dados por:

$$\mu = 0,15 - 0,07x$$
$$\sigma^2 = 0,0047x^2 - 0,0068x + 0,0025$$

a) Quais as porcentagens que deve aplicar em A e B para ter o menor risco possível?

b) Nas condições do item a, qual a lucratividade esperada da carteira?

5.3 CONCAVIDADE E PONTO DE INFLEXÃO

Dizemos que o gráfico de uma função $f(x)$, derivável, é *côncavo para cima* no intervalo $]a, b[$ se para todo $x \in]a, b[$ o gráfico da função nesse intervalo (exceto o ponto de abscissa x) permanece acima da tangente ao gráfico no ponto de abscissa x, como mostra a Figura 5.8(a).

Dizemos que o gráfico de uma função $f(x)$, derivável, é *côncavo para baixo* no intervalo $]a, b[$ se para todo $x \in]a, b[$ o gráfico da função nesse intervalo (exceto o ponto de abscissa x) permanece abaixo da tangente ao gráfico no ponto de abscissa x, conforme a Figura 5.8(b).

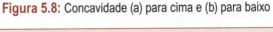

Figura 5.8: Concavidade (a) para cima e (b) para baixo

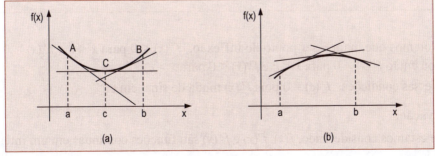

Consideremos agora o gráfico da Figura 5.8(a), o ponto c é um ponto de mínimo e $f'(c) = 0$ pois a tangente ao gráfico por c é paralela ao eixo x; para pontos à esquerda de c a tangente ao gráfico terá coeficiente angular negativo e, portanto, $f'(x) < 0$ para $a < x < c$. Para pontos à direita de c a tangente ao gráfico terá coeficiente angular positivo e, portanto, $f'(x) > 0$ para $c < x < b$.

À medida que nos deslocamos de A para B o coeficiente angular da reta tangente aumentará, passando de valores negativos à esquerda de c para valores positivos à direita de c. Da mesma maneira que a primeira derivada mede a taxa de variação da função, a segunda derivada mede a taxa de variação da primeira derivada. Assim, como a primeira derivada (geometricamente, o coeficiente angular da tangente) está crescendo, sua derivada será positiva, isto é, a segunda derivada será positiva. Portanto, $f''(x) > 0$, para todo $x \in\ ]a, b[$, pois nesse intervalo $f'(x)$ está crescendo. Em particular, $f''(c) > 0$, isto é, no ponto de mínimo a segunda derivada é positiva.

Um argumento análogo mostra que, para o gráfico da Figura 5.8(b), $f''(x) < 0$ para todo $x \in\ ]a, b[$.

Resumindo:

- Se $f''(x) > 0$ para todo $x \in\ ]a, b[$, o gráfico de $f(x)$ é côncavo para cima em $[a, b]$.

- Se $f''(x) < 0$ para todo $x \in\ ]a, b[$, o gráfico de $f(x)$ é côncavo para baixo em $[a, b]$.

Consideremos agora a Figura 5.9, em que o ponto c é tal que o gráfico da função tem concavidades de nomes contrários, à esquerda e à direita de c. Dizemos que o gráfico muda de concavidade em c e este se diz *ponto de inflexão* de $f(x)$.

Figura 5.9: Pontos de inflexão

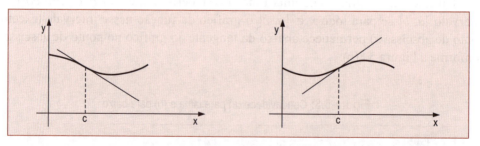

Notemos que, para c ser ponto de inflexão, $f''(x) < 0$ para $x < c$ e $f''(x) > 0$ para $x > c$; ou então $f''(x) > 0$ para $x < c$ e $f''(x) < 0$ para $x > c$.

Nessas condições, $f''(c) = 0$ pois $f''(x)$ muda de sinal em c.

Observação:

No que estamos considerando, $f(x), f'(x)$ e $f''(x)$ são funções contínuas em um intervalo contendo c.

EXEMPLO 5.7 Consideremos a função $f(x) = x^3 - 6x^2 + 4x - 10$ e estudemos seu comportamento no que diz respeito à concavidade.

Temos:

$$f'(x) = 3x^2 - 12x + 4 \text{ e } f''(x) = 6x - 12$$

- **Sinal de f''**

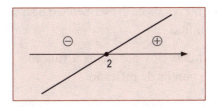

- **Comportamento de concavidade de f**

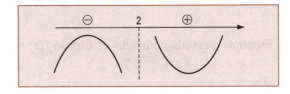

Portanto, f é côncava para baixo no intervalo $]-\infty, 2[$ e côncava para cima em $]2, \infty[$. Além disso, $x = 2$ é um ponto de inflexão.

PROBLEMAS

32. Obtenha os intervalos em que cada função é côncava para cima ou côncava para baixo, indicando eventuais pontos de inflexão:

   a) $f(x) = x^2 + 3x$

   b) $f(x) = 4 - x^2$

   c) $f(x) = x^3 - 9x^2 + 6x - 5$

   d) $f(x) = -x^3 + 12x^2 - 4x + 1$

   e) $f(x) = -x^3 - 8x^2 + 3$

   f) $f(x) = \dfrac{x^4}{12} - \dfrac{2}{3}x^3 + \dfrac{3}{2}x^2 + 5$

   g) $f(x) = \dfrac{1}{x}$

   h) $f(x) = e^{-\frac{x^2}{2}}$

   i) $f(x) = \dfrac{x+1}{x-1}$

5.4 ESTUDO COMPLETO DE UMA FUNÇÃO

A construção do gráfico de uma função é um dos objetivos importantes do estudo de derivadas. Os elementos necessários para tal fim constam do roteiro a seguir:

a) Determinação do domínio.

b) Determinação das intersecções com os eixos, quando possível.

c) Determinação dos intervalos de crescimento e decrescimento e de possíveis pontos de máximo e mínimo.

d) Determinação dos intervalos nos quais a função é côncava para cima ou para baixo e de possíveis pontos de inflexão.

e) Determinação dos limites nos extremos do domínio e de possíveis assíntotas.

f) Determinação dos limites laterais nos pontos de descontinuidade (quando houver) e possíveis assíntotas.

EXEMPLO 5.8 Façamos o estudo completo da função $f(x) = \dfrac{x^3}{3} - 2x^2 + 3x + 5$

Temos:

a) $D = R$

b) • Intersecção com eixo y: $x = 0 \Rightarrow f(0) = 5$

• Intersecção com eixo x: $y = 0 \Rightarrow \dfrac{x^3}{3} - 2x^2 + 3x + 5 = 0$ (equação de difícil solução)

c) $f'(x) = x^2 - 4x + 3$

• **Sinal de f'**

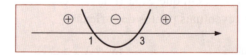

• **Comportamento de f quanto ao crescimento e decrescimento**

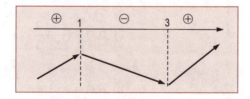

1 é ponto de máximo e $f(1) = \dfrac{19}{3}$; 3 é ponto de mínimo e $f(3) = 5$.

Observemos que não há pontos de máximo ou mínimo absolutos.

d) $f''(x) = 2x - 4$

- **Sinal de f''**

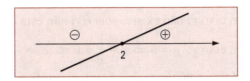

- **Comportamento de concavidade de f**

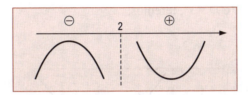

2 é ponto de inflexão e $f(2) = \dfrac{17}{3}$.

e) $\lim\limits_{x \to \infty} f(x) = \lim\limits_{x \to \infty} \dfrac{x^3}{3} = \infty$ $\qquad$ $\lim\limits_{x \to -\infty} f(x) = \lim\limits_{x \to -\infty} \dfrac{x^3}{3} = -\infty$

f) Pontos de descontinuidade: não há

Com essas informações é possível esboçar o gráfico de $f(x)$ (Figura 5.10).

Figura 5.10: Gráfico da função $f(x) = \dfrac{x^3}{3} - 2x^2 + 3x + 5$ usando o Mathematica

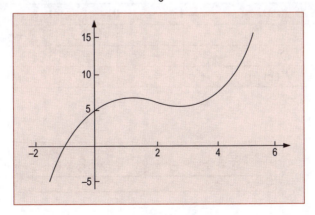

EXEMPLO 5.9 Façamos um estudo completo da função $f(x) = x + \dfrac{1}{x}$.

Temos:

a) $D = R - \{0\}$

b) • Intersecção com eixo y: não existe, pois $f(x)$ não está definida para $x = 0$

• Intersecção com eixo x: $y = 0 \Rightarrow x + \dfrac{1}{x} = 0 \Rightarrow x^2 = -1$

Tal equação não admite solução real; portanto, o gráfico não intercepta o eixo x.

c) $f'(x) = 1 - \dfrac{1}{x^2} = \dfrac{x^2 - 1}{x^2}$

Fazendo $N = x^2 - 1$ e $D = x^2$, teremos:

• **Sinal de N**

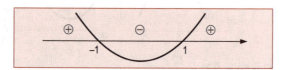

• **Sinal de D**

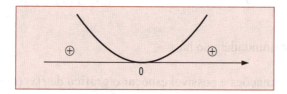

• **Quadro quociente**

x		-1		0		1	
N	+		−		−		+
D	+		+		+		+
$f'(x)$	+		−		−		+

• **Sinal de f'**

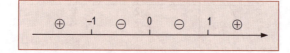

- **Comportamento de f quanto ao crescimento e decrescimento**

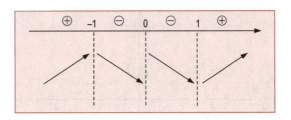

-1 é ponto de máximo e $f(-1) = -2$; 1 é ponto de mínimo e $f(1) = 2$.

d) $f''(x) = \dfrac{2}{x^3}$

- **Sinal de x^3**

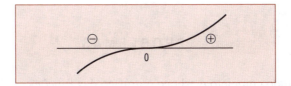

- **Sinal de f'**

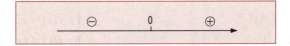

- **Comportamento de concavidade f**

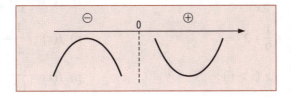

Observemos que 0 não é ponto de inflexão, pois 0 não pertence ao domínio.

e) $\lim\limits_{x\to\infty} f(x) = \lim\limits_{x\to\infty}(x + \dfrac{1}{x}) = \infty$; $\lim\limits_{x\to-\infty} f(x) = \lim\limits_{x\to-\infty}(x + \dfrac{1}{x}) = -\infty$

f) $\lim\limits_{x\to 0^+} f(x) = \infty$; $\lim\limits_{x\to 0^-} f(x) = -\infty$

Com estas informações obtemos o gráfico da função (ver Figura 5.11). Notemos que não existem pontos de máximo nem mínimo absolutos.

Figura 5.11: Gráfico da função $f(x) = x + \dfrac{1}{x}$ usando o Mathematica

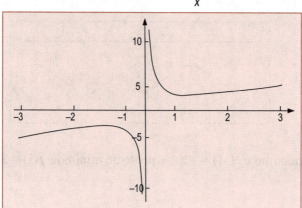

PROBLEMAS

33. Faça um estudo completo e esboce o gráfico das funções:

a) $f(x) = \dfrac{x^3}{3} - \dfrac{5}{2}x^2 + 4x + 2$

b) $f(x) = x^3 - 3x$

c) $f(x) = 5 + x - x^3$

d) $f(x) = x^3 + x^2 - x - 1$

e) $f(x) = 2x^4 - 4x^2$

f) $f(x) = -3x^4 - 6x^2$

g) $f(x) = (x-1)^3$

h) $f(x) = (x-1)^4$

i) $f(x) = \dfrac{1}{x} + 4$

j) $f(x) = \dfrac{1}{x-1}$

k) $f(x) = 2x + \dfrac{1}{2x}$

l) $f(x) = \dfrac{1}{x} + \dfrac{x}{9}$

m) $f(x) = \dfrac{1}{x} + \dfrac{x}{9} + 2$

n) $f(x) = \dfrac{4}{x} + x + 5$

o) $f(x) = \dfrac{16}{x} + x$ $(x > 0)$

p) $f(x) = \dfrac{x^2}{(x-2)^2}$

q) $f(x) = e^{-x^2}$

r) $f(x) = \dfrac{x}{x^2+1}$

s) $f(x) = x - e^{-x}$

34. Dada a função custo $C(x) = 2x^3 - 6x^2 + 100x + 400$, esboce seu gráfico.

35. Dada a função custo $C(x) = 2x + 100$:
    a) obtenha o custo marginal;
    b) obtenha o custo médio;
    c) esboce os gráficos das funções obtidas em *a* e *b*.

36. Dada a função custo $C(x) = x^3 - 3x^2 + 10x$:
    a) obtenha o custo marginal;
    b) obtenha o custo médio;
    c) mostre que, no ponto de mínimo do custo médio, o custo marginal é igual ao custo médio.

37. Repita o exercício anterior com a seguinte função custo:
$$C(x) = 2x^3 - 12x^2 + 30x$$

5.5 MÁXIMOS E MÍNIMOS USANDO A SEGUNDA DERIVADA

Intuitivamente, podemos notar que quando um ponto c, interior ao domínio, é de máximo ou de mínimo, a tangente ao gráfico da função $f(x)$ correspondente é horizontal e, consequentemente $f'(c) = 0$ (desde que a função seja derivável no ponto).

Surge, porém, um problema: se soubermos que $f'(c) = 0$, como saber se c é ponto de máximo, de mínimo ou nem de máximo nem de mínimo?

Suponhamos que c_0 e c_1 sejam pontos de máximo e de mínimo, respectivamente (Figura 5.12).

Figura 5.12: Pontos de máximo e de mínimo

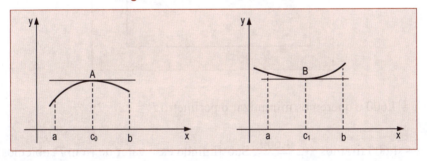

Sendo c_0 um ponto de máximo, então, nas vizinhanças de c_0, a função é côncava para baixo e, portanto, $f''(c_0) < 0$.

Analogamente, sendo c_1 um ponto de mínimo, então, nas vizinhanças de c_1, a função é côncava para cima e, portanto, $f''(c_1) > 0$.

Dessa forma, um ponto c tal que $f'(c) = 0$ pode ser classificado ponto de máximo ou de mínimo, de acordo com $f''(c) < 0$ ou ou $f''(c) > 0$, respectivamente.

Observemos que, se o domínio for o intervalo $[a, b]$, os pontos a e b (extremos do domínio) deverão ser analisados à parte. Na Figura 5.12 da esquerda, $x = a$ e $x = b$ são pontos de mínimo e, na da direita, são pontos de máximo. Assim, *o raciocínio pela derivada igual a zero é válido apenas para pontos interiores do domínio, isto é, que não sejam as extremidades do intervalo do domínio. Além disso, os pontos encontrados são de máximo ou mínimo relativos.*

EXEMPLO 5.10 Encontre os pontos de máximo e mínimo da função:

$$f(x) = \frac{x^3}{3} - \frac{5}{2}x^2 + 4x + 3$$

Temos que:

$$f'(x) = x^2 - 5x + 4$$

Impondo que $f'(x) = 0$, teremos:

$x^2 - 5x + 4 = 0$ cuja solução é $x = 1$ ou $x = 4$

Por outro lado, $f''(x) = 2x - 5$. Assim:

- $f''(1) = -3 < 0 \Rightarrow x = 1$ é ponto de máximo;
- $f''(4) = 3 > 0 \Rightarrow x = 4$ é ponto de mínimo.

EXEMPLO 5.11 Deseja-se construir um espaço de lazer, com formato retangular, e 1.600 m² de área. Quais as dimensões para que o perímetro seja mínimo?

Sejam x e y as dimensões do retângulo.

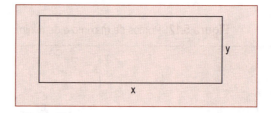

Temos $x \cdot y = 1.600$ e queremos minimizar o perímetro $P = 2x + 2y$.

De $xy = 1.600$ tiramos $y = \dfrac{1.600}{x}$. Substituindo esse valor de y em P, obtemos:

$$P = 2x + 2 \cdot \frac{1.600}{x} = 2x + \frac{3.200}{x}$$

Em resumo, queremos minimizar a função $P(x) = 2x + \dfrac{3.200}{x}$.
Assim:

$$P'(x) = 2 - \frac{3.200}{x^2}$$

Impondo que $P'(x) = 0$, teremos $2 - \dfrac{3.200}{x^2} = 0$, ou seja, $x^2 = 1.600$.

CAPÍTULO 5 Aplicações de derivadas

Logo, $x = 40$ ou $x = -40$ (a resposta negativa não convém, pois x, sendo comprimento do retângulo, é necessariamente positivo).

Para confirmarmos que $x = 40$ é efetivamente um ponto de mínimo, calculamos $P''(x)$:

$$P''(x) = \frac{6.400}{x^3} \text{ e } P''(40) = \frac{6.400}{40^3} > 0$$

Portanto, $x = 40$ é de fato ponto de mínimo.
Como $xy = 1.600 \Rightarrow 40y = 1.600$ e portanto $y = 40$.
Assim, as dimensões do retângulo são $x = 40$ m e $y = 40$ m.

PROBLEMAS

38. Obtenha os pontos de máximo ou de mínimo (quando existirem) das funções abaixo:

    a) $f(x) = x^2 - 4x + 5$

    b) $f(x) = 6x - x^2$

    c) $f(x) = \dfrac{x^3}{3} - \dfrac{7}{2}x^2 + 6x + 5$

    d) $f(x) = -\dfrac{x^3}{3} + 4x + 6$

    e) $f(x) = x + \dfrac{1}{x}$

    f) $f(x) = x \cdot \sqrt{x+2}$

39. Deseja-se construir uma piscina retangular com 900 m² de área. Quais as dimensões para que o perímetro seja mínimo?

40. Obtenha dois números cuja soma seja 100 e cujo produto seja máximo.

41. Um fabricante de conservas usa latas cilíndricas cujos volumes devem ser iguais a 500 cm³. Quais devem ser as dimensões (altura e raio das bases) mais econômicas das latas (isto é, aquelas que dão a menor área da superfície lateral)?

42. De todos os retângulos de perímetro igual a 100 m, qual o de área máxima?

43. Qual o número real positivo que, somado a seu inverso, dá o menor resultado possível?

44. Um homem deseja construir um galinheiro com formato retangular, usando como um dos lados uma parede de sua casa. Que dimensões devem ser utilizadas para que a área seja máxima, sabendo-se que ele pretende usar 20 m de cerca?

45. Com relação ao exercício anterior, se ele quisesse construir um galinheiro com área de 16 m², que dimensões utilizariam a menor quantidade de material para a cerca?

46. Em geral, as panelas de alumínio existentes no comércio têm formato cilíndrico (sem tampa) com uma altura h igual ao raio da base r. Mostre que, para uma panela de volume V, o menor consumo de material é obtido quando $h = r$.

47. Um reservatório de água tem base quadrada e formato de prisma reto com tampa. Seu volume é 10 m³ e o custo do material utilizado na construção é $ 100,00 por m². Quais as dimensões do reservatório que minimizam o custo do material utilizado na construção?

48. Resolva o exercício anterior supondo o reservatório sem tampa.

49. Uma caixa aberta é feita a partir de um pedaço quadrado de papelão, com 72 cm de lado. A caixa é construída removendo-se um pequeno quadrado de cada canto (os lados dos quadrado têm a mesma medida) e dobrando-se para cima as abas resultantes (ver figura abaixo). Quais as dimensões da caixa de volume máximo que pode ser construída?

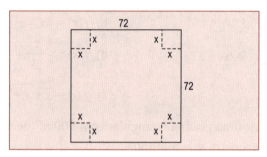

50. A receita mensal de vendas de um produto é $R(x) = 30x - x^2$ e seu custo é $C(x) = 20 + 4x$.
    a) Obtenha a quantidade x que maximiza o lucro.
    b) Mostre que, para o resultado obtido acima, o custo marginal é igual a receita marginal.

51. Suponha que a função receita seja $R(x) = 60x$ e a função custo seja $C(x) = 2x^3 - 12x^2 + 50x + 40$.
    a) Obtenha a quantidade x que deve ser vendida para maximizar o lucro.
    b) Mostre que, para o resultado obtido acima, o custo marginal é igual à receita marginal.

52. Resolva o exercício anterior supondo que a função receita seja $R(x) = -3x^2 + 50x$.

53. Prove que, se existe x tal que x seja interior ao domínio e o lucro seja máximo, então para esse valor de x a receita marginal é igual ao custo marginal (desde que ambos existam para este valor de x).

    Sugestão: considere a definição $L(x) = R(x) - C(x)$ e derive ambos os membros em relação a x.

CAPÍTULO 5 Aplicações de derivadas

54. A produção de bicicletas de uma empresa é de x unidades por mês, ao custo dado por $C(x) = 100 + 3x$. Se a equação de demanda for $p = 25 - \dfrac{x}{3}$, obtenha o número de unidades que devem ser produzidas e vendidas para maximizar o lucro.

55. O custo de produção de x unidades de um produto é $C(x) = ax^2 + bx + c$, em que $a > 0$, e o preço de venda é p. Obtenha o valor de x que maximiza o lucro.

56. Resolva o exercício anterior supondo que $p = \alpha - \beta \cdot x$.

57. O custo de uma firma é $C(x) = 0{,}1x^2 + 5x + 200$ e a equação de demanda é $p = 10 - \dfrac{x}{20}$. Determine x para que o lucro seja máximo.

58. O preço de venda por unidade de um produto é $P = 50$. Se o custo é $C(x) = 1.000 + 3x + 0{,}5x^2$ determine o ponto de máximo lucro.

59. Se a função receita de um produto for $R(x) = -2x^2 + 400x$, obtenha o valor de x que maximiza a receita.

60. A receita média de vendas de um produto é $R_{me}(x) = -4x + 600$. Obtenha o valor de x que maximiza a receita.

61. Se a equação de demanda de um produto é $p = 100 - 2x$, obtenha o valor de x que maximiza a receita.

62. Um grupo de artesãos fabrica pulseiras de um único tipo. A um preço de $ 100,00 por unidade, a quantidade vendida é 40 unidades por dia; se o preço por unidade é $ 80,00, a quantidade vendida é 60.
    a) Admitindo linear a curva de demanda, obtenha o preço que deve ser cobrado para maximizar a receita dos artesãos.
    b) Se os artesãos têm um custo fixo de $ 1.000,00 por dia e um custo por pulseira igual a $ 40,00, que preço devem cobrar para maximizar o lucro diário?

63. A equação de demanda de um produto é $p = 1.000 - x$ e seu custo mensal é $C(x) = 20x + 4.000$.
    a) Que preço deve ser cobrado para maximizar o lucro?
    b) Se, para cada unidade vendida, a empresa tiver de arcar com um imposto igual a $ 2,00, que preço deve ser cobrado para maximizar o lucro?

64. Dada a função custo $C(x) = \dfrac{1}{3}x^3 - 16x^2 + 160x + 2.000$,
    a) encontre o ponto de inflexão x_1 dessa função;
    b) mostre que o ponto de mínimo do custo marginal é x_1.

65. Deseja-se construir um prédio com m andares. O custo do terreno é $ 1.000.000,00 e o custo de cada andar é $25.000 + 1.000m$, em que m é o andar a ser construído ($m = 1, 2, 3, \ldots$). Quantos andares devem ser construídos para minimizar o custo médio por andar?

66. Em Microeconomia, a função utilidade de um consumidor é aquela que dá o grau de satisfação de um consumidor em função das quantidades consumidas de um ou mais produtos.

    A função utilidade de um consumidor é $U(x) = 10x \cdot e^{-0,1x}$, em que x é o número de garrafas de cerveja consumidas por mês. Quantas garrafas ele deve consumir por mês para maximizar sua utilidade (satisfação)?

67. A equação de demanda de um produto é $p = 30 - 5\ln x$.
    a) Ache a função receita $R(x)$.
    b) Ache o valor de x que maximiza a receita.
    c) Ache a receita marginal $Rmg(x)$ e mostre que a função receita é sempre decrescente mas nunca se anula.

68. Uma empresa opera em concorrência perfeita (o preço de venda é determinado pelo mercado, sem que a empresa tenha condições de alterar esse valor). O seu custo mensal marginal é $Cmg(x) = 3x^2 - 6x + 15$ e o preço de venda é $\$\,20{,}00$. Que produção mensal dá lucro máximo?

69. Uma empresa tem uma capacidade de produção de no máximo 200 unidades por semana. A função demanda do produto é $p = -0{,}2x + 900$ e o custo semanal é dado por $C(x) = 500 - 8x + x^2$. Que preço deve ser cobrado para maximizar o lucro semanal?

70. Um monopolista (único produtor de determinado produto) tem uma função custo mensal dada por $C(x) = 2x + 0{,}01x^2$. A função de demanda mensal pelo produto é $p = -0{,}05x + 400$. Que preço deve ser cobrado para maximizar o lucro, sabendo-se que:
    a) a capacidade máxima de produção é de 2 mil unidades por mês.
    b) a capacidade máxima de produção é de 4 mil unidades por mês.

71. A equação de demanda de um produto é $x = 200 - 2p$. Mostre que a receita é maximizada quando $\varepsilon = 1$, sendo que ε é a elasticidade da demanda em relação ao preço.

72. Quando o preço unitário de um produto é p, então x unidades são vendidas por mês. Sendo $R(x)$ a função receita, mostre que $\dfrac{dR}{dp} = x(1-\varepsilon)$, sendo que ε é a elasticidade da demanda em relação ao preço.

    Sugestão: considere a definição de receita $R = p \cdot x$ e derive ambos os membros em relação a p usando a regra da derivada do produto. Lembre-se que a elasticidade da demanda é dada por $\varepsilon = -\dfrac{p}{x} \cdot \dfrac{dx}{dp}$, sendo que o sinal negativo foi colocado para que o resultado seja positivo, pois $\dfrac{dx}{dp} < 0$.

CAPÍTULO 5 Aplicações de derivadas

73. **Modelo do lote econômico.** Uma empresa utiliza 5 mil unidades de determinada matéria-prima por ano, consumida de forma constante ao longo do tempo. A empresa estima que o custo para manter uma unidade em estoque seja $ 4,00 ao ano. Cada pedido para renovação de estoque custa $ 100,00.

   a) Qual o custo anual para manter, para pedir e o custo total de estoque, se o lote de cada pedido tiver 200 unidades? E 500 unidades? E 1.000 unidades?

   b) Que quantidade por lote minimiza o custo total anual de estoque?

   Resolução:

   O custo para manter estoque envolve, além dos custos de armazenagem, seguro, deterioração e obsolescência, o custo de empatar dinheiro em estoque (o dinheiro poderia, por exemplo, ser aplicado a juros).

   Por outro lado, como o consumo de matéria-prima ocorre de maneira constante ao longo do tempo, podemos admitir que o gráfico do estoque em função do tempo tem o aspecto da Figura 5.13, sendo x a quantidade do lote.

   Figura 5.13: Função estoque

   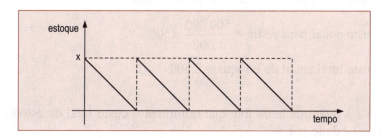

   Como o estoque inicia com x unidades e vai diminuindo até zero, concluímos que o estoque médio é $\frac{x}{2}$. Assim:

   - Custo anual para manter: $\frac{x}{2} \cdot 4 = 2x$;

   - Custo anual para pedir: $\frac{5.000}{x}(100) = \frac{500.000}{x}$;

   - Custo total anual de estoque = custo de manter + custo de pedir;

   - Custo total anual de estoque = $2x + \frac{500.000}{x}$.

a) Se $x = 200$, teremos:

- Custo anual para manter $= 2(200) = 400$;
- Custo anual para pedir $= \dfrac{500.000}{200} = 2.500$;
- Custo total anual de estoque $= 2.900$.

Se $x = 500$, teremos:

- Custo anual para manter $= 2(500) = 1.000$;
- Custo anual para pedir $= \dfrac{500.000}{500} = 1.000$;
- Custo total anual de estoque $= 2.000$.

Se $x = 1.000$, teremos:

- Custo anual para manter $= 2(1.000) = 2.000$;
- Custo anual para pedir $= \dfrac{500.000}{1.000} = 500$;
- Custo total anual de estoque $= 2.500$.

b) Seja x a quantidade do lote que minimiza o custo total de estoque. O custo total anual é dado por:

$$C(x) = 2x + \dfrac{500.000}{x}$$

Derivando $C(x)$ e igualando a zero, teremos:

$$C'(x) = 2 - \dfrac{500.000}{x^2} = 0$$

Logo, $2x^2 = 500.000$ e $x^2 = 250.000 \Rightarrow x = 500$ (a raiz negativa não faz sentido). Por outro lado:

$$C'(x) = \dfrac{1.000.000}{x^3} \quad \text{e} \quad C''(500) = \dfrac{1.000.000}{500^3} > 0$$

o que confirma ser $x = 500$ o lote que minimiza o custo total anual de estoque.

74. Uma empresa usa 8.000 componentes eletrônicos por ano empregados de forma constante ao longo do tempo. O custo para manter uma unidade em estoque é $ 1,00 por ano. Cada pedido de renovação de estoque custa $ 1.000,00.

   a) Obtenha o custo para manter, para pedir e o custo total anual de estoque para os seguintes lotes: 2.000, 6.000, e 8.000.

   b) Que quantidade por lote minimiza o custo total anual de estoque?

75. No modelo do lote econômico, seja A a quantidade anual consumida de um item, B o custo anual de manter uma unidade e C o custo de cada pedido. Mostre que o lote econômico (aquele que minimiza o custo total de estoque) é dado por:

$$x = \sqrt{\frac{2AC}{B}}$$

76. Com relação ao exercício anterior, mostre que, no lote econômico, o custo de manter é igual ao de pedir.

5.6 USO DO MATHEMATICA

Para determinarmos máximos e mínimos de funções de uma variável, podemos utilizar os comandos Solve e D. Vejamos um exemplo. Considere a função:

$$f(x) = x^3 - x; \quad -\infty < x < +\infty$$

a) Para encontrar os pontos para os quais $y = 0$, utilizamos

$$In[1]: = Solve[x \wedge 3 - x, x]$$

obtendo:

$$Out[1]: = x == -1 \quad\text{---}\quad x == 0 \quad\text{---}\quad x == 1$$

Ou seja, as raízes de $x^3 - x = 0$ são $x = -1$, $x = 0$ e $x = 1$.

b) Obtemos, a seguir, a derivada de $f(x)$ e resolvemos $f'(x) = 0$:

$$In[2]: = D[x \wedge 3 - x, x]$$

$$Out[2]: = -1 + 3\,x \wedge 2$$

$$In[3]: = Solve[-1 + 3\,x \wedge 2, x]$$

Out[3]: = $x == -(1/Sqrt[3])$ ——— $x == 1/Sqrt[3]$, $x == -0.57735$ ——— $x == 0.57735$ mostrando que os possíveis pontos de extremos são $-0,577$ e $0,577$. Como a segunda derivada de $f(x)$ é $6x$, vemos que $x = -0{,}577$ é ponto de máximo e $x = 0{,}577$ é ponto de mínimo. Como $f''(x) = 0$, implica $x = 0$, vemos que $x = 0$ é ponto de inflexão.

c) Finalmente, fazemos o gráfico de $f(x)$:

$$In[4]: = Plot[x \wedge 3 - x]$$

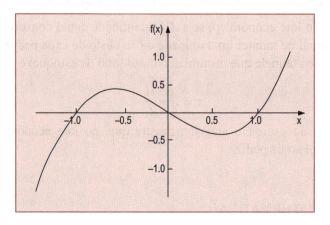

Outra maneira de proceder é usando os comandos Minimize e Maximize. Com esses comandos somente obtemos extremos globais.

$$In[5]: = Minimize\ [x \wedge 3 - x, -1 <= x <= 1, x]$$

$$Ou[5]: = -(2/(3\ Sqrt[3])),\ \{x -> 1/Sqrt[3]\}$$

$$In[6]: = Maximize[x \wedge 3 - x, -1 <= x <= 1, x]$$

$$Out[6]: = 2/(3\ Sqrt[3]),\ x -> -(1/Sqrt[3])$$

Note que, além do ponto de mínimo ou máximo, obtemos os correspondentes valores mínimo e máximo.

PROBLEMAS

Obtenha mínimos e máximos das funções dos exemplos a seguir, usando os comandos acima descritos:

77. Exemplo 5.6.

78. Exemplo 5.7.

79. Exemplo 5.8.

80. Exemplo 5.9.

6

INTEGRAIS

6.1 INTEGRAL INDEFINIDA

Dada uma função $f(x)$, chamamos primitiva dessa função a qualquer função $F(x)$ cuja derivada dá $f(x)$. Assim:

$F(x)$ é uma primitiva de $f(x)$ se $F'(x) = f(x)$

Por exemplo, uma primitiva da função $f(x) = 2x$ é $F(x) = x^2$ pois $F'(x) = 2x$.

Observemos que $F(x) = x^2$ não é a única primitiva de $f(x) = 2x$, porque se tomarmos, por exemplo, a função $F_1(x) = x^2 + 5$, ela também será uma primitiva pois $F_1'(x) = 2x$. É fácil perceber que qualquer função do tipo $F_1(x) = x^2 + c$ é uma primitiva de $f(x) = 2x$, em que c é uma constante qualquer, pois $F_1'(x) = 2x$.

Chamamos integral indefinida de $f(x)$, e indicamos pelo símbolo $\int f(x)\,dx$, a uma primitiva qualquer de $f(x)$ adicionada a uma constante arbitrária c. Assim

$$\int f(x)\,dx = F(x) + c$$

em que $F(x)$ é uma primitiva de $f(x)$, ou seja, $F'(x) = f(x)$.

Dessa forma, para o exemplo dado, temos:

$$\int 2x\,dx = x^2 + c$$

O procedimento de determinação da integral indefinida é chamado integração.

EXEMPLO 6.1

$$\int 3x^2 dx = x^3 + c, \text{ pois } (x^3)' = 3x^2$$

$$\int 5 dx = 5x + c, \text{ pois } (5x)' = 5$$

$$\int e^x dx = e^x + c, \text{ pois } (e^x)' = e^x$$

Usando os resultados do Capítulo 4, podemos obter as integrais indefinidas das principais funções, que decorrem imediatamente das respectivas regras de derivação.

I) $\int x^n dx = \dfrac{x^{n+1}}{n+1} + c$, para $n \neq -1$, pois a derivada de $\dfrac{x^{n+1}}{n+1}$ é x^n.

II) $\int \dfrac{1}{x} dx = \ln x + c$, para $x > 0$, pois a derivada de $\ln x$ é $\dfrac{1}{x}$.

Observemos que se $x < 0$, $\int \dfrac{1}{x} dx = \ln(-x) + c$. Assim, de um modo geral, podemos escrever:

$$\int \dfrac{1}{x} dx = \ln |x| + c$$

III) $\int e^x dx = e^x + c$, pois a derivada de e^x é e^x.

6.2 PROPRIEDADES OPERATÓRIAS

As integrais indefinidas apresentam as seguintes propriedades:

(P1) $\int [f_1(x) + f_2(x)] dx = \int f_1(x) dx + \int f_2(x) dx$

(P2) $\int [f_1(x) - f_2(x)] dx = \int f_1(x) dx - \int f_2(x) dx$

(P3) $\int c \cdot f(x) dx = c \cdot \int f(x) dx$

A propriedade (P1) decorre do fato de que:

$$\dfrac{d}{dx}\left\{\int f_1(x)dx + \int f_2(x)dx\right\} = \dfrac{d}{dx}\int f_1(x)dx + \dfrac{d}{dx}\int f_2(x)dx = f_1(x) + f_2(x)$$

A propriedade (P2) tem demonstração análoga à da (P1).
A propriedade (P3) decorre do fato de que:

$$\dfrac{d}{dx}[c \int f(x) dx] = c \cdot \dfrac{d}{dx}\int f(x) dx = c \cdot f(x)$$

EXEMPLO 6.2

a) $\int (x^2 - 2x + 5)\,dx = \int x^2 dx - 2\int x\,dx + 5\int dx = \dfrac{x^3}{3} - 2\dfrac{x^2}{2} + 5x + c$

b) $\int \left(\dfrac{x^3 + 8}{x}\right)dx = \int x^2 dx + 8\int \dfrac{1}{x}\,dx = \dfrac{x^3}{3} + 8\ln|x| + c$

PROBLEMAS

1. Obtenha as integrais indefinidas a seguir:

   a) $\int 2x^3 dx$
   b) $\int (x^2 + 3x)dx$
   c) $\int (x^2 - 3x)dx$
   d) $\int (5 - x)dx$
   e) $\int 5\,dx$
   f) $\int (3x^3 - 2x^2 + 8x - 6)dx$
   g) $\int \dfrac{5}{x}\,dx$
   h) $\int \left(x^2 + \dfrac{6}{x}\right)dx$
   i) $\int \left(x^2 + \dfrac{1}{x^2}\right)dx$
   j) $\int (x^{-3} + x^2 - 5x)dx$
   k) $\int \sqrt{x}\,dx$
   l) $\int 5\sqrt[3]{x}\,dx$
   m) $\int (\sqrt{x} + \sqrt[3]{x})\,dx$
   n) $\int \left(\dfrac{x^2 - 3x + 5}{x^2}\right)dx$
   o) $\int 5e^x dx$
   p) $\int 2e^x dx$
   q) $\int (3e^x + x^3)dx$

2. Mostre que $\int 2^x dx = \dfrac{2^x}{\ln 2} + c$.

3. Mostre que $\int \dfrac{2x}{x^2 + 3}\,dx = \ln(x^2 + 3) + c$.

4. Mostre que $\int e^{3x} dx = \dfrac{1}{3} e^{3x} + c$.

5. Sabendo-se que o custo marginal é $C_{mg}(x) = 0{,}08x + 3$ e que o custo fixo é $\$100{,}00$, obtenha a função custo.

Resolução:

Sabemos que $C_{mg}(x) = C'(x)$. Assim:

$$C(x) = \int C_{mg}(x)\,dx$$

Logo:
$$C(x) = \int (0{,}08x + 3)dx$$
$$C(x) = 0{,}08\,\frac{x^2}{2} + 3x + c$$
$$C(x) = 0{,}04x^2 + 3x + c$$

Como o custo fixo é $ 100,00, segue que $C(0) = c = 100 \Rightarrow c = 100$.
Portanto, a função custo é $C(x) = 0{,}04x^2 + 3x + 100$.

6. Sabendo-se que o custo marginal é $C_{mg}(x) = 0{,}1x + 5$ e que o custo fixo é $ 500,00, obtenha a função custo.

7. Sabendo-se que o custo marginal é $C_{mg}(x) = 2$ e que o custo fixo é igual a $ 200,00, obtenha a função custo.

8. Sabendo-se que o custo marginal é $C_{mg}(x) = 6x^2 - 6x + 20$ e que o custo fixo é $ 400,00, obtenha:
   a) a função custo;
   b) o custo médio para $x = 5$.

9. Repita o exercício anterior para a seguinte função custo marginal:
$$C_{mg}(x) = 4x^2 - 6x + 30$$

10. Sabendo-se que a receita marginal é $R_{mg}(x) = 50 - x$, obtenha a função receita.
    Lembre-se de que a receita marginal é a derivada da função receita e que para $x = 0$ a receita vale 0.

11. Sabendo-se que a receita marginal é $R_{mg}(x) = 20 - 2x$, obtenha:
    a) a função receita;
    b) a função receita média.

12. Sabendo-se que a receita marginal é $R_{mg}(x) = 100$, obtenha:
    a) a função receita;
    b) a função receita média.

13. Sabendo-se que o custo marginal é $C_{mg}(x) = 2$, a receita marginal é $R_{mg}(x) = 5$ e o custo fixo é $ 100,00, obtenha:
    a) a função lucro;
    b) o valor de x para o qual o lucro é nulo.

14. Sabendo-se que o custo marginal é 2 e a receita marginal é $R_{mg}(x) = 10 - 2x$, obtenha o valor de x que maximiza o lucro.

15. Se o custo marginal é $C_{mg}(x) = 0{,}08x + 4$, obtenha a função custo, sabendo-se que, quando são produzidas 10 unidades, o custo vale $ 70,00.

16. A produtividade marginal de um fator é $-2x + 40$ (x é a quantidade do fator). Obtenha a função de produção sabendo que quando $x = 10$, são produzidas 300 unidades do produto.
    Lembre-se de que a produtividade marginal é a derivada da função de produção.

17. A produtividade marginal de um fator é $10x^{-\frac{1}{2}}$. Obtenha a função de produção sabendo que, se $x = 0$, nenhuma unidade é produzida.

18. A propensão marginal a consumir é dada por $p_{mg}^{C}(y) = 0,8$, sendo que y é a renda disponível. Obtenha a função consumo sabendo que quando $y = 0$, o consumo é $ 100,00.

19. Com relação aos dados do exercício anterior, obtenha a função poupança.

20. A propensão marginal a consumir é dada por $p_{mg}^{C}(y) = \frac{1}{2}y^{-\frac{1}{2}}$.

    Sabendo que, quando $y = 0$, o consumo é 50, pede-se:
    a) a função consumo;
    b) a função poupança;
    c) a propensão marginal a poupar.

6.3 INTEGRAL DEFINIDA

Seja $f(x)$ uma função contínua em $[a,b]$ e $F(x)$ uma de suas primitivas. Portanto:

$$\int f(x)dx = F(x) + c$$

> Definimos a integral definida de $f(x)$ entre os limites a e b, como a diferença $F(b) - F(a)$, e indicamos simbolicamente:
>
> $$\int_{a}^{b} f(x)dx = F(b) - F(a)$$

A diferença $F(b) - F(a)$ também costuma ser indicada pelo símbolo $[F(x)]_{a}^{b}$.

Essa definição não depende da primitiva considerada, pois, se $G(x)$ for outra primitiva de $f(x)$, então a diferença entre $G(x)$ e $F(x)$ é uma constante; consequentemente $F(b) - F(a) = G(b) - G(a)$.

EXEMPLO 6.3 Vamos calcular a integral definida $\int_{2}^{5} x^2 dx$

Como $\int x^2 dx = \frac{x^3}{3} + c$, uma das primitivas da função dada é $\frac{x^3}{3}$, assim:

$$\int_{2}^{5} x^2 dx = \left[\frac{x^3}{3}\right]_{2}^{5} = \frac{5^3}{3} - \frac{2^3}{3} = \frac{117}{3}$$

Observemos que o resultado não se altera se tomarmos qualquer outra primitiva, pois a constante irá se cancelar.

EXEMPLO 6.4 Calculemos a integral definida $\int_1^2 \frac{1}{x}\, dx$. Temos:

$$\int_1^2 \frac{1}{x}\, dx = [\ln |x|]_1^2 = \ln 2 - \ln 1 = \ln 2$$

O significado geométrico da integral definida é dado a seguir.

Seja $f(x)$ uma função contínua e não negativa definida em um intervalo $[a, b]$. A integral definida $\int_a^b f(x)dx$ representa a área da região compreendida entre o gráfico de $f(x)$, o eixo x e as verticais que passam por a e b (Figura 6.1).

Figura 6.1: A área destacada representa a integral definida de $f(x)$ entre a e b

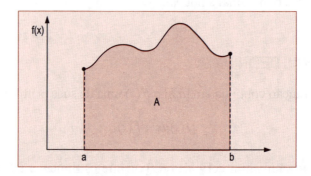

Assim, indicando por A a área destacada da Figura 6.1, teremos:

$$A = \int_a^b f(x)dx$$

A justificativa intuitiva para esse fato é dada a seguir (Figura 6.2).

Figura 6.2: Justificativa da integral definida

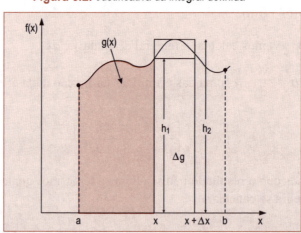

Para cada $x \in [a, b]$ consideremos uma função $g(x)$ que é igual a área sob $f(x)$ desde a até x; nessas condições, $g(a) = 0$ e $g(b) = A$.

Consideremos agora um acréscimo Δx dado a x e seja Δg o acréscimo sofrido pela área $g(x)$. Sejam os retângulos de base Δx e alturas h_1 e h_2 dados na Figura 6.2. Então temos

$$h_1 \cdot \Delta x < \Delta g < h_2 \cdot \Delta x$$

ou

$$h_1 \cdot < \frac{\Delta g}{\Delta x} < h_2$$

Quando $\Delta x \to 0$, tanto h_1 como h_2 têm por limite o valor de f no ponto x. Portanto:

$$\lim_{\Delta x \to 0} \frac{\Delta g}{\Delta x} = f(x)$$

ou seja, $g'(x) = f(x)$.

Logo, $g(x)$ é uma primitiva de $f(x)$ e $\int_a^b f(x)dx = g(b) - g(a)$.

Como $g(a) = 0$ e $g(b) = A$, segue-se que:

$$\int_a^b f(x)\, dx = A$$

EXEMPLO 6.5 Calculemos a área destacada abaixo.

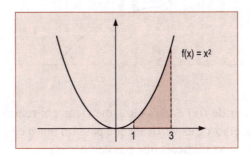

Temos:

$$A = \int_1^3 x^2 dx = \left[\frac{x^3}{3}\right]_1^3 = \frac{3^3}{3} - \frac{1^3}{3} = \frac{26}{3}$$

Caso $f(x)$ seja negativa no intervalo $[a, b]$, a área A da região delimitada pelo gráfico de $f(x)$, eixo x e as verticais que passam por a e por b, é dada por:

$$A = -\int_a^b f(dx)$$

Veja a Figura 6.3.

Figura 6.3: A área destacada é o oposto da integral definida

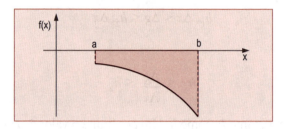

De fato, se considerarmos a função $h(x) = -f(x)$ definida no intervalo $[a, b]$, teremos o gráfico da Figura 6.4

Figura 6.4: Gráfico de $f(x)$ e $-f(x)$

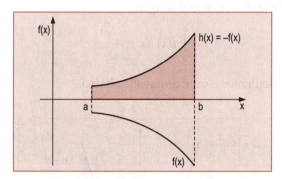

Como os gráficos de $f(x)$ e $h(x)$ são simétricos em relação ao eixo x, a área compreendida entre $h(x)$, eixo x e as verticais que passam por a e b, é igual à área compreendida entre $f(x)$, eixo x e as verticais que passam por a e b.

Logo, indicando por A a referida área, teremos:

$$A = \int_a^b h(x)dx = \int_a^b -f(x)dx = -\int_a^b f(x)dx$$

EXEMPLO 6.6 Calculemos a área destacada abaixo.

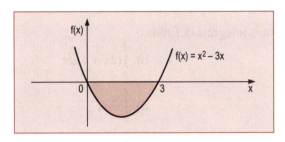

Temos:

$$\int_0^3 (x^2-3x)dx = \left[\frac{x^3}{3}-\frac{3x^2}{2}\right]_0^3 = \frac{3^3}{3}-\frac{3\cdot 3^2}{2} = -\frac{9}{2}$$

Logo, a área destacada A vale:

$$A = -(-\frac{9}{2}) = \frac{9}{2}$$

EXEMPLO 6.7 Calculemos a área destacada abaixo.

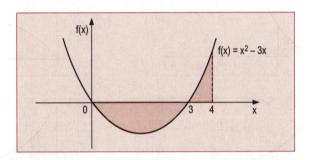

Chamando A_1 a área destacada quando $f(x)$ é negativa e A_2 quando $f(x)$ é positiva, teremos:

$$A_1 = -\int_0^3 (x^2-3x)dx = -\left[\frac{x^3}{3}-\frac{3x^2}{2}\right]_0^3 = \frac{9}{2}$$

$$A_2 = \int_3^4 (x^2-3x)dx = \left[\frac{x^3}{3}-\frac{3x^2}{2}\right]_3^4 = \frac{11}{6}$$

Logo, a área destacada vale:

$$A_1+A_2 = \frac{9}{2}+\frac{11}{6} = \frac{19}{3}$$

PROBLEMAS

21. Calcule as seguintes integrais definidas:

a) $\int_{1}^{4} 2x\,dx$

b) $\int_{0}^{3} (2x+1)\,dx$

c) $\int_{1}^{4} -3x\,dx$

d) $\int_{0}^{2} x^2\,dx$

e) $\int_{6}^{8} (x^2 - 6x)\,dx$

f) $\int_{0}^{5} (x^2 - 5x)\,dx$

g) $\int_{1}^{4} (x^2 - 3x + 2)\,dx$

h) $\int_{1}^{4} \left(\sqrt{x} + \dfrac{1}{\sqrt{x}}\right) dx$

i) $\int_{1}^{2} \left(\dfrac{x^3 - x^2 + 2}{x^2}\right) dx$

j) $\int_{0}^{3} e^x\,dx$

22. Obtenha as áreas destacadas:

a)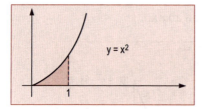

b)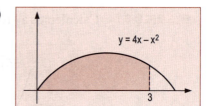

c)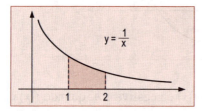

d)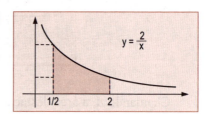

e)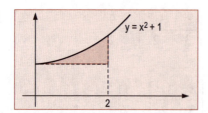

f)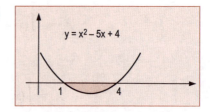

g)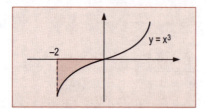

h)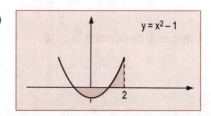

23. Calcule a área delimitada pelos gráficos das funções nos seguintes casos:
a) $f(x) = x$ e $g(x) = x^3$ (com $x > 0$)
b) $f(x) = 3x$ e $g(x) = x^2$
c) $f(x) = x^2$ e $g(x) = \sqrt{x}$

6.4 INTEGRAIS IMPRÓPRIAS

Suponhamos que um dos extremos de integração seja $+\infty$. Por exemplo, $\int_a^\infty f(x)dx$. Nesse caso, por definição,

$$\int_a^\infty f(x)dx = \lim_{k \to \infty} \int_a^k f(x)dx$$

desde que o limite exista e seja finito.

Suponhamos, por exemplo, $f(x) = \dfrac{1}{x^2}$. Então:

$$\int_2^\infty \frac{1}{x^2}\,dx = \lim_{k \to \infty} \int_2^k \frac{1}{x^2}\,dx$$

$$= \lim_{k \to \infty} \left[-\frac{1}{x}\right]_2^k$$

$$= \lim_{k \to \infty} \left[-\frac{1}{k} + \frac{1}{2}\right] = \frac{1}{2}$$

O significado dessa integral é a área sob o gráfico de $f(x)$ de 2 em diante (Figura 6.5).

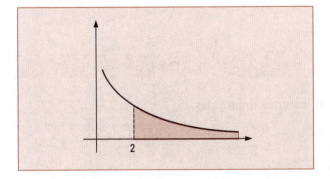

Figura 6.5: A área destacada representa a integral $\int_2^\infty \dfrac{1}{x^2}\,dx$

Analogamente, definem-se,

$$\int_{-\infty}^{b} f(x)dx = \lim_{k \to -\infty} \int_{k}^{b} f(x)dx$$

(desde que o limite seja finito)

$$\int_{-\infty}^{\infty} f(x)dx = \int_{-\infty}^{c} f(x)dx + \int_{c}^{\infty} f(x)dx$$

(desde que existam as integrais do segundo membro para o valor c considerado).

Esse conceito é bastante utilizado em Estatística, em que as probabilidades são calculadas como áreas sob o gráfico de uma função chamada *densidade de probabilidade*.

Dada uma variável contínua, as probabilidades a ela associadas são obtidas a partir de uma função $f(x)$ chamada *função densidade de probabilidade*, cujas características são:

i) $f(x) \geq 0$ para todo x.

ii) $\int_{-\infty}^{\infty} f(x)dx = 1$.

Por exemplo, pode-se verificar que a função

$$f(x) = \begin{cases} e^{-x}, \text{ se } x \geq 0 \\ 0, \text{ se } x < 0 \end{cases}$$

é uma função densidade de probabilidade.

A probabilidade de uma variável contínua estar entre dois valores a e b, com $a < b$, é dada pela integral $\int_{a}^{b} f(x)dx$. Assim, no exemplo dado, a probabilidade da variável estar entre 1 e 3 é dada por:

$$\int_{1}^{3} e^{-x}dx = [-e^{-x}]_{1}^{3} = -e^{-3} + e^{-1} = \frac{1}{e} - \frac{1}{e^3}$$

PROBLEMAS

24. Calcule as integrais impróprias:

a) $\int_{3}^{\infty} \frac{1}{x^2} dx$

b) $\int_{-\infty}^{-1} \frac{1}{x^2} dx$

c) $\int_{-\infty}^{1} e^{x} dx$

6.5 A INTEGRAL COMO LIMITE DE UMA SOMA

Consideremos a região destacada da Figura 6.6; a área ΔA desta região pode ser aproximada de três maneiras:

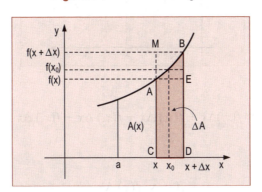

Figura 6.6: Área de uma região

a) pela área do retângulo ACDE:

$$\Delta A \approx f(x) \cdot \Delta x$$

b) pela área do retângulo MCDB:

$$\Delta A \approx f(x + \Delta x) \cdot \Delta x$$

c) pela área do retângulo de base CD e altura $f(x_0)$, em que x_0 é um ponto interior ao intervalo $[x, x + \Delta x]$:

$$\Delta A \approx f(x_0) \cdot \Delta x$$

Vimos também que a área sob o gráfico de $f(x)$, desde a até x, é dada por:

$$A(x) = \int_a^x f(x)dx$$

Podemos calcular a área da região limitada pelo gráfico de $f(x)$ e o eixo x, desde a até b, da seguinte forma: dividimos o intervalo $[a, b]$ em um certo número de subintervalos de amplitude Δx e obtemos a área desejada, aproximadamente, pela soma das áreas dos retângulos determinados. Para tanto, podemos usar o método descrito em (a). Consideremos, por exemplo, a região da Figura 6.7.

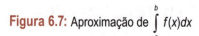

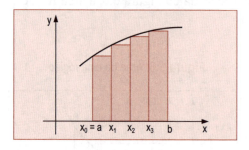

Temos

$$A \approx f(x_0)\Delta x + f(x_1) \Delta x + f(x_2) \Delta x + f(x_3) \Delta x$$

ou seja,

$$A \approx \sum_{i=0}^{n-1} f(x_i) \Delta x$$

em que consideramos intervalos de amplitudes iguais, isto é, $\Delta x = \dfrac{b-a}{4}$.

Genericamente, podemos tomar n pontos $x_0, x_1, x_2 \ldots x_{n-1}$ com $\Delta x = \dfrac{b-a}{n}$, de modo que a área A é dada por:

$$A \approx \sum_{i=0}^{n-1} f(x_i) \Delta x$$

Se, à medida que n cresce (isto é, Δx tende a zero), existir o limite

$$\lim_{n \to \infty} \sum_{i=0}^{n-1} f(x_i) \Delta x$$

dizemos que tal limite é igual à integral definida de $f(x)$, entre os extremos a e b. Ou seja:

$$A = \lim_{n \to \infty} \sum_{i=0}^{n-1} f(x_i)\Delta x = \int_a^b f(x)dx$$

EXEMPLO 6.8 Calculemos $\int_0^2 x^2 dx$ como o limite de uma soma.

Dividamos o intervalo [0,2] em n subintervalos de amplitudes iguais a $\Delta x = \dfrac{2}{n}$. A área em questão será aproximada pela soma:

$$\sum_{i=0}^{n-1} f(x_i)\Delta x = \sum_{i=0}^{n-1} x_i^2 \Delta x = \Delta x \sum_{i=0}^{n-1} x_i^2$$

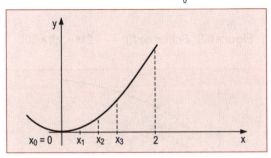

Figura 6.8: Cálculo de $\int_0^2 x^2 dx$

Mas (ver Figura 6.8):

$$x_0 = 0, x_1 = \Delta x, x_2 = 2\Delta x, ..., x_{n-1} = (n-1)\Delta x$$

Logo:

$$A \approx \Delta x \, [0^2 + (\Delta x)^2 + (2\Delta x)^2 + ... + ((n-1)\Delta x)^2]$$

Isto é:

$$A \approx (\Delta x)^3 + 4(\Delta x)^3 + ... + (n-1)^2 (\Delta x)^3 =$$

$$\left(\frac{2}{n}\right)^3 \left[1 + 4 + 9 + ... + (n-1)^2\right]$$

Como a soma entre colchetes dos quadrados dos primeiros $(n-1)$ números inteiros positivos pode ser expressa por $\dfrac{(n-1)n(2n-1)}{6}$, vem que:

$$A = \lim_{n \to \infty} \frac{8}{n^3} \cdot \frac{(n-1)n(2n-1)}{6} = \frac{4}{3} \lim_{n \to \infty} (1 - \frac{1}{n})(2 - \frac{1}{n}) = \frac{8}{3}$$

Observemos que $\int_0^2 x^2 dx = \left[\dfrac{x^3}{3}\right]_0^2 = \dfrac{8}{3}$, isto é, o exemplo mostrou a igualdade dos resultados, usando o limite e o cálculo de uma integral definida.

EXEMPLO 6.9 Uma mina produz mensalmente 500 toneladas de um certo minério. Estima-se que o processo extrativo dure 30 anos (360 meses) a partir de hoje e que o preço por tonelada do minério daqui a t meses seja $f(t) = -0,01t^2 + 10t + 300$ unidades monetárias. Qual a receita gerada pela mina ao longo dos 360 meses?

Se o preço por tonelada fosse constante ao longo dos 360 meses, a resolução seria imediata: bastaria multiplicar 500 pelo preço e o resultado por 360.

Todavia, o preço varia com o tempo; hoje o preço é $f(0) = 300$ e daqui a 24 meses será $f(24) = 534{,}24$. O gráfico do preço em função do tempo é dado pela Figura 6.9.

Figura 6.9: Gráfico de $f(t) = -0{,}01t^2 + 10t + 300$

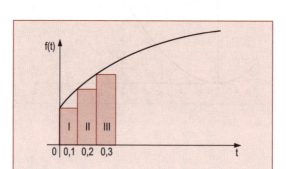

Tomemos o domínio [0, 360] e o dividamos em subintervalos de amplitude igual a 0,1. Isto é:

$$t_0 = 0;\ t_1 = 0{,}1;\ t_2 = 0{,}2;\ \ldots,\ t_{3.600} = 360$$

No subintervalo [0; 0,1] o preço varia de $f(0) = 300$ a $f(0, 1) \cong 301$. Admitamos, em primeira aproximação, que o preço se mantenha em 300. Nessas condições, a receita gerada nesse subintervalo será:

$$R_1 = 500 \cdot (0{,}1) \cdot 300 = 15.000$$

Notemos que $(0, 1) \cdot 300$ é a área destacada do retângulo I da Figura 6.9.

Analogamente, admitimos que no subintervalo [0, 1; 0, 2] o preço se mantenha em $f(0, 1) \cong 301$. Nessas condições, a receita gerada no intervalo de tempo desse subintervalo será:

$$R_2 = 500 \cdot (0, 1) \cdot 301 = 15.050$$

Notemos que $(0, 1) \cdot 301$ é a área destacada do retângulo II da Figura 6.9.

Prosseguindo desta forma, poderíamos calcular as receitas até $R_{3.600}$ e somá-las para obter aproximadamente o resultado procurado.

Entretanto, se subdividíssemos o intervalo [0; 360] em n subintervalos de amplitude $\Delta t = \dfrac{360}{n}$, a receita total seria:

$$R_T = 500 \cdot \Delta t \cdot f(0) + 500 \cdot \Delta t \cdot f\left(\frac{360}{n}\right) + 500 \cdot \Delta t \cdot f\left(2 \cdot \frac{360}{n}\right) + \ldots + 500 \cdot \Delta t \cdot f\left(n \cdot \frac{360}{n}\right)$$

$$= 500 \left[\Delta t \cdot f(0) + \Delta t \cdot f\left(\frac{360}{n}\right) + \Delta t \cdot f\left(2 \cdot \frac{360}{n}\right) + \ldots + \Delta t \cdot f\left(n \cdot \frac{360}{n}\right)\right]$$

Quando $n \to \infty$ e $\Delta t \to 0$ o limite da soma da expressão entre colchetes é a área sob o gráfico de $f(t)$ entre $t = 0$ e $t = 360$, ou seja, é igual a $\int_0^{360} f(t)dt$.
Assim:

$$R_T = 500 \int_0^{360} f(t)dt$$

Como

$$\int_0^{360} f(t)dt = \int_0^{360} (-0.01t^2 + 10t + 300)dt$$

$$= \left[-0.01 \frac{t^3}{3} + 5t^2 + 300t \right]_0^{360} = 600 \cdot 480$$

segue-se que:

$$R_T = 500(600 \cdot 480) = 300.240.000$$

6.6 O EXCEDENTE DO CONSUMIDOR E DO PRODUTOR

Consideremos uma curva de demanda e suponhamos que b e $f(b)$ sejam a quantidade e o preço de equilíbrio, respectivamente (Figura 6.10). Calculemos quanto os consumidores deixariam de gastar pelo fato do preço de equilíbrio ser $f(b)$.

Dividamos o intervalo $[0, b]$ em n subintervalos, cada qual com comprimento

$$\Delta x = \frac{b}{n}$$

Consideremos o primeiro subintervalo $[0, x_1]$. Se fossem adquiridas somente x_1 unidades e ao preço $f(x_1)$, o gasto dos consumidores teria sido $x_1 f(x_1) = \Delta x \cdot f(x_1)$. Se o preço agora fosse $f(x_2)$ as restantes unidades $x_2 - x_1 = \Delta x$ seriam vendidas e o gasto dos consumidores (nessa faixa) teria sido $\Delta x \cdot f(x_2)$.

Prosseguindo dessa forma até atingir o preço $f(b)$, o gasto total dos consumidores seria:

$$f(x_1) \cdot \Delta x + f(x_2) \cdot \Delta x + \ldots + f(x_n) \cdot \Delta x$$

Essa soma nada mais é do que o total das áreas dos retângulos destacados na Figura 6.10.

Figura 6.10: Área sob a curva de demanda

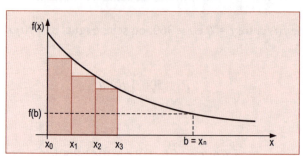

Assim, se $n \to \infty$ e $\Delta x \to 0$, o gasto dos consumidores seria:

$$\int_0^b f(x)dx$$

Como o preço de equilíbrio é $f(b)$, todos acabam pagando esse preço e com gasto igual a $b \cdot f(b)$.

Assim, o dinheiro que os consumidores deixaram de gastar nestas condições, chamado excedente do consumidor, é

$$\int_0^b f(x)dx - b \cdot f(b)$$

que é representado pela área da região destacada da Figura 6.11.

Figura 6.11: O excedente do consumidor

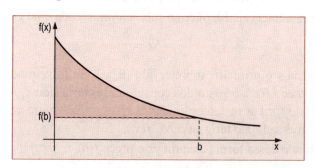

Analogamente, define-se *excedente do produtor* como a diferença entre o que ele recebe efetivamente pelo fato do preço de equilíbrio ser $f(b)$ e o que receberia caso o preço fosse inferior a $f(b)$. Graficamente, o excedente do produtor é a área da região destacada no gráfico da curva de oferta da Figura 6.12.

Figura 6.12: Excedente do produtor

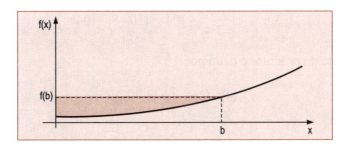

EXEMPLO 6.10 Dadas a função de demanda $f(x) = 30 - x$ e a função de oferta $f(x) = x^2 + 10$:

a) Qual o ponto de equilíbrio de mercado?

b) Qual o excedente do consumidor?

c) Qual o excedente do produtor?

Resolução:

a) $x^2 + 10 = 30 - x$

$x^2 + x - 20 = 0 \Rightarrow x = 4$ (a raiz negativa $x = -5$ não tem significado)

Assim, $f(4) = 26$, e o ponto de equilíbrio de mercado é $P(4,26)$, como indicado na Figura 6.13.

Figura 6.13: Excedente do consumidor e do produtor do Exemplo 6.10

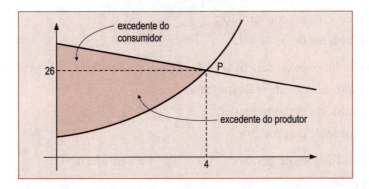

b) O excedente do consumidor é dado por

$$\int_0^4 (30 - x)dx - (4) \cdot (26)$$

ou seja:

$$\left[30x\right]_0^4 - \left[\frac{x^2}{2}\right]_0^4 - 104 = 120 - 8 - 104 = 8$$

c) O excedente do produtor é dado por

$$(4) \cdot (26) - \int_0^4 (x^2 + 10)\, dx$$

ou seja:

$$104 - \left[\frac{x^3}{3}\right]_0^4 - [10x]_0^4 = 104 - \frac{64}{3} - 40 = \frac{128}{3}$$

PROBLEMAS

25. Uma mina produz mensalmente 600 toneladas de certo minério. Estima-se que o processo extrativo dure 25 anos (300 meses) a partir de hoje e que o preço por tonelada do minério, daqui a t meses, seja $f(t) = -0.01t^2 + 12t + 400$. Qual a receita gerada pela mina ao longo dos 300 meses?

26. Resolva o exercício anterior admitindo que $f(t) = 400 + 20\sqrt{t}$.

27. Um poço de petróleo produz 800 toneladas de petróleo por mês e sua produção se esgotará daqui a 240 meses (20 anos). Daqui a t meses o preço por tonelada de petróleo é estimado em $f(t) = -0.01t^2 + 8t + 500$. Qual a receita gerada por esse poço até esgotar sua produção?

28. Dadas as funções de demanda $f(x) = 20 - 2x$ e a de oferta $f(x) = 5 + x$, pede-se:
    a) o ponto de equilíbrio de mercado;
    b) o excedente do consumidor;
    c) o excedente do produtor.

29. Dadas as funções de demanda $f(x) = 21 - x$ e a de oferta $f(x) = x^2 + 15$, pede-se:
    a) o ponto de equilíbrio de mercado;
    b) o excedente do consumidor;
    c) o excedente do produtor.

30. Dadas as funções de demanda $f(x) = 30 - x$ e a de oferta $f(x) = \frac{x^2}{5}$, pede-se:
    a) o ponto de equilíbrio de mercado;
    b) o excedente do consumidor;
    c) o excedente do produtor.

6.7 TÉCNICAS DE INTEGRAÇÃO

Nem sempre é possível obter a integral indefinida de uma função usando-se as fórmulas de integração das principais funções. Algumas vezes temos de recorrer a algumas técnicas específicas. Veremos a seguir as principais.

6.7.1 Integração por substituição

Esta técnica consiste em substituir a variável da função a ser integrada de modo a obtermos uma integral imediata, ou que seja mais simples de calcular.

A ideia baseia-se na relação

$$\int \left[f(u) \cdot \frac{du}{dx} \right] dx = \int f(u) du \qquad (6.1)$$

cuja justificativa é a seguinte: seja g uma primitiva de f.
Logo:

$$\frac{d}{du} g(u) = f(u) \text{ ou ainda } \int f(u) du = g(u) + c \qquad (6.2)$$

Admitindo u como função diferenciável em relação a x, segue-se pela derivada da função composta que

$$\frac{d}{dx}[g(u)] = \frac{d}{du}[g(u)] \frac{du}{dx} = f(u) \cdot \frac{du}{dx}$$

consequentemente:

$$\int \left[f(u) \cdot \frac{du}{dx} \right] dx = g(u) + c \qquad (6.3)$$

Das relações (6.2) e (6.3) segue que:

$$\int \left[f(u) \cdot \frac{du}{dx} \right] dx = \int f(u) du$$

EXEMPLO 6.11 Calculemos a seguinte integral $\int \frac{2x}{1+x^2} dx$.

Notemos inicialmente que não há uma fórmula imediata para o cálculo dessa integral. Entretanto, se fizermos $u = 1 + x^2$, teremos $\frac{du}{dx} = 2x$.

Assim, a integral pode ser escrita sob a forma $\int \left(\frac{1}{u} \cdot \frac{du}{dx} \right) dx$.

Que, pela relação (6.1) pode ser escrita como $\int \frac{1}{u} du$.
Portanto:

$$\int \frac{1}{u} du = \ln |u| + c$$

$= \ln |1 + x^2| + c = \ln (1 + x^2) + c$, pois $(1 + x^2)$ é sempre positivo.

Em resumo, a integral original vale:

$$\int \frac{2x}{1+x^2} dx = \ln(1+x^2) + c$$

Uma maneira prática, também frequentemente utilizada, consiste em se tratar a derivada $\frac{du}{dx}$ como uma fração. Assim, em nosso exemplo:

$$u = 1 + x^2$$

$$\frac{du}{dx} = 2x \text{ e } du = 2xdx$$

Substituindo esses valores na integral dada, obtemos:

$$\int \frac{2x}{1+x^2} dx = \int \frac{du}{u} = \ln|u| + c = \ln(1+x^2) + c$$

EXEMPLO 6.12 Calculemos a integral $\int (3x+4)^{10} dx$.

Notemos que não se trata de uma integral imediata.

Chamando $u = 3x + 4$, teremos $\frac{du}{dx} = 3 \Rightarrow dx = \frac{du}{3}$

$$\int (3x+4)^{10} dx = \int u^{10} \frac{du}{3} = \frac{1}{3} \int u^{10} du = \frac{1}{3} \frac{u^{11}}{11} + c = \frac{u^{11}}{33} + c$$

Portanto, a integral procurada vale $\frac{(3x+4)^{11}}{33} + c$.

PROBLEMAS

31. Calcule as seguintes integrais pelo método da substituição:

a) $\int \frac{dx}{4+3x}$

b) $\int \frac{dx}{5-x}$

c) $\int \frac{dx}{x \ln x}$ $(x > 0)$

d) $\int e^{2x} dx$

e) $\int e^{2x+3} dx$

f) $\int e^{5x-3} dx$

g) $\int \frac{x^2}{\sqrt{x^3+1}} dx$

h) $\int \frac{x}{\sqrt{x^2+1}} dx$

i) $\int \dfrac{\sqrt{1+\ln x}}{x} dx$

j) $\int (x^2 + 3)^4\, 2x\, dx$

k) $\int (3x^2 + 1)^3 x\, dx$

l) $\int \dfrac{4x}{2x^2 + 3} dx$

32. A taxa de variação da quantidade vendida V de um produto em relação aos gastos com propaganda x é:

$$V'(x) = \dfrac{20}{5+x}$$

Sabendo-se que, quando $x = 100$, $V = 80$, obtenha V em função de x.
Dado: $\ln 105 \cong 4{,}65$.

33. Calcule as integrais definidas:

a) $\displaystyle\int_0^1 \dfrac{e^x}{(1+e^x)^3} dx$

b) $\displaystyle\int_0^1 x\sqrt{x^2 + 1}\, dx$

6.7.2 Integração por partes

Sabemos que se $U(x)$ e $V(x)$ são funções deriváveis, então pela regra da derivada do produto:

$$[U(x) \cdot V(x)]' = U'(x) \cdot V(x) + U(x) \cdot V'(x)$$

Consequentemente:

$$U(x) \cdot V'(x) = [U(x) \cdot V(x)]' - U'(x) \cdot V(x)$$

Integrando ambos os membros, obtemos:

$$\int U(x) \cdot V'(x)\, dx = U(x) \cdot V(x) - \int U'(x) \cdot V(x)\, dx$$

que é chamada fórmula da integração por partes.

EXEMPLO 6.13 Calculemos a integral $\int x \cdot e^x\, dx$.
Notemos inicialmente que não se trata de uma integral imediata.
Se fizermos

$$U(x) = x \Rightarrow U'(x) = 1$$

$$V'(x) = e^x \Rightarrow V(x) = e$$

logo, pela fórmula da integração por partes:

$$\int x \cdot e^x\, dx = x \cdot e^x - \int 1 \cdot e^x\, dx = x \cdot e^x - e^x + c$$

EXEMPLO 6.14 Calculemos a integral $\int \ln x dx$.

Notemos inicialmente que não se trata de uma integral imediata.

Se fizermos:

$$U(x) = \ln x \Rightarrow U'(x) = \frac{1}{x}$$

$$V'(x) = 1 \Rightarrow V(x) = x$$

Logo, pela fórmula da integração por partes:

$$\int \ln x dx = x \cdot \ln x - \int 1 \cdot dx = x \cdot \ln x - x + c$$

PROBLEMAS

34. Calcule as integrais a seguir usando o método de integração por partes:
    a) $\int x \cdot \ln x dx$
    b) $\int x \cdot e^{-x} dx$
    c) $\int x^2 \cdot e^x dx$

6.8 NOÇÕES SOBRE EQUAÇÕES DIFERENCIAIS

Em diversas áreas do conhecimento, como Física, Engenharia, Economia e Biologia, certos fenômenos são expressos por relações envolvendo taxas de variação instantâneas; como essas taxas são dadas por derivadas, os fenômenos passam a ser expressos por equações envolvendo derivadas.

Uma *equação diferencial* (ED) é uma equação que relaciona alguma função $f(x)$ com suas derivadas.

EXEMPLO 6.15 São exemplos de ED:

a) $\dfrac{dy}{dx} + 10y = 0$;

b) $\dfrac{dy}{dx} = 4x^2$;

c) $xy' - 5y = 0$, em que y' é a derivada de y em relação a x;

d) $y'' - 2y' + 10y = 0$, em que y'' é a derivada segunda de y em relação a x;

e) $f'(x) + f(x) = x + 3$.

EXEMPLO 6.16 É razoável supor que a taxa de crescimento de uma população seja proporcional ao tamanho da população, N, num determinado instante, t. Assim, indicando por $\dfrac{dN}{dt}$ a taxa de crescimento da população em relação ao tempo, o modelo descrito pode ser expresso pela ED

$$\frac{dN}{dt} = k \cdot N \tag{6.4}$$

em que k é uma constante de proporcionalidade.

6.8.1 Solução de uma ED

Chama-se *solução* de uma ED qualquer função f que, substituída na ED, reduz a equação a uma identidade.

EXEMPLO 6.17 Considere a ED $f'(x) + 5f(x) = 0$ ou $y' + 5y = 0$.

A função $y = f(x) = e^{-5x}$ é *uma* solução da ED, pois $y' = \dfrac{dy}{dx} = -5e^{-5x}$ e, substituindo esse valor na ED, obtemos

$$-5e^{-5x} + 5(e^{-5x}) = 0$$

que é uma identidade.

É fácil ver que $y = 2e^{-5x}$ também é uma solução da ED e, de modo geral, $y = c \cdot e^{-5x}$ é uma solução da ED, sendo c uma constante real.

6.8.2 Solução particular

Consideremos a ED $\dfrac{dy}{dx} = 2x$. É fácil ver que a função $y = x^2 + c$ é solução dessa equação, para todo real c. Chamamos essa solução de *solução geral* da ED. Graficamente, a solução geral é constituída pela família de parábolas $y = x^2 + c$, com $c \in R$, que estão representadas na Figura 6.14, para alguns valores de c.

Figura 6.14: Gráfico de algumas soluções da equação $dy/dx = 2x$

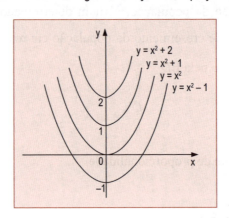

Se impusermos que a solução passe por determinado ponto, por exemplo (3, 4), obteremos uma *solução particular* da equação. Dizemos que $x = 3$ e $y = 4$ é uma *condição inicial* para essa solução particular.

Para determinarmos qual das funções satisfaz a condição inicial dada, basta fazermos $y = 4$ para $x = 3$ na solução geral $y = x^2 + c$, e obtemos $c = -5$, logo a solução particular procurada é $y = x^2 - 5$.

Existem vários métodos de resolução de uma ED, cada um aplicado a determinado tipo de equação. Trataremos aqui de um método: o da separação de variáveis.

6.8.3 Método da separação de variáveis

Basicamente, a técnica consiste no seguinte: para uma ED envolvendo as variáveis x e y, separamos de um lado da equação os termos envolvendo x, de outro, os termos envolvendo y (a derivada $\dfrac{dy}{dx}$ é considerada o quociente entre os valores Δy e Δx, bastante pequenos), e em seguida integramos os dois lados.

EXEMPLO 6.18 Consideremos a ED:

$$\frac{dy}{dx} = 10y$$

Separando as variáveis, teremos:

$$\frac{dy}{y} = 10 dx$$

Em seguida, integramos os dois membros, obtendo

$$\int \frac{dy}{y} = \int 10 dx$$

do que decorre

$$\ln|y| + c_1 = 10x + c_2$$

em que c_1 e c_2 são constantes arbitrárias. Ou então,

$$\ln|y| = 10x + c$$

em que chamamos $c = c_2 - c_1$. Segue-se que

$$|y| = e^{10x+c}$$

e, finalmente:

$$y = e^{10x+c} \text{ ou } y = -e^{10x+c}$$

EXEMPLO 6.19 Consideremos a ED $\dfrac{dy}{dx} = \dfrac{x}{y^2}$.

Separando as variáveis, temos:

$$y^2 dy = x dx$$

Integrando os dois membros,

$$\int y^2 dy = \int x dx$$

do que resulta

$$\frac{y^3}{3} + c_1 = \frac{x^2}{2} + c_2$$

ou ainda,

$$y^3 = \frac{3x^2}{2} + 3c$$

em que $c = c_2 - c_1$. Finalmente:

$$y = \left(\frac{3x^2}{2} + 3c\right)^{1/3}$$

PROBLEMAS

35. Verique que a função $y = \dfrac{1}{x} + c$ é solução da ED $\dfrac{dy}{dx} = \dfrac{1}{x^2}$, qualquer que seja o valor de c real.

36. Resolva o mesmo problema para $y = x^3 + 9$ e a ED $y' = 3x^2$.

37. Mostre que $y = e^{-x}$ é solução da ED $y' + y = 0$.

38. Mostre que a função $y = x^2$ é solução da ED $x^2 y'' - 2y = 0$.

39. Mostre que a função $y = A - Be^{-kt}$ é uma solução da ED $y' = k(A - y)$.

40. Verifique que a função $y = c \cdot e^{-8x}$ é solução geral da ED $y' + 8y = 0$.

    Determine a solução particular, sabendo que para $x = 0$, temos $y = 10$.

41. Obtenha a solução geral das seguintes ED usando o metodo da separação de variáveis:

    a) $\dfrac{dy}{dx} = 5x$

    b) $\dfrac{dy}{dx} = 3x^4 y^2$

    c) $\dfrac{dy}{dx} = \dfrac{e^x}{y^2}$

    d) $\dfrac{dy}{dx} = 8 + y$

    e) $\dfrac{dy}{dx} = 10(50 - y)$

6.9 USO DO MATHEMATICA

O Mathematica usa o comando Integrate para obter integrais indefinidas de funções de uma variável.

Por exemplo, se quisermos a integral indefinida de $y = senx$; temos

$$In[1]: = Integrate[Sen[x], x]$$

obtendo:

$$Out[1]: = -cos x$$

Podemos calcular integrais definidas também. Se quisermos a área da Figura 6.5, usamos

$$In[2]: = Integrate\ [1/x \wedge 2, \{x, 2, Infinity\}]$$

obtendo:

$$Out[2]: = 1/2$$

Podemos calcular integrais que exigem o uso de algum método de integração como no Exemplo 6.11 que usa o método de substituição

$$In[3]: = Integrate\ [2\ x/(1 + x \wedge 2), x]$$

obtendo o resultado:

$$Out[3]: = Log\ [1 + x \wedge 2]$$

Para provar que a função $f(x) = 2e^{-2x}$ é uma função densidade de probabilidade, calculamos

$$In[4]: = Integrate\ [2\ exp\ (-2x), \{x, 0, Infinity\}]$$

e obtemos como resultado

$$Out[4]: = 1$$

como deveria ser, pois uma densidade é uma função não negativa (como $f(x)$) e integra a unidade em seu domínio, $[0, +\infty)$:.

Por outro lado, se quisermos calcular a média de uma variável aleatória X com essa densidade, calculamos $E(X) = \int_0^\infty x 2e^{-2x}dx$, que sabemos ser igual a 1/2. Essa integral pode ser calculada com o método de integração por partes. Pelo Mathematica,

In[5]: = Integrate[2 x exp (–2x), {x, 0, Infinity},]

Out[5]: = 1/2

PROBLEMAS

Calcule, usando o comando Integrate, as integrais:

42. $\int \log_e(x)dx$.

43. $\int x^2 e^x dx$.

44. $\int (3x + 4)^{120} dx$.

45. $\int_0^5 \sqrt{x^2 - 2x + 5}\, dx$.

46. Mostre que $\int_{-\infty}^{\infty} \dfrac{1}{\sqrt{2\pi}} e^{-x^2/2}\, dx = 1$.

7

ESPAÇO N-DIMENSIONAL

7.1 INTRODUÇÃO

Frequentemente ocorrem situações nas quais interessam observações numéricas simultâneas de duas ou mais variáveis. Assim, observações simultâneas de duas variáveis podem ser representadas por pares ordenados; observações simultâneas de três variáveis podem ser representadas por triplas ordenadas, e assim por diante.

Além disso, é importante também a forma como essas variáveis se relacionam. Em tais casos é necessário introduzir uma nomenclatura adequada para descrever essas situações. É o que veremos a seguir.

7.2 O ESPAÇO BIDIMENSIONAL

Seja R o conjunto dos números reais. O conjunto formado por todos os pares ordenados de reais é chamado espaço bidimensional e é indicado por R × R ou, simplesmente, por R^2:

$$R^2 = \{(a, b) \mid a \in R \text{ e } b \in R\}$$

Assim, por exemplo, são elementos de R^2 os pares:

$$(3, 4); (-1, 2); \left(\frac{1}{2}, \frac{1}{2}\right); (0, \sqrt{2})$$

Figura 7.1: Representação geométrica
do par ordenado (a, b)

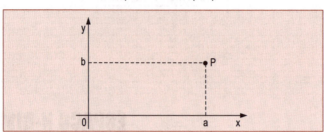

Geometricamente, um elemento (a, b) do R^2 pode ser representado no plano cartesiano, por um ponto de abscissa a e ordenada b (Figura 7.1).

7.3 RELAÇÕES EM R^2

Chama-se relação binária, ou simplesmente relação no R^2, a todo subconjunto de R^2.

EXEMPLO 7.1 Seja $A = \{(x, y) \in R^2 \mid y = 2x + 1\}$. A representação geométrica do conjunto A é uma reta (Figura 7.2).

Figura 7.2: Representação geométrica
da relação dada por $y = 2x + 1$

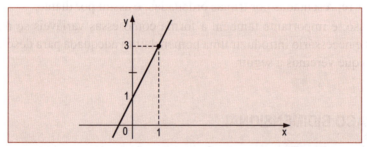

EXEMPLO 7.2 Seja $B = \{(x, y) \in R^2 \mid y \geq 2x + 1\}$. Então a representação geométrica do conjunto B é um semiplano situado "acima" da reta de equação $y = 2x + 1$ (Figura 7.3).

Figura 7.3: Representação geométrica da relação dada por $y \geq 2x + 1$

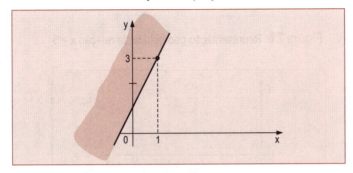

EXEMPLO 7.3 Seja $C = \{(x, y) \in R^2 \mid y < 2x + 1\}$. Então a representação geométrica do conjunto C é um semiplano situado "abaixo" da reta de equação $y = 2x + 1$ (Figura 7.4), excluindo a própria reta, que é indicada em linha tracejada.

Figura 7.4: Representação geométrica da relação dada por $y < 2x + 1$

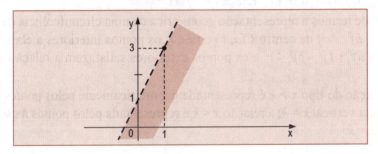

EXEMPLO 7.4 Considerando $D = \{(x, y) \in R^2 \mid x^2 + y^2 \leq 4\}$, a representação geométrica do conjunto D é um círculo com centro na origem e raio 2 (Figura 7.5).

Figura 7.5: Representação geométrica da relação dada por $x^2 + y^2 \leq 4$

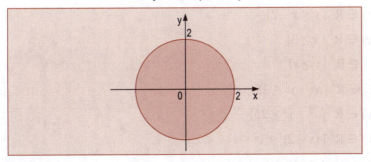

EXEMPLO 7.5 Seja $E = \{(x, y) \in R^2 \mid x > 3\}$. A representação geométrica desse conjunto é o semiplano situado à direita da reta vertical $x = 3$ (Figura 7.6).

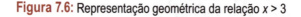

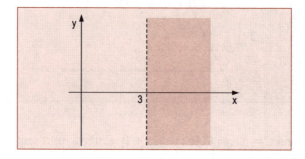

Observação:

Lembremos que, se tivermos no plano cartesiano a representação gráfica de uma função $y = f(x)$, os pontos que estão "acima" do gráfico satisfazem a relação $y > f(x)$ e os pontos "abaixo" do gráfico satisfazem a relação $y < f(x)$.

No caso de termos a representação geométrica de uma circunferência de equação $(x - a)^2 + (y - b)^2 = r^2$, de centro $C(a, b)$ e raio r, os pontos interiores a ela satisfazem a relação $(x - a)^2 + (y - b)^2 < r^2$ e os pontos exteriores satisfazem a relação $(x - a)^2 + (y - b)^2 > r^2$.

Uma relação do tipo $x > k$ é representada geometricamente pelos pontos do plano à direita da reta vertical $x = k$; a relação $x < k$ é representada pelos pontos à esquerda da reta vertical $x = k$.

PROBLEMAS

1. Esboce o gráfico de cada relação abaixo.
   a) $A = \{(x, y) \in R^2 \mid y = x - 2\}$
   b) $B = \{(x, y) \in R^2 \mid y \geq x - 2\}$
   c) $C = \{(x, y) \in R^2 \mid y < x - 2\}$
   d) $D = \{(x, y) \in R^2 \mid x \geq 3\}$
   e) $E = \{(x, y) \in R^2 \mid y \geq x\}$
   f) $F = \{(x, y) \in R^2 \mid x^2 + y^2 \leq 25\}$
   g) $G = \{(x, y) \in R^2 \mid x^2 + y^2 > 25\}$
   h) $H = \{(x, y) \in R^2 \mid (x - 2)^2 + y^2 < 1\}$
   i) $I = \{(x, y) \in R^2 \mid (x - 4)^2 + (y - 4)^2 \leq 1\}$

2. Obtenha os pontos do plano cartesiano que satisfazem simultaneamente as relações:
   (I) $y \geq x + 2$ e (II) $y \geq 2$.

   Resolução:

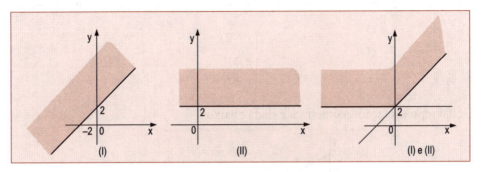

3. Obtenha os pontos do plano que satisfazem simultaneamente as relações: $x + y \geq 2$ e $-x + y \geq 2$.

4. Obtenha os pontos do plano que satisfazem simultaneamente as relações:
$$\begin{cases} x + y \leq 10 \\ x \leq 4 \\ y \leq 2 \\ x \geq 0 \\ y \geq 0 \end{cases}$$

5. Obtenha os pontos do plano que satisfazem simultaneamente as relações: $|x| \leq 3$ e $|y| \leq 2$.

6. Obtenha os pontos do plano que satisfazem simultaneamente as relações: $x^2 + y^2 \leq 9$ e $x + y \geq 3$.

7. Esboce o gráfico das relações a seguir.
   a) $A = \{(x, y) \in \mathbb{R}^2 \mid y \geq x^2\}$
   b) $B = \{(x, y) \in \mathbb{R}^2 \mid y \geq x^2 + 1\}$
   c) $C = \{(x, y) \in \mathbb{R}^2 \mid y \leq 1 - x^2\}$
   d) $D = \{(x, y) \in \mathbb{R}^2 \mid y \geq \dfrac{1}{x}$ e $x > 0\}$
   e) $E = \{(x, y) \in \mathbb{R}^2 \mid y \geq \dfrac{2}{x}$ e $x > 0\}$

8. Um consumidor tem uma verba de $ 30,00 que ele pretende alocar na compra de dois bens A e B com preços unitários de $ 1,00 e $ 2,00, respectivamente. Sejam x e y as quantidades consumidas de A e B. Represente graficamente os possíveis pares (x, y).

Resolução:

Admitindo que os produtos sejam divisíveis, x e y podem assumir quaisquer valores reais não negativos (pois são quantidades) desde que satisfaçam à restrição orçamentária $1 \cdot x + 2 \cdot y \leq 30$. Assim, x e y devem satisfazer simultaneamente as relações

$$\begin{cases} x + 2y \leq 30 \\ x \geq 0 \\ y \geq 0 \end{cases}$$

cuja representação geométrica é dada abaixo:

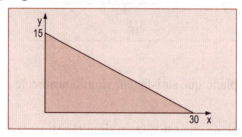

9. Um consumidor tem uma verba de $ 300,00 que irá alocar na compra de dois bens A e B com preços unitários de $ 2,00 e $ 4,00. Sejam x e y as quantidades consumidas de A e B. Represente graficamente os possíveis valores de x e y.

10. Uma empresa de informática produz dois modelos de impressora, I e J. O custo para produzir o modelo I é de $ 300,00 por unidade e para produzir o modelo J é de $ 400,00. Devido a restrições no orçamento a empresa pode gastar por semana no máximo $ 12.000,00. A capacidade de mão de obra da empresa permite fabricar no máximo 35 impressoras por semana. Sejam x e y as quantidades de I e J que podem ser produzidas por semana. Represente graficamente os possíveis valores de x e y. Admita, para simplificar, que x e y sejam valores reais satisfazendo as restrições.

11. Uma marcenaria produz mesas e cadeiras de um único modelo, utilizando dois insumos: trabalho e madeira. Para produzir uma mesa são necessários 5 homens-hora e para uma cadeira, 2 homens-hora. Cada mesa requer 10 unidades de madeira e cada cadeira, 5 unidades. Durante um determinado período, a marcenaria dispõe de 200 homens-hora e 450 unidades de madeira. Sejam x e y o número de mesas e cadeiras que podem respectivamente ser produzidas nessas condições, represente graficamente os possíveis valores de x e de y. Admita, para simplificar, que x e y sejam valores reais satisfazendo as restrições.

12. Suponha que existam, para um certo animal, dois tipos de ração: A e B. A ração A contém (por kg) 0,2 kg de proteína, 0,5 kg de carboidratos e 0,1 kg de gordura. A ração B contém (por kg) 0,25 kg de proteína, 0,4 kg de carboidratos e 0,25 kg de gorduras. Um animal requer, por semana, no mínimo 1,5 kg de proteína, 2 kg de

carboidratos e 1 kg de gorduras. Chamando x a quantidade (em kg) da ração A e y a da ração B necessárias por semana, represente graficamente os possíveis valores de x e y.

7.4 O ESPAÇO TRIDIMENSIONAL

Seja R o conjunto dos números reais. O conjunto formado por todas as triplas ordenadas de reais é chamado espaço tridimensional e é indicado por R × R × R ou simplesmente por R^3. Assim:

$$R^3 = \{(a, b, c) \mid a \in R, b \in R, c \in R\}$$

Por exemplo, são elementos de R^3 as triplas ordenadas:

$$(2, 4, 5), (3, -1, 3), \left(\frac{1}{2}, \frac{1}{3}, 0\right)$$

Geometricamente, um elemento (a, b, c) do R^3 pode ser representado por um ponto P de abscissa a, ordenada b e cota c, em um sistema de eixos Ox, Oy e Oz perpendiculares dois a dois. A cota c é a distância do ponto P em relação ao plano determinado pelos eixos Ox e Oy, precedida pelo sinal + se o ponto estiver "acima" do plano, e precedida pelo sinal − se estiver "abaixo" desse plano (Figura 7.7).

Figura 7.7: Representação geométrica de um ponto no espaço tridimensional

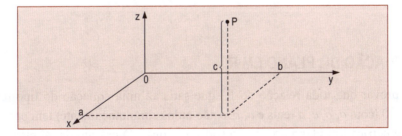

7.5 RELAÇÕES EM R^3

Chama-se relação em R^3 a todo subconjunto do R^3.

EXEMPLO 7.6 Se $A = \{(x, y, z) \mid x = 0\}$, a representação geométrica de A é o plano determinado pelos eixos Oy e Oz (Figura 7.8).

Figura 7.8: Representação tridimensional da relação x = 0

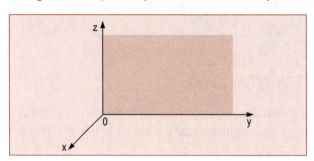

EXEMPLO 7.7 Se $B = \{(x, y, z) \mid z = 2\}$, a representação geométrica desse conjunto é o plano paralelo ao plano determinado por Ox e Oy e distante dele em duas unidades (Figura 7.9).

Figura 7.9: Representação tridimensional da relação z = 2

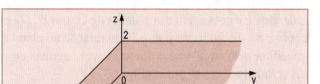

7.6 EQUAÇÃO DO PLANO EM R^3

Pode-se provar que toda relação do R^3 que satisfaz uma equação do tipo $ax + by + cz + d = 0$ (com a, b, c, d reais e a, b, c não nulos simultaneamente) tem por representação geométrica um plano no espaço tridimensional. O gráfico de tal plano pode ser obtido por meio de três pontos não alinhados.

Vamos, por exemplo, obter o gráfico do plano de equação:

$$2x + 3y + z - 6 = 0$$

Cada ponto do plano pode ser obtido atribuindo valores arbitrários a duas das variáveis e calculando o valor da outra pela equação.

Assim:

- para $x = 0$ e $y = 0$, teremos $z - 6 = 0$, ou seja, $z = 6$. O ponto obtido é $(0, 0, 6)$;

- para $x = 0$ e $z = 0$, teremos $3y - 6 = 0$, ou seja, $y = 2$. O ponto obtido é $(0, 2, 0)$;
- para $y = 0$ e $z = 0$, teremos $2x - 6 = 0$, ou seja, $x = 3$. O ponto obtido é $(3, 0, 0)$.

Portanto, o plano procurado é o que passa pelos pontos $(0, 0, 6)$, $(0, 2, 0)$ e $(3, 0, 0)$ e está representado na Figura 7.10.

Figura 7.10: Representação do plano $2x + 3y + z - 6 = 0$

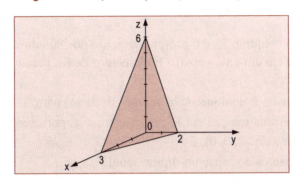

PROBLEMAS

13. Sejam Ox, Oy e Oz três eixos perpendiculares dois a dois, e sejam:
    - α: o plano determinado por Ox e Oy;
    - β: o plano determinado por Ox e Oz;
    - γ: o plano determinado por Oy e Oz.

    Assinale V se a afirmação for verdadeira e F se for falsa:
    a) $(2, 3, 0)$ é um ponto de α.
    b) $(2, 0, 3)$ é um ponto de β.
    c) $(0, 2, 3)$ é um ponto de γ.
    d) $(0, 0, 2)$ é um ponto do eixo Ox.
    e) $(0, 0, 4)$ é um ponto do eixo Oz.
    f) $(0, -2, 0)$ é um ponto do eixo Ox.
    g) $(0, -2, 0)$ é um ponto do eixo Oy.
    h) $(0, -2, 0)$ é um ponto do eixo Oz.

14. Esboce o gráfico de cada relação abaixo:
    a) $A = \{(x, y, z) \in R^3 \mid z = 3\}$
    b) $B = \{(x, y, z) \in R^3 \mid y = 2\}$
    c) $C = \{(x, y, z) \in R^3 \mid x = 2\}$
    d) $D = \{(x, y, z) \in R^3 \mid x = 0\}$
    e) $E = \{(x, y, z) \in R^3 \mid y = 0\}$

15. Esboce o gráfico dos seguintes planos:
    a) $x + y + z = 2$
    b) $2x + 3y + 4z - 12 = 0$
    c) $3x + 4y - z - 12 = 0$
    d) $x - y + z - 1 = 0$
    e) $x - y = 0$
    f) $x + y = 2$

7.7 O CONJUNTO R^n

Seja R o conjunto dos números reais. O conjunto formado pelas ênuplas (sequências de n elementos) de reais é chamado espaço n-dimensional e é indicado por R^n.

EXEMPLO 7.8

- $(3, 4, 2, 6)$ é um elemento de R^4
- $(2, 1, 6, 3, -5)$ é um elemento de R^5
- $(2, -3, 4)$ é um elemento de R^3

Em particular, o conjunto R^1 é o próprio conjunto dos números reais (representados geometricamente em um único eixo). Os elementos de R^n, para $n > 3$, não admitem representação geométrica.

Uma relação em R^n é qualquer subconjunto de R^n. Assim, o conjunto $A = \{(x, y, z, t) \in R^4 / t = 0\}$ é uma relação em R^4; pertencem a A, por exemplo, os elementos $(2, 3, 4, 0)$, $(9, 8, 7, 0)$ e $(2, -2, 0, 0)$.

Dados dois elementos do espaço n-dimensional $P_1(x_1, x_2, ..., x_n)$ e $P_2(y_1, y_2, ..., y_n)$ a distância entre eles é o número:

$$d = \sqrt{(y_1 - x_1)^2 + (y_2 - x_2)^2 + ... + (y_n - x_n)^2}$$

Em particular, se P_1 e P_2 forem elementos do plano cartesiano, a distância entre eles é o comprimento do segmento $\overline{P_1P_2}$; caso P_1 e P_2 sejam elementos do espaço tridimensional, a distância entre eles é também o comprimento do segmento $\overline{P_1P_2}$.

7.8 BOLA ABERTA, PONTO INTERIOR E PONTO DE FRONTEIRA

Seja C um elemento do espaço n-dimensional e r um número real positivo. Chama-se bola aberta de centro C e raio r ao conjunto dos elementos do espaço n-dimensional cuja distância até C é menor que r.

EXEMPLO 7.9
A bola aberta do R^2 de centro $C(4, 4)$ e raio 1 é o interior do círculo representado na Figura 7.11.

Figura 7.11: Bola aberta de centro (4, 4) e raio 1

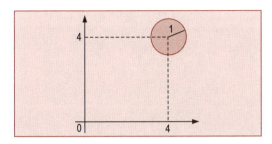

EXEMPLO 7.10 A bola aberta de R^3 de centro $C(2, 3, 4)$ e raio 1 é a região interior da esfera representada na Figura 7.12.

Figura 7.12: Bola aberta de centro (2, 3, 4) e raio 1

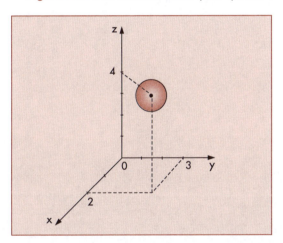

Seja A um subconjunto do espaço n-dimensional. Dizemos que um elemento P do espaço n-dimensional é ponto interior de A, se existir uma bola aberta com centro em P de modo que ela esteja contida em A. Um ponto de A, que não é interior, chama-se ponto de fronteira de A.

EXEMPLO 7.11 Consideremos o conjunto A dos elementos (x, y), do espaço bidimensional, tal que $y \geq 2$ (a representação geométrica é dada pelo semiplano acima da reta $y = 2$, incluindo a própria reta). Temos:

- o ponto $P(4, 4)$ é ponto interior de A;
- o ponto $P(3, 2)$ não é interior de A (é ponto de fronteira de A);
- os pontos da reta $y = 2$ são pontos de fronteira de A.

FUNÇÕES DE DUAS VARIÁVEIS

8.1 INTRODUÇÃO

Em muitas situações que ocorrem, quer no plano teórico, quer na prática, há necessidade de considerar diversas variáveis. É muito importante, nesses casos, tentar descrever quantitativamente a forma pela qual elas se relacionam. Uma das formas de expressar tal relacionamento é descrevendo como se comportam em função das outras; tal conceito é chamado função de várias variáveis. Neste capítulo estudaremos funções de duas variáveis, deixando para o Capítulo 11 o estudo de funções de três ou mais variáveis.

EXEMPLO 8.1 A demanda semanal de manteiga em um supermercado depende de certos fatores como seu preço unitário, preço unitário de bens substitutos (por exemplo, margarina), renda familiar, gostos pessoais etc.

Em uma primeira aproximação, suponhamos que a demanda por manteiga dependa de seu preço unitário p_1 e do preço unitário da margarina p_2. Dizemos então que a quantidade demandada q é função de p_1 e p_2 e escrevemos:

$$q = f(p_1, p_2)$$

Existem métodos que permitem obter empiricamente tal função a partir de observações. Tais métodos costumam ser estudados em Estatística. O que faremos, salvo menção em contrário, é utilizar essas funções, supostamente já obtidas por aqueles métodos.

EXEMPLO 8.2 A função de Cobb-Douglas.

A função de produção relaciona a quantidade produzida de algum bem em um certo intervalo de tempo com os insumos variáveis necessários a essa produção (trabalho, terra, capital etc.). Um modelo de função de produção muito utilizado foi introduzido pelo economista Paul Douglas e pelo matemático Charles Cobb, ambos norte-americanos, em seus estudos sobre a repartição da renda entre o capital e o trabalho no início do século XX. A expressão da referida função é

$$P = f(L, K) = A.K^{\alpha}.L^{1-\alpha}$$

em que:
- P é quantidade produzida;
- K é o capital empregado;
- L é a quantidade de trabalho envolvido.

A constante A depende da tecnologia utilizada e α é um parâmetro que varia de 0 a 1.

8.2 FUNÇÕES DE DUAS VARIÁVEIS

Seja D um subconjunto do R^2. Chama-se função de D em R toda relação que associa, a cada par ordenado (x, y) pertencente a D, um único número real indicado por $f(x, y)$. O conjunto D é chamado *domínio* da função e $f(x, y)$ é chamado *imagem* de (x, y) ou valor de f em (x, y).

EXEMPLO 8.3 Seja $D = R^2$ e $f(x, y) = x^2 + y^2$. Tal função associa, a cada par de números reais, a soma de seus quadrados. Assim, por exemplo:

$$f(2, 3) = 2^2 + 3^2 = 13$$
$$f(1, -2) = 1^2 + (-2)^2 = 5$$

É fácil perceber que as imagens dessa função são números reais não negativos.

EXEMPLO 8.4 Sejam:
- q: a quantidade semanal demandada de manteiga em um supermercado (em kg);
- x: o preço por kg de manteiga;
- y: o preço por kg de margarina.

Suponhamos que $q = 100 - 2x + 1y$. Temos, assim, uma função de duas variáveis em que $f(x, y) = q$ e o domínio da função é $D = \{(x, y) \in R^2 \mid x \geq 0, y \geq 0 \text{ e } 100 - 2x + 1y \geq 0\}$, pois não é possível termos preços ou quantidades negativas. Assim, por exemplo,

$$f(10, 8) = 100 - 20 + 8 = 88$$

isto é, se o preço por quilo de manteiga for $ 10,00 e o da margarina for $ 8,00, a quantidade semanal demandada de manteiga será de 88 kg.

Observação: quando não for especificado o domínio de uma função, convenciona-se que ele é o mais amplo subconjunto de R^2, de modo que a imagem $f(x, y)$ seja um número real; além disso, se a função for decorrente de uma situação prática os valores de x e y devem assumir valores compatíveis com as características das variáveis consideradas (por exemplo, se x e y forem quantidades, não podem ser negativas).

Assim, por exemplo, para a função $f(x, y) = \sqrt{y - x}$, convenciona-se que o domínio é o conjunto $D = \{(x, y) \in R^2 / y - x \geq 0\}$.

Para a função $f(x, y) = \dfrac{x^2}{2x - y}$, convenciona-se que o domínio é o conjunto

$$D = \{(x, y) \in R^2 / 2x - y \neq 0\}$$

PROBLEMAS

1. Considere a função dada por $f(x, y) = \dfrac{2x + y}{y}$. Calcule:

   a) $f(1, 1)$
   b) $f(0, 3)$
   c) $f(-6, 6)$
   d) $f(8, 9)$
   e) $f(a, a)\ (a \neq 0)$
   f) $f(0, 3) + f(5, 5)$
   g) $\dfrac{f(0,2)}{f(1,6)}$
   h) $f(3 + \Delta x, 4) - f(3, 4)$
   i) $f(3, 4 + \Delta y) - f(3, 4)$

2. Considere a função $f(x, y) = x + y$. Para que valores de x e y tem-se $f(x, y) = 2$? Represente graficamente a resposta.

3. Considere a função $f(x, y) = 2^{x+y}$. Para que valores de x e y tem-se $f(x, y) = 1$? Represente graficamente a resposta.

4. Dada a função $f(x, y) = x \cdot y$, represente graficamente os pontos (x, y) para os quais $f(x, y) = 1$.

5. Uma loja vende apenas dois produtos, o primeiro a $ 500,00 a unidade e o segundo a $ 600,00 a unidade. Sejam x e y as quantidades vendidas dos dois produtos.
   a) Qual a expressão da receita de vendas?
   b) Qual o valor da receita se forem vendidas 10 unidades do primeiro produto e 15 do segundo?
   c) Represente graficamente os pontos (x, y) para os quais a receita é $ 300.000,00.

6. Sejam x e y as quantidades vendidas de dois produtos cujos preços unitários são $ 100,00 e $ 300,00, respectivamente.
   a) Determine a função receita $R(x)$.
   b) Calcule $R(2, 4)$.
   c) Represente graficamente os pontos (x, y) para os quais a receita vale $ 12.000,00.

7. Seja $C(x, y) = 100 + 2x + 3y$ a função custo conjunto para fabricar x unidades de um produto I e y unidades de um produto II.

   a) Qual o custo de fabricação de 10 unidades de I e 20 unidades de II?
   b) Qual o custo fixo?
   c) Qual a variação do custo quando se aumenta em 5 unidades a fabricação do produto I e em 6 unidades a do produto II, a partir da situação do item (a)?
   d) Represente graficamente os pontos (x, y) para os quais o custo é $ 300,00.

8. Em Economia, chama-se *utilidade de um consumidor* ao grau de satisfação que este adquire ao consumir um ou mais bens ou serviços. Suponhamos que um consumidor tenha a seguinte função utilidade:

$$U(x_1, x_2) = x_1 \cdot x_2$$

em que x_1 é a quantidade consumida do bem I e x_2 a quantidade consumida do bem II.

Suponha que, no início, ele consuma 4 unidades de I e 6 unidades de II.

   a) Se o consumidor diminuir o consumo do produto I para 3 unidades, qual deve ser o consumo de II para manter o mesmo nível de satisfação?
   b) Se o consumidor aumentar o consumo do produto I para 12 unidades, qual deve ser o consumo de II para manter o mesmo nível de satisfação?
   c) Supondo que os bens I e II sejam vendidos em quantidades inteiras, quais as possíveis combinações que o consumidor poderá fazer para manter o nível de satisfação do início?

9. Um consumidor tem a seguinte função utilidade: $U(x, x) = x^2 \cdot y$ em que x e y são as quantidades consumidas de dois produtos A e B respectivamente. Considere os pares (x, y) de consumo:

   (I) : (6, 0)   (II) : (3, 4)   (III) : (5, 8)

   Coloque em ordem crescente de preferência estes pares.

10. As preferências de um consumidor ao consumir maçãs e bananas são tais que sua função utilidade é $U(x, x) = ax + by$, em que x é a quantidade consumida de maçãs e y a de bananas. Sabendo-se que o consumidor está sempre disposto a trocar duas bananas por uma maçã, mantendo o mesmo grau de satisfação, obtenha a relação entre a e b.

11. Uma firma opera segundo a função de produção $P(K, L) = 2 \cdot K^{0,75} \cdot L^{0,25}$, sendo que:

    - P é a quantidade produzida por dia (em unidades);
    - K é o número de máquinas empregadas;
    - L é o número de homens-hora empregados.

    a) Qual a quantidade produzida por dia se forem empregadas 16 máquinas e 256 homens-hora?

b) Qual a produção se $K = 0$?

c) Se K é mantido constante em 16 unidades, mostre que P aumenta com L a taxas decrescentes.

12. Seja $P(x, y) = m \cdot x^{0,2} \cdot y^{0,8}$ uma função de produção. Calcule m sabendo-se que, quando são usadas as quantidades $x = 32$ e $y = 256$ dos insumos, são produzidas 100 unidades do produto.

13. As equações de demanda de dois produtos A e B são
$$p = 50 - 2x \ (A) \text{ e}$$
$$q = k - y \ (B)$$
em que p e q são os preços unitários e x e y as respectivas quantidades. Calcule k de modo que a receita seja $ 2.000,00 quando são vendidas 6 unidades de A e 2 unidades de B.

14. Uma empresa fabrica um produto em duas fábricas, I e II. As funções custo em cada fábrica são $C_1(x) = 500 + 10x$ em (I) e $C_2(y) = 600 + 8y$ em (II), em que x e y são as quantidades produzidas em cada fábrica. Obtenha a função lucro $L(x, y)$, sabendo que o preço de venda do produto é $ 12,00.

15. As funções de custo de dois duopolistas são dadas por $C(x) = 3x$ e $C(y) = \frac{1}{2}y^2$, em que x e y são as quantidades. A equação de demanda pelo produto da indústria (conjunto das duas firmas) é $p = 200 - x - y$. Qual a função lucro $L(x, y)$ da indústria?

16. Dispõe-se de uma quantidade total 36 de mão de obra para fabricar dois produtos cujas quantidades são x e y. Cada um desses produtos emprega mão de obra de acordo com as funções de produção: $x = 2\sqrt{L_1}$ e $y = 3\sqrt{L_2}$, em que L_1 e L_2 indicam as quantidades de mão de obra destinadas à fabricação de cada produto.

a) Obtenha o conjunto das possibilidades de produção (os valores possíveis para x e y).

b) Obtenha a equação da curva de transformação.

Resolução:

a) As possibilidades de produção são os pares (x, y) tais que:

$$x = 2\sqrt{L_1} \qquad (1)$$
$$y = 3\sqrt{L_2} \qquad (2)$$
$$L_1 + L_2 \leq 36 \qquad (3)$$
$$L_1 \geq 0 \text{ e } L_2 \geq 0 \qquad (4)$$

De (1) obtemos,
$$\frac{x^2}{4} = L_1$$

De (2) obtemos:

$$\frac{y^2}{9} = L_2$$

Substituindo em (3) temos,

$$\frac{x^2}{4} + \frac{y^2}{9} \leq 36 \text{ ou então } \frac{x^2}{144} + \frac{y^2}{324} \leq 1, \text{ com } x \geq 0 \text{ e } y \geq 0$$

que é o conjunto dos possíveis valores de x e y. Observemos que o gráfico dessa relação é a superfície elíptica da Figura 8.1.

b) A curva de transformação é constituída dos pontos de fronteira da relação obtida em (a) e, portanto, é dada pela equação $\frac{x^2}{144} + \frac{y^2}{324} = 1$ (cujo gráfico é o arco de elipse da Figura 8.1).

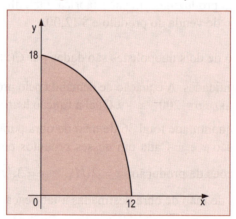

Figura 8.1: Domínio de x e y

17. Dispõe-se de uma quantidade de mão de obra igual a 1.000 para fabricar dois produtos cujas quantidades x e y são dadas pela função de produção

$$x = 3T_1^{1/2} \text{ e } y = 3T_2^{1/2}$$

em que T_1 e T_2 são as quantidades de mão de obra necessárias para a fabricação de cada produto.
   a) Obtenha a equação do conjunto das possibilidades de produção.
   b) Obtenha a equação da curva de transformação.

18. Ache o domínio de cada uma das seguintes funções e represente-os graficamente:
   a) $f(x, y) = \sqrt{x + y - 2}$
   b) $f(x, y) = \sqrt{y - x^2}$
   c) $f(x, y) = \dfrac{1}{x + y - 2}$
   d) $f(x, y) = \sqrt{x^2 + y^2 - 16}$
   e) $f(x, y) = \dfrac{1}{\sqrt{x - y}}$
   f) $f(x, y) = \sqrt{y - x} + \sqrt{y - 2}$

g) $f(x, y) = \sqrt{xy}$

h) $f(x, y) = \log(x - y - 2)$

i) $f(x, y) = \ln(x^2 - y - 1)$

j) $f(x, y) = \ln(y - x^3)$

8.3 GRÁFICOS DE FUNÇÕES DE DUAS VARIÁVEIS

Vimos no estudo de funções de uma variável, que seu gráfico era o conjunto

$$\{(x, y) \in \mathbb{R}^2 \mid y = f(x) \text{ e } x \in D\}$$

Portanto, a representação gráfica era feita no plano cartesiano (Figura 8.2).

Figura 8.2: Representação gráfica de função de uma variável

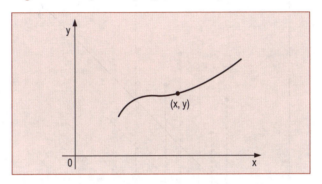

De modo totalmente análogo, definimos gráfico de uma função de duas variáveis. Seja $f(x, y)$ uma função de duas variáveis x e y. O gráfico da função é o conjunto:

$$\{(x, y, z) \in \mathbb{R}^3 \mid z = f(x, y) \text{ e } (x, y) \in D\}$$

Portanto, o gráfico de $f(x, y)$ será representado no espaço tridimensional, de tal forma que, a cada par (x, y) do domínio, corresponda um número real $z = f(x, y)$, que é a imagem da função, como mostra a Figura 8.3.

Figura 8.3: Gráfico de funções de duas variáveis

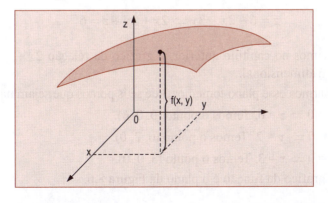

EXEMPLO 8.5 Determinemos o gráfico da função $f(x, y) = x + y$, cujo domínio é dado por:

$$D = \{(0, 0), (1, 0), (2, 0), (0, 1), (1, 1), (2, 1), (0, 2), (1, 2), (2, 2)\}$$

Temos:

$f(0, 0) = 0,$ $f(0, 1) = 1,$ $f(0, 2) = 2,$
$f(1, 0) = 1,$ $f(1, 1) = 2,$ $f(1, 2) = 3,$
$f(2, 0) = 2$ $f(2, 1) = 3,$ $f(2, 2) = 4$

E o gráfico está apresentado na Figura 8.4.

Figura 8.4: Gráfico da função $f(x, y) = x + y$ do Exemplo 8.5

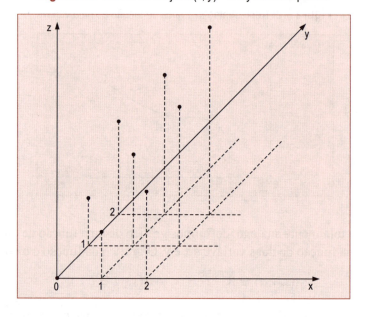

EXEMPLO 8.6 Consideremos a função constante $f(x, y) = 4$. Nesse caso, como $z = 4$ o gráfico é o da Figura 8.5.

EXEMPLO 8.7 Consideremos a função $f(x, y) = 6 - 2x - 3y$. Temos:

$$z = 6 - 2x - 3y \Rightarrow 2x + 3y + z = 6$$

Conforme vimos no capítulo anterior, o gráfico da relação $2x + 3y + z = 6$ é um plano no espaço tridimensional.

Para desenharmos esse plano tomemos 3 de seus pontos que sejam não alinhados.
- Para $x = 0$ e $y = 0 \Rightarrow z = 6$. Temos o ponto $(0, 0, 6)$.
- Para $x = 0$ e $z = 0 \Rightarrow y = 2$. Temos o ponto $(0, 2, 0)$.
- Para $y = 0$ e $z = 0 \Rightarrow x = 3$. Temos o ponto $(3, 0, 0)$.

Portanto, o gráfico da função é o plano da Figura 8.6.

Figura 8.5: Gráfico da função $f(x, y) = 4$

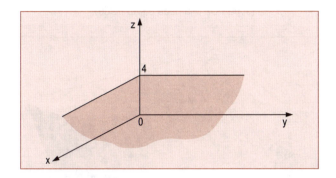

Figura 8.6: Gráfico da função $f(x, y) = 6 - 2x - 3y$

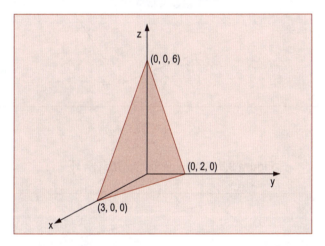

De modo geral, a obtenção do gráfico de uma função de duas variáveis só é um problema simples em algumas situações particulares, como as que acabamos de ver. Existem *softwares* que elaboram gráficos tridimensionais para valores determinados de x, y e z como o Maple e o Mathematica.

Vamos ilustrar os gráficos das funções abaixo com o Mathematica.

- Na Figura 8.7 temos o gráfico da função $f(x, y) = x^2 + y^2$ para $-5 \leq x \leq 5$ e $-5 \leq y \leq 5$.

- Na Figura 8.8 temos o gráfico da função $f(x, y) = xy$ para $-5 \leq x \leq 5$ e $-5 \leq y \leq 5$.

- Na Figura 8.9 temos o gráfico da função de Cobb Douglas $f(x, y) = x^{\frac{1}{2}} y^{\frac{1}{2}}$ para $0 \leq x \leq 25$ e $0 \leq y \leq 25$.

- Na Figura 8.10 temos o gráfico da função $f(x, y) = \dfrac{1}{x^2 + y^2 + 2}$ para $-5 \leq x \leq 5$ e $-5 \leq y \leq 5$.

Figura 8.7: Gráfico da função $f(x, y) = x^2 + y^2$
(superfície chamada paraboloide)

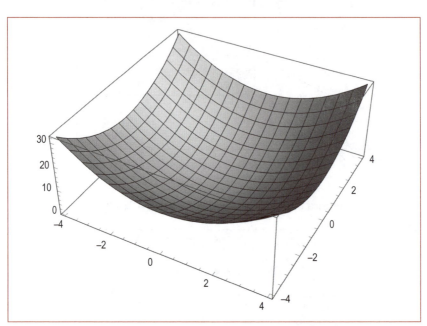

Figura 8.8: Gráfico da função $f(x, y) = xy$

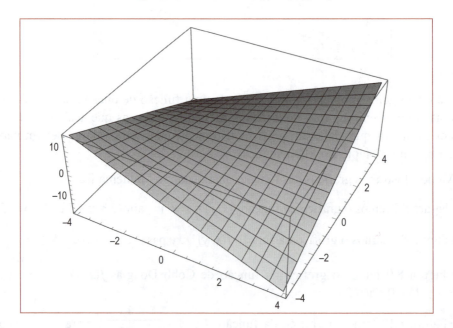

Figura 8.9: Gráfico da função $f(x, y) = x^{\frac{1}{2}} \cdot y^{\frac{1}{2}}$

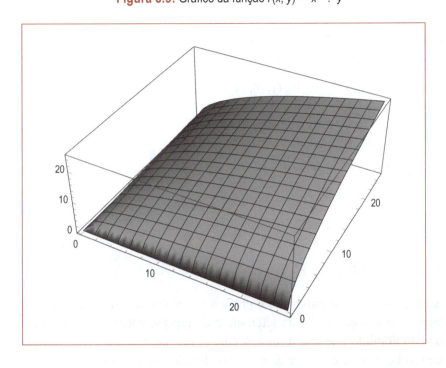

Figura 8.10: Gráfico da função $f(x, y) = \dfrac{1}{x^2 + y^2 + 2}$

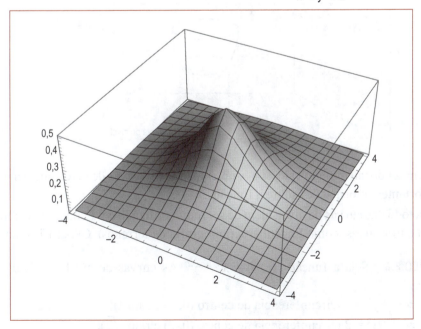

PROBLEMAS

19. Esboce o gráfico das funções a seguir.
   a) $f(x, y) = xy$ com $D = \{(0, 0), (1, 0), (2, 0), (0, 1), (1, 1), (2, 1), (0, 2), (1, 2), (2, 2)\}$
   b) $f(x, y) = 3^x$ com $D = \{(0, 0), (1, 0), (2, 0), (0, 1), (1, 1), (2, 1), (0, 2), (1, 2), (2, 2)\}$
   c) $f(x, y) = 2, D = \mathbb{R}^2$
   d) $f(x, y) = 5, D = \mathbb{R}^2$
   e) $f(x, y) = 12 - 3x - 4y, D = \mathbb{R}^2$
   f) $f(x, y) = x + y, D = \mathbb{R}^2$
   g) $f(x, y) = 3 + x - y, D = \mathbb{R}^2$

8.4 CURVAS DE NÍVEL

Devido à dificuldade de desenharmos o gráfico de uma função de duas variáveis, costumamos utilizar a seguinte forma alternativa de representação: obtemos o conjunto dos pontos do domínio que têm a mesma cota c; tais pontos, em geral, formam uma curva que recebe o nome de *curva de nível c* da função (Figura 8.11).

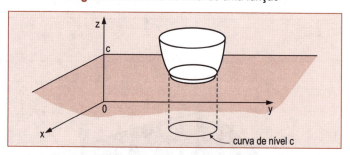

Figura 8.11: Curva de nível de uma função

Assim sendo, atribuindo valores a c, obtemos várias curvas de nível, que permitem tirar importantes informações sobre a função.

O método das curvas de nível, além de ser muito utilizado em Economia, é também usado em outras áreas, como Engenharia (topografia de terrenos), Geografia e outras.

EXEMPLO 8.8 Seja a função $f(x, y) = x^2 + y^2$. As curvas de nível $c = 1$, $c = 2$ e $c = 4$ são:
- $c = 1 \Rightarrow x^2 + y^2 = 1$ (circunferência de centro $(0, 0)$ e raio 1);
- $c = 2 \Rightarrow x^2 + y^2 = 2$ (circunferência de centro $(0, 0)$ e raio $\sqrt{2}$);
- $c = 4 \Rightarrow x^2 + y^2 = 4$ (circunferência de centro $(0, 0)$ e raio 2).

Essas curvas de nível aparecem representadas na Figura 8.12.

Figura 8.12: Curva de nível $c = 1$, $c = 2$ e $c = 4$ da função $f(x, y) = x^2 + y^2$

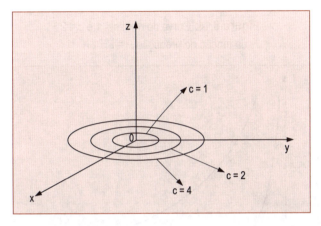

Frequentemente, a representação das curvas de nível é feita desenhando-se apenas os eixos $0x$ e $0y$, como na Figura 8.13.

Figura 8.13: Curva de nível $c = 1$, $c = 2$ e $c = 4$ da função $f(x, y) = x^2 + y^2$

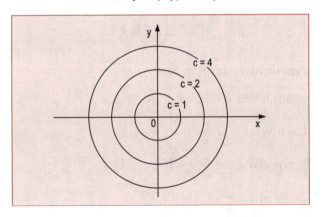

EXEMPLO 8.9 Consideremos a função de produção $P = L^{0,5} \cdot K^{0,5}$, em que L representa o trabalho envolvido e K o capital.

As curvas de nível $c = 1$ e $c = 2$ são:

$$c = 1 \Rightarrow L^{0,5} \cdot K^{0,5} = 1 \Rightarrow L = \frac{1}{K}$$

$$c = 2 \Rightarrow L^{0,5} \cdot K^{0,5} = 2 \Rightarrow L = \frac{4}{k}$$

A representação destas curvas de nível comparece na Figura 8.14. Cada curva de nível fornece os pares (K, L) para os quais a produção é constante, sendo a primeira com produção igual a 1 e a segunda igual a 2. Em Economia, estas curvas de nível são denominadas *curvas de isoproduto* ou *isoquantas de produção*.

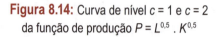

Figura 8.14: Curva de nível $c = 1$ e $c = 2$ da função de produção $P = L^{0,5} \cdot K^{0,5}$

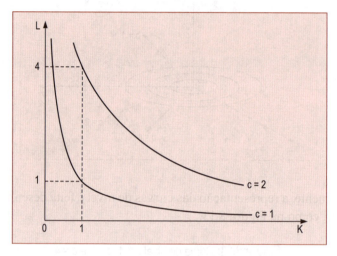

PROBLEMAS

20. Esboce as curvas de nível das funções:

a) $f(x, y) = 3x + 4y$ nos níveis $c = 12$ e $c = 24$;

b) $f(x, y) = x - y$ nos níveis $c = 0$, $c = 1$ e $c = -1$;

c) $f(x, y) = 2x - 3y$ nos níveis $c = 6$, $c = 10$ e $c = 12$;

d) $f(x, y) = \dfrac{1}{x^2 + y^2}$ nos níveis $c = 1$ e $c = 4$;

e) $f(x, y) = y - x^2$ nos níveis $c = 0$ e $c = 1$;

f) $f(x, y) = y - x^2 + 4$ nos níveis $c = 0$ e $c = 5$;

g) $f(x, y) = y - x^3$ nos níveis $c = 0$ e $c = 1$;

h) $f(x, y) = \sqrt{x^2 + y^2 - 2}$ nos níveis $c = 0$ e $c = 1$;

i) $f(x, y) = xy$ nos níveis $c = 1$, $c = -1$, $c = 2$ e $c = -2$.

21. Considere a função utilidade de um consumidor $U(x, y) = xy$, sendo x a quantidade consumida de um produto A e y a quantidade consumida de um produto B. Esboce as curvas de nível $c = 2$ e $c = 4$ e explique seu significado econômico. Tais curvas recebem o nome de *curvas de indiferença*.

22. Considere a função utilidade de um consumidor $U(x, y) = x^2 y$, tal que x é a quantidade consumida de um produto A e y é a quantidade consumida de um produto B. Esboce as curvas de nível $c = 1$ e $c = 2$.

23. Seja $P = 2K^{\frac{1}{4}} \cdot L^{\frac{3}{4}}$ uma função de produção. Represente os pares (K, L) para os quais $P = 8$.

24. Seja $R = 2x + 3y$ a receita de vendas de dois produtos de quantidades x e y. Esboce o gráfico dos pontos (x, y) para os quais a receita vale $\$\,120{,}00$ (em Economia, tal curva recebe o nome de *isorreceita*).

25. Mostre que duas curvas de nível de uma mesma função, com níveis distintos, não se interceptam.

26. Considere a função $f(x, y)$ definida em um domínio D determinado pelas inequações:

$$\frac{x}{2} + \frac{y}{10} \leq 1$$

$$\frac{x}{10} + \frac{y}{2} \leq 1$$

$$x \geq 0 \text{ e } y \geq 0$$

a) Represente graficamente D.

b) Se $f(x, y) = x + y$, represente as curvas de nível $c = 2$ e $c = 3$ dessa função.

c) Qual a curva de maior nível de $f(x, y)$ que intercepta D?

27. Se a função utilidade de um consumidor é $U(x, y) = (x - a)^2 + (y - b)^2$, tal que a e b são constantes positivas, como são as curvas de indiferença?

8.5 LIMITE E CONTINUIDADE

As noções de limite e continuidade para funções de duas variáveis são análogas às que foram vistas para funções de uma variável.

Intuitivamente falando, o limite de $f(x, y)$ quando (x, y) tende ao ponto (x_0, y_0) é o número L (se existir) do qual se aproxima $f(x, y)$ quando (x, y) se aproxima de (x_0, y_0), por qualquer caminho, sem no entanto ficar igual a (x_0, y_0).

Indicamos essa ideia da seguinte forma:

$$\lim_{(x,y)\to(x_0,y_0)} f(x,y) = L$$

Caso L seja igual a $f(x_0, y_0)$ (ou seja, existe a imagem $f(x_0, y_0)$ e ela é igual ao limite) dizemos que f é *contínua* em (x_0, y_0); caso contrário f é dita *descontínua* em (x_0, y_0).

EXEMPLO 8.10   Seja $f(x, y) = x + y$. O limite de $f(x, y)$ quando (x, y) se aproxima do ponto (2,3) é o número 5, e escrevemos:

$$\lim_{(x,y)\to(2,3)} f(x,y) = 5$$

Como $f(2, 3) = 5$, f é contínua em (2, 3).

EXEMPLO 8.11

Seja a função $f(x, y) = \begin{cases} x + y, \text{ se } (x, y) \neq (2, 3) \\ 6, \text{ se } (x, y) = (2, 3) \end{cases}$

O limite de $f(x, y)$ quando (x, y) se aproxima de (2, 3) é 5. Isto é:

$$\lim_{(x,y)\to(2,3)} f(x,y) = 5$$

Como $f(2, 3) = 6$, f é descontínua em (2, 3).

EXEMPLO 8.12

Seja $f(x, y) = \begin{cases} 1, \text{ se } y \leq 2, \\ 3, \text{ se } y > 2. \end{cases}$

Figura 8.15: Gráfico da função $f(x, y) = 1$, se $y \leq 2$ e $f(x, y) = 3$, se $y > 2$

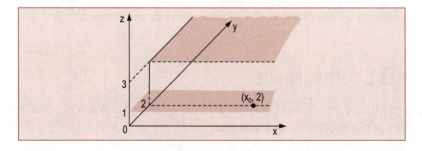

Nesse caso, não existe o limite de $f(x, y)$ quando (x, y) tende a $(x_0, 2)$, qualquer que seja x_0, pois, à medida que (x, y) se aproxima de $(x_0, 2)$, $f(x, y)$ fica ora igual a 1, ora igual a 3 (Figura 8.15).

Portanto, $f(x, y)$ é descontínua em todos os pontos da reta de equação $y = 2$, do plano x0y.

EXEMPLO 8.13 A função $f(x, y) = \dfrac{x^2 - y^2}{x - y}$ não é contínua no ponto $(0, 0)$ pois embora exista o limite no ponto $(\lim_{(x,y) \to (0,0)} f(x, y) = 0)$ a função não está definida no ponto $(0, 0)$.

Os teoremas que enunciaremos a seguir são úteis no cálculo de limites e verificação de continuidade de funções de duas variáveis.

Teorema 8.1

São contínuas em todos os pontos de seu domínio as funções:

a) polinomiais nas variáveis x e y;

b) racionais nas variáveis x e y.

Assim, de acordo com o Teorema 8.1, são contínuas, por exemplo, as funções:

$$f(x, y) = x^2 + y^2 - xy, \forall x, y \text{ (polinomial)},$$

$$f(x, y) = x^3y^2 - xy + y^3 + 6, \forall x, y \text{ (polinomial)},$$

$$f(x, y) = \dfrac{x^2 + y^2}{xy - 1}, \forall x, y \text{ tais que } xy \neq 1 \text{ (racional)}.$$

Teorema 8.2

Se $f(x, y)$ e $g(x, y)$ são contínuas em (x_0, y_0), então serão também contínuas em (x_0, y_0) as funções:

a) $f(x, y) + g(x, y)$ b) $f(x, y) - g(x, y)$

c) $k.f(x, y)$ $(k \in R)$ d) $f(x, y).g(x, y)$

e) $\dfrac{f(x, y)}{g(x, y)}$ $(g(x_0, y_0) \neq 0)$ f) $a^{f(x, y)}$ $(a > 0)$

g) $\log f(x, y)$ $(f(x_0, y_0) > 0$ h) $\cos f(x, y)$

i) $\operatorname{sen} f(x, y)$

De acordo com os teoremas vistos, são contínuas em todos os pontos de seu domínio, por exemplo, as funções:

$$f(x, y) = x^2 + y^2 - 2xy^3$$

$$f(x, y) = \frac{x + y}{x - y}$$

$$f(x, y) = 2^{x - y^2}$$

$$f(x, y) = \ln(x + y)$$

$$f(x, y) = \operatorname{sen}(x^2 + y)$$

$$f(x, y) = x^2 + e^x$$

PROBLEMAS

28. Dada a função $f(x, y) = 2x + 3y$, obtenha $\lim_{(x,y) \to (3,4)} f(x, y)$ e verifique se ela é contínua no ponto (3, 4).

29. Dada a função

$$f(x, y) = \begin{cases} x + y + 2 \text{ se } (x, y) \neq (1, 1) \\ 6 \text{ se } (x, y) = (1, 1) \end{cases}$$

verifique se ela é contínua em (1, 1).

30. Dada a função

$$f(x, y) = \begin{cases} x^2 + y^2 \text{ se } (x, y) \neq (0, 0) \\ 2 \text{ se } (x, y) = (0, 0) \end{cases}$$

verifique se ela é contínua em (0, 0).

31. Dada a função

$$f(x, y) = \begin{cases} 1 \text{ se } x \geq 2 \\ 2 \text{ se } x < 2 \end{cases}$$

verifique se ela é contínua em (2, 7).

32. Dada a função

$$f(x, y) = \begin{cases} \dfrac{1}{x^2 + y^2} \text{ se } (x, y) \neq (0, 0) \\ 1 \text{ se } (x, y) = (0, 0) \end{cases}$$

verifique se ela é contínua em (0, 0).

8.6 USO DO MATHEMATICA

O mesmo comando Plot, que foi usado para fazer gráficos de funções de uma variável, pode ser também utilizado para gráficos de funções de duas variáveis.

Para os gráficos das Figuras 8.7 – 8.10 usamos os comandos que seguem:

$$\text{In}[1]: = \text{Plot}[x \wedge 2 + y \wedge 2, x, -4, 4, y, -4, 4]$$

$$\text{In}[2]: = \text{Plot}[x*y, x, -4, 4, y, -4, 4]$$

$$\text{In}[3]: = \text{Plot}[x \wedge (1/2)y \wedge (1/2), x, 0, 25, y, 0, 25]$$

$$\text{In}[4]: = \text{Plot}[1/(x \wedge 2 + y \wedge 2 + 2), x, -4, 4, y, -4, 4]$$

Para obter curvas de nível, usamos o comando ContourPlot. Os gráficos correspondentes às Figuras 8.13 e 8.14 são apresentadas a seguir, com os respectivos comandos.

$$\text{ContourPlot}[x \wedge 2 + y \wedge 2, \{x, -5, 5\}, \{y, -5, 5\}]$$

↳ Contour plot

$$\text{ContourPlot}[x \wedge 2 + y \wedge 2, \{x, -5., 5.\}, \{y, -5., 5.\}]$$

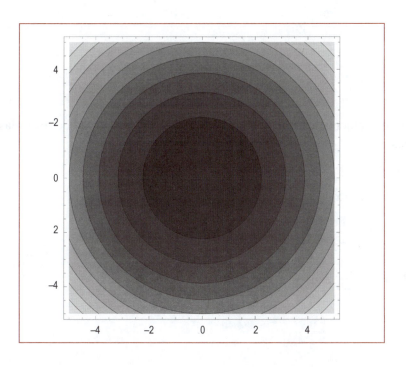

ContourPlot[x ∧ (1/2)* y ∧ (1/2), (x, 0, 5), (y, 0, 5)]

↳ Contour plot

ContourPlot[Sqrt [x] * Sqrt [y], {x, 0, 5.}, {y, 0, 5.}]

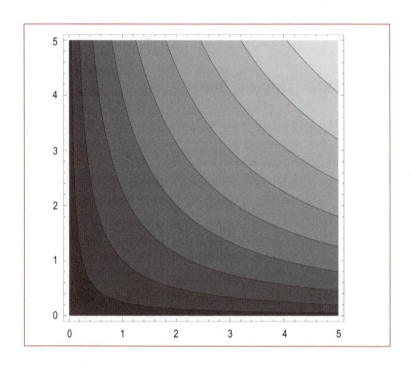

PROBLEMAS

Usando o Mathematica, faça os gráficos e obtenha as curvas de nível das seguintes funções:

33. $f(x, y) = x + y$.

34. $f(x, y) = 3 + x - y$.

35. $f(x, y) = \dfrac{1}{x^2 + y^2}$.

36. $f(x, y) = \dfrac{1}{2\pi} \exp\{\dfrac{-1}{2} [x^2 + y^2]\}$.

9

DERIVADAS PARA FUNÇÕES DE DUAS VARIÁVEIS

9.1 DERIVADAS PARCIAIS

Consideremos uma função $f(x, y)$ de duas variáveis. É um problema importante sabermos qual o ritmo de variação de $f(x, y)$ correspondente a pequenas variações de x e y.

Uma primeira abordagem que podemos fazer desse problema consiste em manter fixa uma das variáveis e calcular o ritmo de variação de $f(x, y)$ em relação à outra variável. A ideia que norteia esse estudo chama-se derivada parcial, que passaremos a definir.

Consideremos um ponto (x_0, y_0); se mantivermos y constante no valor y_0 e variarmos x do valor x_0 para o valor $x_0 + \Delta x$, a função $f(x, y)$ dependerá apenas da variável x.

Seja:

$$\Delta f = f(x_0 + \Delta x, y_0) - f(x_0, y_0)$$

À razão

$$\frac{\Delta f}{\Delta x} = \frac{f(x_0 + \Delta x, y_0) - f(x_0, y_0)}{\Delta x}$$

chamamos *taxa média de variação de f em relação a x*;

Observemos que:

a) $\dfrac{\Delta f}{\Delta x}$ depende do ponto de partida (x_0, y_0);

b) $\dfrac{\Delta f}{\Delta x}$ depende da variação Δx.

Ao limite (se existir e for um número real) de $\dfrac{\Delta f}{\Delta x}$ quando Δx tende a 0, denominamos *derivada parcial de f no ponto* (x_0, y_0), *em relação a x*. Indicamos tal derivada parcial por um dos símbolos:

$$\frac{\partial f}{\partial x}(x_0, y_0) \text{ ou } f_x(x_0, y_0)$$

Assim:

$$\frac{\partial f}{\partial x}(x_0, y_0) = f_x(x_0, y_0) = \lim_{\Delta x \to 0} \frac{\Delta f}{\Delta x}$$

O símbolo $\dfrac{\partial f}{\partial x}$ (lê-se "del *f*, del *x*") foi introduzido por Joseph Louis Lagrange, (1736–1813), matemático nascido na Itália, mas que viveu a maior parte da vida na França.

Analogamente, se mantivermos *x* constante no valor x_0 e variarmos *y* do valor y_0 para o valor $y_0 + \Delta y$, *f* dependerá apenas da variável *y*.

Seja:

$$\Delta f = f(x_0, y_0 + \Delta y) - f(x_0, y_0)$$

À razão

$$\frac{\Delta f}{\Delta y} = \frac{f(x_0, y_0 + \Delta y) - f(x_0, y_0)}{\Delta y}$$

chamamos *taxa média de variação de f em relação a y*.

Ao limite (se existir e for um número real) de $\dfrac{\Delta f}{\Delta y}$ quando Δy tende a 0, denominamos *derivada parcial de f no ponto* (x_0, y_0), *em relação a y*. Indicamos tal derivada parcial por um dos símbolos:

$$\frac{\partial f}{\partial y}(x_0, y_0) \text{ ou } f_y(x_0, y_0)$$

O símbolo $\dfrac{\partial f}{\partial y}$ lê-se "del *f*, del *y*".

Assim:

$$\frac{\partial f}{\partial y}(x_0, y_0) = f_y(x_0, y_0) = \lim_{\Delta y \to 0} \frac{\Delta f}{\Delta y}$$

EXEMPLO 9.1 Seja $f(x,y) = 2x + 3y$. Calculemos $\dfrac{\partial f}{\partial x}(4, 5)$ e $\dfrac{\partial f}{\partial y}(4, 5)$

Temos:

$$\frac{\partial f}{\partial x}(4,5) = \lim_{\Delta x \to 0} \frac{f(4 + \Delta x, 5) - f(4,5)}{\Delta x}$$

$$= \lim_{\Delta x \to 0} \frac{2(4 + \Delta x) + 3.5 - 2.4 - 3.5}{\Delta x}$$

$$= \lim_{\Delta x \to 0} \frac{2 \cdot \Delta x}{\Delta x} = 2.$$

Analogamente:

$$\frac{\partial f}{\partial y}(4,5) = \lim_{\Delta y \to 0} \frac{f(4, 5 + \Delta y) - f(4, 5)}{\Delta y}$$

$$= \lim_{\Delta y \to 0} \frac{2 \cdot 4 + 3 \cdot (5 + \Delta y) - 2 \cdot 4 - 3 \cdot 5}{\Delta y}$$

$$= \lim_{\Delta y \to 0} \frac{3 \cdot \Delta y}{\Delta y} = 3.$$

9.2 FUNÇÃO DERIVADA PARCIAL

Se calcularmos f_x e f_y em um ponto genérico (x, y), obteremos duas funções de x e y; a função $f_x(x, y)$ é chamada *função derivada parcial de f em relação a x* (ou, simplesmente, derivada parcial de f em relação a x). A função $f_y(x, y)$ é chamada *função derivada parcial de f em relação a y* (ou simplesmente, derivada parcial de f em relação a y). As derivadas parciais também podem ser indicadas por:

$$f_x \text{ ou } \frac{\partial f}{\partial x} \text{ e } f_y \text{ ou } \frac{\partial f}{\partial y}$$

Para o cálculo de f_x e f_y, podemos aplicar as regras de derivação estudadas em funções de uma variável (Capítulo 4), desde que:

a) no cálculo de f_x consideremos y como constante;

b) no cálculo de f_y consideremos x como constante.

EXEMPLO 9.2 Se $f(x, y) = x^2 + y^2$, então:

- $f_x = 2x$ (pois y é considerado uma constante);
- $f_y = 2y$ (pois x é considerado uma constante).

Se quisermos calcular $f_x(3, 4)$ e $f_y(3, 4)$, basta substituirmos x por 3 e y por 4 nas derivadas, isto é:

$$f_x(3,4) = 2 \times 3 = 6 \text{ e } f_y = 2 \times 4 = 8$$

EXEMPLO 9.3 Suponhamos que $f(x, y) = x^3 + y^2 + 2xy$. As derivadas parciais são:

- $f_x = 3x^2 + 2y$ (pois y é considerada uma constante);

- $f_y = 2y + 2x$ (pois x é considerada uma constante).

As derivadas parciais no ponto (1, 1), por exemplo, são obtidas substituindo x e y por 1, isto é:

$$f_x(1, 1) = 3 + 2 = 5 \text{ e } f_y(1, 1) = 2 + 2 = 4$$

EXEMPLO 9.4 Sendo $f(x, y) = (x^2 + y^2) \ln x$, e usando a regra da derivada do produto, as derivadas parciais são dadas por:

$$f_x = (2x) \ln x + (x^2 + y^2) \frac{1}{x}$$

e

$$f_y = (2y) \ln x + (x^2 + y^2) \cdot 0 = 2y \ln x$$

EXEMPLO 9.5 Seja $f(x, y) = \ln(x^2 + 2xy)$. Para o cálculo das derivadas parciais, utilizaremos a regra da cadeia.

Fazendo $u = x^2 + 2xy$, teremos $f(x, y) = \ln u$ e, portanto,

$$f_x = \frac{1}{u} \cdot u' = \frac{1}{x^2 + 2xy} \cdot (2x + 2y)$$

pois, no cálculo de u', y é considerado constante. De modo análogo:

$$f_y = \frac{1}{u} \cdot u' = \frac{1}{x^2 + 2xy} \cdot (2x)$$

EXEMPLO 9.6 Suponhamos que a quantidade de batata demandada por semana (em kg) em um supermercado seja função do seu preço unitário x (por kg) e do preço unitário y (por kg) de arroz, de acordo com a relação $q = f(x, y) = 1.000 - 2x^2 + 15y$.

Calculemos $\frac{\partial f}{\partial x}(3, 4)$ e $\frac{\partial f}{\partial y}(3, 4)$.

Temos:

$$\frac{\partial f}{\partial x} = -4x, \text{ portanto } \frac{\partial f}{\partial x}(3, 4) = -12$$

$$\frac{\partial f}{\partial y} = 15, \text{ portanto } \frac{\partial f}{\partial y}(3, 4) = 15$$

Podemos interpretar tal resultado da seguinte forma: $\frac{\partial f}{\partial x}(3, 4) = -12$ representa aproximadamente $\frac{\Delta f}{\Delta x}(3, 4)$ para pequenos valores de Δx. Assim, se admitirmos $\Delta x = 1$ teremos $\Delta f \cong -12$, ou seja, a um aumento unitário no preço do kg da batata (de 3 para 4) corresponde uma diminuição de aproximadamente 12 kg na demanda de batata (mantido o preço do kg do arroz em 4).

$\frac{\partial f}{\partial y}(3, 4) = 15$ representa aproximadamente $\frac{\Delta f}{\Delta y}(3, 4)$ para pequenos valores de Δy. Assim, se admitirmos $\Delta y = 1$, teremos $\Delta f \cong 15$, ou seja, a um aumento unitário no preço do kg do arroz (de 4 para 5) corresponde um aumento na demanda de batata em aproximadamente 15 kg (mantido o preço do kg da batata em 3).

9.3 SIGNIFICADO GEOMÉTRICO DAS DERIVADAS PARCIAIS

No cálculo de $f_x(x_0, y_0)$, o que fizemos foi manter y fixo no valor y_0 e calcular a derivada de f que, no caso, só dependia de x. Ora, isso nada mais é do que achar a derivada da função (de x) no ponto x_0, cujo gráfico é a intersecção do gráfico de f com o plano de equação $y = y_0$ (Figura 9.1).

Figura 9.1: Significado geométrico da derivada parcial em relação a x

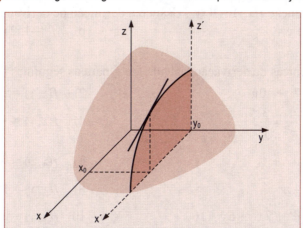

Portanto, conforme vimos em funções de uma variável, $f_x(x_0, y_0)$ representa o coeficiente angular da reta tangente ao gráfico dessa curva no ponto de abscissa x_0, do sistema cartesiano x'0'z' da Figura 9.1, em que 0' é o ponto $(0, y_0, 0)$.

Analogamente, $f_y(x_0, y_0)$ representa o coeficiente angular da reta tangente à curva que é a intersecção do gráfico de f com o plano de equação $x = x_0$, no ponto de abscissa y_0 do sistema cartesiano $y'0'z'$ da Figura 9.2, em que $0'$ é o ponto $(x_0, 0, 0)$.

Figura 9.2: Significado geométrico da derivada parcial em relação a y

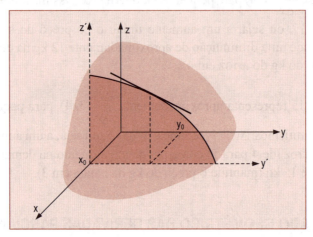

PROBLEMAS

1. Considere a função $f(x,y) = x^2 + 3y^2$. Usando a definição de derivada parcial, calcule $f_x(3, 2)$ e $f_y(3, 2)$.

2. Considere a função $f(x,y) = 4xy^2$. Usando a definição de derivada parcial, calcule
   a) $f_x(-1, 2)$ e
   b) $f_y(-1, 2)$.

3. Usando as técnicas de derivação, calcule f_x e f_y para as seguintes funções:
   1) $f(x, y) = 7x + 10y$
   2) $f(x, y) = x^2 + 3y^2$
   3) $f(x, y) = \dfrac{1}{x^2} + \dfrac{3}{y}$
   4) $f(x, y) = \dfrac{2}{x^3} - \dfrac{6}{y^2}$
   5) $f(x, y) = x^{\frac{1}{2}} + y^{\frac{1}{2}}$
   6) $f(x, y) = \sqrt[3]{x} + \sqrt{y}$
   7) $f(x, y) = 4xy^2$
   8) $f(x, y) = 10xy^2 + 5x^2y$
   9) $f(x, y) = e^x + 2x^2 + 6y + 10$
   10) $f(x, y) = \ln x + 4y^3 + 9$
   11) $f(x, y) = 3^x + \ln y$
   12) $f(x, y) = 2^x + \ln x - e^y - 10$
   13) $f(x, y) = x^3 e^x + 10y$
   14) $f(x, y) = 2y^2 \ln x$
   15) $f(x, y) = 3y^2 e^x$
   16) $f(x, y) = 4y^2 e^y + 6x^2$

17) $f(x, y) = 20x^2 y^2 \ln x$

18) $f(x, y) = \dfrac{x + y}{x - y}$

19) $f(x, y) = \dfrac{e^x}{2x + 3y}$

20) $f(x, y) = \dfrac{\ln y}{x - 2y}$

21) $f(x, y) = x^{0,3} \cdot y^{0,7}$

22) $f(x, y) = 2x^{0,6} \cdot y^{0,4}$

23) $f(x, y) = 10x^\alpha \cdot y^{1-\alpha}$ $(0 < \alpha < 1)$

24) $f(x, y) = \ln(2x + 3y)$

25) $f(x, y) = e^{2x+5y}$

26) $f(x, y) = 2^{x+y}$

27) $f(x, y) = e^{x^2+y^2}$

28) $f(x, y) = e^{xy}$

29) $f(x, y) = 3^{xy}$

30) $f(x, y) = \ln(x^2 + 7y)$

31) $f(x, y) = 5^{x^2+y}$

32) $f(x, y) = (x^2 + 2xy)^3$

33) $f(x, y) = (3x^2 y + 2xy)^4$

34) $f(x, y) = \dfrac{1}{(x^2 + 2y)^3}$

35) $f(x, y) = \sqrt{xy}$

36) $f(x, y) = \sqrt{xy + x^2}$

37) $f(x, y) = \sqrt[3]{2x^2 - 3xy}$

38) $f(x, y) = \sqrt{e^x + e^y}$

39) $f(x, y) = \ln\sqrt{x^2 + y^2}$

40) $f(x, y) = \ln(e^{xy} - x^2 y^3)$

4. Considere a função $f(x, y) = 3x^2 y$.
   a) Calcule $f_x(10, 15)$;
   b) Calcule $f(11, 15) - f(10, 15)$ e compare com o resultado obtido em (a);
   c) Calcule $f_y(10, 15)$;
   d) Calcule $f(10, 16) - f(10, 15)$ e compare com o resultado obtido em (c).

5. Considere a função de produção $P(K, L) = 3K^{0,5} L^{0,5}$. Mostre que:
$$K \cdot \dfrac{\partial P}{\partial K} + L \cdot \dfrac{\partial P}{\partial L} = P(K, L)$$

6. Considere a função $f(x, y) = 2x + 3y$. Calcule $x \cdot f_x + y \cdot f_y$.

7. Considere a função $u(x_1, x_2) = x_1^2 \cdot x_2$. Calcule:
$$x_1 \cdot \dfrac{\partial u}{\partial x_1} + x_2 \cdot \dfrac{\partial u}{\partial x_2}$$

8. Considere a seguinte função de produção $P(x, y) = 2x^{0,5} \cdot y^{0,5}$, em que P é a quantidade colhida de um produto (em toneladas), x é o número de homens-hora empregados (em milhares) e y é o número de hectares plantados. Calcule:

   a) a produtividade marginal do trabalho $\dfrac{\partial P}{\partial x}$;

b) a produtividade marginal da terra $\dfrac{\partial P}{\partial y}$;

c) $\dfrac{\partial P}{\partial x}(1, 4)$ e $\dfrac{\partial P}{\partial y}(1, 4)$. Interprete o resultado.

9. Seja $P(K, L) = 10K^{0,5}L^{0,5}$ uma função de produção, K e L as quantidades dos insumos capital e trabalho.

   Calcule $\dfrac{\partial P}{\partial K}(2, 8)$ e , $\dfrac{\partial P}{\partial L}(2, 8)$ explicando seu significado.

10. Seja $q = 1.000 - 2x^2 + 10y$ a equação de demanda semanal de manteiga em um supermercado (em kg), x o preço por kg da manteiga e y o preço por kg da margarina.

    a) Calcule as demandas marginais parciais $\dfrac{\partial q}{\partial x}$ e $\dfrac{\partial q}{\partial y}$.

    b) Se $x = 20$ e $y = 10$, o que aumenta mais a demanda de manteiga: o aumento em uma unidade no preço do kg da margarina (mantido o da manteiga) ou a diminuição em uma unidade no preço do kg da manteiga (mantido o da margarina)? Use os resultados do item (a).

11. Seja $q = 30 - 4x - 2y$ a equação de demanda de um produto A, x seu preço unitário e y o preço unitário de um bem B.

    a) Calcule as demandas marginais parciais $\dfrac{\partial q}{\partial x}$ e $\dfrac{\partial q}{\partial y}$, explicando seu significado.

    b) O que aumenta mais a demanda de A: diminuir em uma unidade seu preço unitário (mantendo o de B) ou diminuir em uma unidade o preço unitário de B (mantendo o de A)?

12. Seja $q = 100 - 6x + 2y$ a equação de demanda de um produto I, x seu preço unitário e y o preço unitário de um produto II.

    a) Calcule as demandas marginais parciais $\dfrac{\partial q}{\partial x}$ e $\dfrac{\partial q}{\partial y}$, explicando seu significado.

    b) O que aumenta mais a demanda de I: diminuir em uma unidade seu preço unitário (mantendo o preço de II) ou aumentar em uma unidade o preço de II (mantendo o do produto I)?

13. Considere as funções de demanda de dois produtos A e B, $q_A = f(p_A, p_B)$ e $q_B = f(p_A, p_B)$, sendo p_A e p_B preços unitários de A e B. Os produtos A e B são chamados substitutos se, para cada um deles, aumentando seu preço, aumenta a demanda do outro (por exemplo, manteiga e margarina). Os produtos A e B são chamados complementares se, para cada um, aumentando seu preço, diminui a demanda do outro (por exemplo, carro e gasolina).

    a) Dê um exemplo de dois bens substitutos.

    b) Qual o sinal da derivada $\dfrac{\partial q_A}{\partial p_B}$ e $\dfrac{\partial q_B}{\partial p_A}$ caso os produtos sejam substitutos?

c) Dê um exemplo de dois bens complementares.

d) Qual o sinal das derivadas $\dfrac{\partial q_A}{\partial p_B}$ e $\dfrac{\partial q_B}{\partial p_A}$ caso os produtos sejam complementares?

14. Verifique se os bens A e B são substitutos ou complementares considerando suas equações de demanda nos seguintes casos:

   a) $q_A = 500 - 2p_A + 3p_B$ e $q_B = 200 + 5_A - 6p_B$;

   b) $q_A = 500 - 2p_A - 3p_B$ e $q_B = 200 - 5_A - 6p_B$;

   c) $q_A = \dfrac{5p_B}{2+p_A^2}$ e $q_B = \dfrac{3p_A}{3+\sqrt{p_B}}$.

15. Dada a função utilidade de um consumidor

$$U(x_1, x_2) = 100x_1 + 200x_2 + x_1 x_2 - x_1^2 - x_2^2$$

em que x_1 é a quantidade consumida de um produto A e x_2 é a quantidade consumida de um produto B, calcule:

   a) a utilidade marginal do produto A, $\dfrac{\partial u}{\partial x}$;

   b) a utilidade marginal do produto B, $\dfrac{\partial q}{\partial x_2}$;

   c) $\dfrac{\partial u}{\partial x_1}$ (3, 4) e $\dfrac{\partial u}{\partial x_2}$ (3, 4), explicando seus significados.

16. Dada a função custo para a produção de dois bens de quantidades x e y, $C = (x, y) = 100 + x^2 + 2y^2 + xy$, determine:

   a) o custo marginal em relação a x, $\dfrac{\partial C}{\partial x}$;

   b) o custo marginal em relação a y, $\dfrac{\partial C}{\partial y}$;

   c) $\dfrac{\partial C}{\partial x}$ (10, 20) e $\dfrac{\partial C}{\partial y}$ (10, 20), explicando seus significados.

17. Seja $C(x,y) = 10 + x + x^2 y - xy$ a função custo conjunto para fabricar x unidades de um produto A e y unidades de um produto B.

   a) Calcule os custos marginais em relação a x e a y.

   b) Calcule $\dfrac{\partial C}{\partial x}(10,10)$ e $\dfrac{\partial C}{\partial y}(10,10)$ e interprete os resultados.

18. Seja $q_A = f(p_A, p_B)$ a função de demanda de um produto A, p_A seu preço unitário e p_B o preço unitário de um produto B.

   Sabemos que, em geral, $\dfrac{\partial q_A}{\partial p_A} < 0$. De maneira análoga a que vimos no Capítulo 4, definimos *elasticidade parcial da demanda de A em relação a seu preço*, ao número

$$\varepsilon_A = \left| \frac{\partial q_A}{\partial p_A} \cdot \frac{p_A}{q_A} \right|$$

em que o módulo foi introduzido para a elasticidade resultar em um número geralmente positivo. Convém observar que há autores que definem a elasticidade sem o uso do módulo.

A interpretação é análoga àquela vista no Capítulo 4, ou seja a elasticidade representa aproximadamente a variação porcentual da quantidade demandada quando seu preço aumenta 1% (mantido constante o preço de B).

a) Calcule a elasticidade parcial da demanda de manteiga relativamente a seu preço no exercício 10, no ponto (20, 10).

b) Idem, para o produto A do exercício 11.

c) Idem, para o produto I do exercício 12.

19. Com relação ao exercício anterior, a derivada $\dfrac{\partial q_A}{\partial p_B}$ representa a taxa de variação da demanda de A relativamente ao preço de B.

Chama-se *elasticidade cruzada* da demanda de A relativamente ao preço de B, ao número:

$$\varepsilon_{AB} = \frac{\partial q_A}{\partial p_B} \cdot \frac{p_B}{q_A}$$

A elasticidade cruzada foi definida sem o módulo para podermos caracterizar bens substitutos e bens complementares pelo sinal da elasticidade.

a) Calcule a elasticidade cruzada da demanda de manteiga em relação ao preço da margarina do Exercício 10, no ponto (20, 10).

b) Calcule a elasticidade cruzada da demanda do produto A do Exercício 11 em relação ao preço de B.

c) Calcule a elasticidade cruzada da demanda do produto I do Exercício 12, em relação ao preço do outro produto.

9.4 DIFERENCIAL DE UMA FUNÇÃO

Consideremos a função dada por $f(x, y) = 2x^2 + 3y^2$ e calculemos a variação Δf sofrida pela função quando x e y apresentam variações Δ_x e Δ_y a partir do ponto (x_0, y_0).
Temos:

$$\Delta f = f(x_0 + \Delta x, y_0 + \Delta y) - f(x_0, y_0)$$

$$= 2(x_0 + \Delta x)^2 + 3(y_0 + \Delta y)^2 - (2x_0^2 + 3y_0^2)$$

$$= 2(x_0^2 + 2x_0\Delta x + \Delta x^2) + 3(y_0^2 + 2y_0\Delta y + \Delta y^2) - 2x_0^2 - 3y_0^2$$

$$= 4x_0\Delta x + 6y_0\Delta y + 2\Delta x^2 + 3\Delta y^2$$

Por exemplo, se $x_0 = 5$, $y_0 = 6$ e $\Delta x = \Delta y = 0{,}01$, teremos:

$$\Delta f = 4 \cdot (5) \cdot 0{,}01 + 6 \cdot (6) \cdot 0{,}01 + 2(0{,}01)^2 + 3(0{,}01)^2$$

$$= 0{,}2 + 0{,}36 + 0{,}0002 + 0{,}0003$$

Como as parcelas 0,0002 e 0,0003 são desprezíveis comparadas com 0,2 e 0,36, podemos dizer que:

$$\Delta f \cong 0{,}2 + 0{,}36 = 0{,}56$$

Voltando à expressão de Δf, notamos que:

- $4x_0 = \dfrac{\partial f}{\partial x}(x_0, y_0)$ e $6y_0 = \dfrac{\partial f}{\partial y}(x_0, y_0)$;

- os termos $2\Delta x^2 + 3\Delta y^2$ são desprezíveis quando comparados com $4x_0\Delta x + 6y_0\Delta y$ desde que Δx e Δy sejam próximos de zero;

- $\Delta f \cong \dfrac{\partial f}{\partial x}(x_0, y_0)\Delta x + \dfrac{\partial f}{\partial y}(x_0, y_0)\Delta y$.

O resultado que acabamos de ver não é um caso isolado, mas vale para a maioria das funções; isto é, a variação sofrida por $f(x, y)$ quando variamos simultaneamente x e y de valores pequenos Δx e Δy é aproximadamente igual a $\dfrac{\partial f}{\partial x}(x_0, y_0)\Delta x + \dfrac{\partial f}{\partial y}(x_0, y_0)\Delta y$.

Esse exemplo preliminar nos leva à seguinte definição.

Seja f uma função com duas variáveis e seja (x_0, y_0) um ponto de seu domínio. Seja Δf a variação sofrida por $f(x, y)$ ao passarmos do ponto (x_0, y_0) para o ponto $(x_0 + \Delta_x, y_0 + \Delta y)$. Isto é:

$$\Delta f = f(x_0 + \Delta x, y_0 + \Delta y) - f(x_0, y_0)$$

Dizemos que f é *diferenciável no ponto* (x_0, y_0) se Δf puder ser escrita sob a forma

$$\Delta f = \dfrac{\partial f}{\partial x}(x_0, y_0) \cdot \Delta x + \dfrac{\partial f}{\partial y}(x_0, y_0) \cdot \Delta y + \Delta x \cdot h_1(\Delta x, \Delta y) + \Delta y \cdot h_2(\Delta x, \Delta y)$$

em que as funções h_1 e h_2 têm limites iguais a zero quando $(\Delta x, \Delta y)$ tende a $(0, 0)$.

A parcela $\dfrac{\partial f}{\partial x}(x_0, y_0) \cdot \Delta x + \dfrac{\partial f}{\partial y}(x_0, y_0) \cdot \Delta y$ é chamada *diferencial* de f e é indicada por df, no caso de f ser diferenciável.

Voltando ao exemplo inicial, vimos que:

$$\Delta f = 4x_0 \Delta x + 6y_0 \Delta y + 2\Delta x^2 + 3\Delta y^2$$

Assim, como

$$4x_0 = \dfrac{\partial f}{\partial x}(x_0, y_0)$$

$$6y_0 = \dfrac{\partial f}{\partial y}(x_0, y_0)$$

$h_1(\Delta x, \Delta y) = 2\Delta x$ e $h_2(\Delta x, \Delta y) = 3\Delta y$, ambas com limites nulos quando $(\Delta x, \Delta y)$ tende a $(0, 0)$, concluímos que f é diferenciável num ponto genérico (x_0, y_0).

Seria bastante trabalhoso termos de verificar pela definição se uma função é ou não diferenciável, para calcularmos a diferencial como resultado aproximado de Δf. Felizmente, a maioria das funções é diferenciável. Existe um teorema que nos fornece condições facilmente verificáveis para vermos se uma função é diferenciável. Seu enunciado é o seguinte:

> **Teorema 9.1**
>
> Seja f uma função com duas variáveis. Se as derivadas parciais $\dfrac{\partial f}{\partial x}$ e $\dfrac{\partial f}{\partial y}$ são contínuas em um conjunto aberto A, então f é diferenciável em todos os pontos de A.

EXEMPLO 9.7 A função $f(x, y) = 2x^2 + 4y^3$ é diferenciável em todos os pontos de R^2, pois as derivadas parciais $\dfrac{\partial f}{\partial x} = 4x$ e $\dfrac{\partial f}{\partial y} = 12y^2$ são contínuas em R^2. A diferencial de f num ponto genérico (x, y) vale $df = 4x \cdot \Delta x + 12y^2 \cdot \Delta y$.

EXEMPLO 9.8 A função $f(x, y) = \dfrac{2x}{x - y}$ (para $x \neq y$) é diferenciável em todos os pontos do domínio, pois as derivadas parciais $\dfrac{\partial f}{\partial x} = \dfrac{-2y}{(x - y)^2}$ e $\dfrac{\partial f}{\partial y} = \dfrac{2x}{(x - y)^2}$ são contínuas nesse domínio. A diferencial de f em um ponto genérico (x, y) vale:

$$df = \dfrac{-2y}{(x - y)^2} \cdot \Delta x + \dfrac{2x}{(x - y)^2} \cdot \Delta y$$

PROBLEMAS

20. Calcule a diferencial da função $f(x, y) = 3x^2 + 4y^2$ no ponto (1, 1) para $\Delta x = \Delta y = 0,01$.

21. Calcule a diferencial da função $f(x, y) = xy^2$ no ponto (3, 4) para $\Delta x = \Delta y = 0,001$.

22. Calcule a diferencial da função $f(x, y) = 2x + 3y$ no ponto (5, 7) para $\Delta x = 0,1$ e $\Delta y = 0,5$.

23. Dada a função $f(x, y) = x^2 + y$, calcule exatamente $f(1, 01; 2, 01) - f(1; 2)$. Calcule também a diferencial da função no ponto (1, 2) para Δx e Δy iguais a 0,01 e compare os resultados.

24. Dada a função $f(x, y) = xy$, calcule exatamente $f(3, 05; 5, 01) - f(3, 5)$. Calcule também a diferencial da função no ponto (3, 5) para valores apropriados de Δx e Δy e compare os resultados.

25. Dada a função do primeiro grau $f(x, y) = ax + by + c$, mostre que a diferencial da função em qualquer ponto (x, y) é exatamente igual a Δf quaisquer que sejam Δx e Δy (grandes ou pequenos).

26. Use o resultado do exercício anterior para calcular Δf nos seguintes casos:
    a) $f(x, y) = 4x + 3y + 5$, para $\Delta x = 5$ e $\Delta y = 10$;
    b) $f(x, y) = 3x - 2y + 1$, para $\Delta x = 100$ e $\Delta y = 250$;
    c) $f(x, y) = 10x + 8y$, para $\Delta x = 600$ e $\Delta y = 1.000$;
    d) $f(x, y) = 2x - y$, para $\Delta x = 18$ e $\Delta y = 96$.

27. Calcule a diferencial de f, em um ponto genérico (x_0, y_0), nos seguintes casos:
    a) $f(x, y) = 2x^3 - y$;
    b) $f(x, y) = \ln(2x^2 + 3y^2)$;
    c) $f(x, y) = e^{x^2 + y^2}$.

28. Calcule a diferencial de f, em um ponto genérico (x, y), nos seguintes casos:
    a) $f(x, y) = \dfrac{x^2}{x + y}$;
    b) $f(x, y) = \log(x^2 + y^2)$.

29. Considere a função custo de produção de dois bens de quantidades x e y:

$$C(x, y) = 15 + 2x^2 + 5y^2 + xy$$

   a) Calcule a diferencial do custo no ponto $x = 10$ e $y = 15$, para $\Delta x = \Delta y = 0,1$.
   b) Calcule a diferencial do custo em um ponto genérico (x, y) para $\Delta x = 0,1$ e $\Delta y = 0,05$.
   c) Calcule a diferencial do custo em um ponto genérico (x, y) para $\Delta x = \Delta y = h$.

30. Considere a função receita de vendas de dois produtos de quantidades x e y:

$$R(x,y) = -x^2 - y^2 + 100x + 200y$$

   a) Calcule a diferencial da receita no ponto $x = 10$ e $y = 30$ para $\Delta x = \Delta y = 0{,}01$.
   b) Calcule a diferencial da receita em um ponto genérico (x, y) para $\Delta y = 0{,}1$ e $\Delta y = 0{,}05$.
   c) Calcule a diferencial da receita em um ponto genérico (x, y) para $\Delta x = \Delta y = h$.

31. Dada a função utilidade de um consumidor $U(x,y) = x^{\frac{1}{4}} y^{\frac{3}{4}}$, em que x e y são as quantidades consumidas de dois bens, calcule a diferencial da função utilidade quando x passa de 100 para 99 e y passa de 300 para 301.

32. Encontre o aumento real e aproximado do volume de um tanque cilíndrico quando seu raio da base aumenta de 3 m para 3,05 m e sua altura aumenta de 10 m para 10,1 m. (O volume do cilindro é dado por $V = \pi . r^2 . h$, sendo r o raio da base e h a altura).

33. Em determinado país, o Produto Interno Bruto (PIB) de equilíbrio é dado por $Y = 960 - 3T + 4G$, em que Y é o PIB, T é a tributação cobrada pelo governo e G representa os gastos governamentais.
   a) Se a tributação apresentar um acréscimo ΔT e os gastos governamentais sofrerem um acréscimo ΔG, qual a variação ΔY sofrida pelo PIB?
   b) Se $\Delta T = 20$ e $\Delta G = 20$, calcule ΔY.
   c) Se inicialmente o valor do PIB era 1.140 e o PIB de pleno emprego for 1.200, obtenha a relação entre ΔT e ΔG que eleve o PIB para seu valor de pleno emprego.

9.5 FUNÇÃO COMPOSTA – REGRA DA CADEIA

Consideremos uma função de produção $P(x, y) = 6x^{0,5}y^{0,5}$, em que x e y são as quantidades de dois insumos, capital e trabalho, e P a quantidade fabricada de um produto.

Suponhamos que o capital x cresça com o tempo t, de acordo com a relação $x = 0{,}16t$, e o trabalho cresça de acordo com a relação $y = 0{,}09t$.

Se quisermos expressar a produção em função do tempo, temos que substituir $x = 0{,}16t$ e $y = 0{,}09t$ na relação $P(x, y) = 6x^{0,5}y^{0,5}$. Procedendo desta forma, teremos:

$$P(t) = 6(0{,}16t)^{0,5}(0{,}09t)^{0,5} = 0{,}72t$$

À função de t, dada por $P(t) = 0{,}72t$, chamamos *função composta* de P com x e y.

A derivada da função composta dada por $P(t) = 0{,}72t$ em relação a t é imediata (função de uma variável):

$$P'(t) = \frac{dP}{dt} = 0{,}72$$

Isto é, a taxa de crescimento do produto em relação ao tempo é 0,72.

De modo geral, a derivada da função composta pode ser obtida facilmente por mera substituição e derivação da função de uma variável, como vimos no exemplo. Entretanto, existe uma fórmula alternativa de cálculo da derivada da função composta, conhecida como regra da cadeia, que veremos a seguir.

> **Teorema 9.2 – Regra da cadeia**
>
> Seja f uma função de duas variáveis x e y, diferenciável num ponto (x_0, y_0) do domínio, e sejam as funções dadas por $x(t)$ e $y(t)$ diferenciáveis em t_0 de modo que $x(t_0) = x_0$ e $y(t_0) = y_0$. Então a função F composta de f com x e y é tal que
>
> $$\frac{dF}{dt}(t_0) = \frac{\partial f}{\partial x}(x_0, y_0) \cdot \frac{dx}{dt}(t_0) + \frac{\partial f}{\partial y}(x_0, y_0) \cdot \frac{dy}{dt}(t_0)$$
>
> ou, abreviadamente:
>
> $$\frac{dF}{dt} = \frac{\partial f}{\partial x} \cdot \frac{dx}{dt} + \frac{\partial f}{\partial y} \cdot \frac{dy}{dt}$$

EXEMPLO 9.9 Sejam $f(x, y) = 2x + 5y - 3$, $x(t) = 2t$ e $y(t) = 3t - 1$. A função composta de f com x e y é dada por:

$$F(t) = 2 \cdot (2t) + 5 \cdot (3t - 1) - 3 = 19t - 8$$

a) Cálculo direto de $\dfrac{dF}{dt}$:

$$\frac{dF}{dt} = 19$$

b) Cálculo de $\dfrac{dF}{dt}$ pela regra da cadeia:

$$\frac{\partial f}{\partial x} = 2 \qquad \frac{\partial f}{\partial y} = 5$$

$$\frac{dx}{dt} = 2 \qquad \frac{dy}{dt} = 3$$

Logo:

$$\frac{dF}{dt} = 2 \cdot 2 + 5 \cdot 3 = 19$$

EXEMPLO 9.10 Sejam $f(x, y) = x^2 + 3y - 5$, $x(t) = e^t$ e $y(t) = t^3$. A função composta de f com x e y é dada por:

$$F(t) = e^{2t} + 3t^3 - 5$$

a) Cálculo direto de $\dfrac{dF}{dt}$:

$$\frac{dF}{dt} = 2e^{2t} + 9t^2$$

b) Cálculo de $\dfrac{dF}{dt}$ pela regra da cadeia:

$$\frac{\partial f}{\partial x} = 2x = 2e^t \qquad \frac{\partial f}{\partial y} = 3$$

$$\frac{dx}{dt} = e^t \qquad \frac{dy}{dt} = 3t^2$$

Portanto:

$$\frac{dF}{dt} = (2e^t)e^t + 3(3t^2) = 2e^{2t} + 9t^2$$

PROBLEMAS

34. Obtenha $\dfrac{dF}{dt}$ diretamente e pela regra da cadeia, sendo F a função composta de f com x e y nos seguintes casos:

    a) $f(x, y) = 3x + 6y - 9$ $\quad x(t) = 3t$ e $y(t) = t^2 - 1$
    b) $f(x, y) = 3x + y^2$ $\quad x(t) = 4t$ e $y(t) = 7t$
    c) $f(x, y) = \ln(x^2 + y^2)$ $\quad x(t) = 3t$ e $y(t) = t - 1$
    d) $f(x, y) = e^{x+y}$ $\quad x(t) = t^2$ e $y(t) = 2t^3 - 1$
    e) $f(x, y) = x^2 y^3 + x^3 y^2$ $\quad x(t) = \dfrac{1}{t}$ e $y(t) = \dfrac{1}{t^2}$

35. Seja $P = 10 \cdot x^{0,2} \cdot y^{0,8}$ uma função de produção, em que x indica o capital e y o trabalho. Suponha que o capital cresça com o tempo t de acordo com a relação $x = 0{,}32t$ e o trabalho cresça com o tempo de acordo com $y = 0{,}2t^5$. Obtenha:

    a) a produção em função do tempo;
    b) a taxa de crescimento da produção em relação ao tempo.

36. Uma pessoa tem a seguinte função utilidade

$$U(x_1, x_2) = \sqrt{x_1^2 \cdot x_2}$$

em que x_1 é o número de horas de lazer por semana e x_2 a renda semanal. Suponha que x_1 e x_2 dependam do número t de horas trabalhadas por semana, de acordo com as relações:

$$x_1 = 168 - t \text{ e } x_2 = 0,5\, t$$

a) Obtenha a utilidade em função de t, $U(t)$.

b) Calcule t de modo que $U(t)$ seja máxima.

c) Nas condições do item (b), qual a renda da pessoa e qual seu número de horas de lazer?

9.6 FUNÇÕES DEFINIDAS IMPLICITAMENTE

Consideremos a equação $x + y - 3 = 0$. Resolvendo-a, em relação a y, obtemos $y = 3 - x$; essa expressão representa uma função de uma variável $h(x) = 3 - x$, derivável para todo x real. Dizemos então que a equação $x + y - 3 = 0$ define implicitamente uma função $y = h(x)$, derivável em relação a x.

Se considerarmos também a equação $x^2 + y^2 = 0$, veremos que ela é satisfeita apenas pelo par $(0, 0)$ e, portanto, a equação $x^2 + y^2 = 0$ não define implicitamente uma função $y = h(x)$ derivável em relação a x (representa uma função na qual o domínio é $\{0\}$ e o conjunto imagem é $\{0\}$).

Consideremos agora a equação $x^3y + xy^3 + x^2y^2 + xy - 4 = 0$. Não é fácil isolar y dessa equação e saber se ela define implicitamente uma função $y = h(x)$.

De um modo geral, como saber se uma determinada equação a duas variáveis x e y define implicitamente uma função?

A resposta a essa pergunta está no chamado Teorema da Função Implícita, cujo enunciado veremos a seguir.

Teorema 9.3 – Teorema da Função Implícita

Sejam $f(x, y)$ e $\dfrac{\partial f}{\partial y}$ funções contínuas em um domínio D e $(x_0, y_0) \in D$. Se $f(x_0, y_0) = 0$ e $\dfrac{\partial f}{\partial y}(x_0, y_0) \neq 0$, então existe um intervalo I, com centro em x_0, no qual a equação $f(x, y) = 0$ define implicitamente uma única função derivável $y = h(x)$, tal que $y_0 = h(x_0)$ e $f(x, h(x)) = 0, \forall x \in I$.

Assim, por exemplo, a equação

$$f(x, y) = x^3y + xy^3 + x^2y^2 + xy - 4 = 0$$

define implicitamente uma função $y = h(x)$, em um intervalo I centrado em $x_0 = 1$, pois:

a) f e $\dfrac{\partial f}{\partial y} = x^3 + 3xy^2 + 2x^2y + x$ são contínuas em $\mathbb{R}^2$;

b) $f(1, 1) = 0$;

c) $\dfrac{\partial f}{\partial y}(1, 1) = 7 \neq 0$.

Consideremos a função derivável $y = h(x)$, definida implicitamente pela equação $f(x, y) = 0$. Como $F(x) = f(x, h(x)) = 0$, segue-se pela regra da cadeia, que

$$F'(x) = \frac{\partial f}{\partial x} \cdot 1 + \frac{\partial f}{\partial y} \cdot \frac{dy}{dx} = 0$$

de onde obtemos a seguinte fórmula:

Derivada da função definida implicitamente

$$\frac{dy}{dx} = -\frac{\dfrac{\partial f}{\partial x}}{\dfrac{\partial f}{\partial y}} = -\frac{f_x}{f_y}$$

EXEMPLO 9.11 Consideremos a equação $f(x, y) = 2x^2 + y - 1 = 0$. Tal equação define implicitamente a função $y = 1 - 2x^2$.

Calculemos a derivada $\dfrac{dy}{dx}$ diretamente e pela fórmula da derivada da função definida implicitamente. Temos:

a) cálculo direto de $\dfrac{dy}{dx}$:

$$\frac{dy}{dx} = -4x$$

b) cálculo de $\dfrac{dy}{dx}$ pela fórmula da derivada da função definida implicitamente:

$$\frac{dy}{dx} = -\frac{\dfrac{\partial f}{\partial x}}{\dfrac{\partial f}{\partial y}} = -\frac{4x}{1} = -4x$$

EXEMPLO 9.12 Consideremos a equação $f(x, y) = x^2 + y^2 - 1 = 0$, que representa uma circunferência de centro na origem e raio igual a 1. Tal equação define implicitamente as funções $y = \sqrt{1 - x^2}$ e $y = -\sqrt{1 - x^2}$, deriváveis no intervalo $]-1, 1[$ (Figura 9.3).

Figura 9.3: Função definida implicitamente por $x^2 + y^2 - 1 = 0$

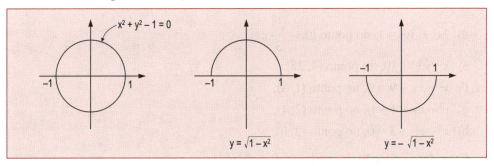

Calculemos de dois modos a derivada $\dfrac{dy}{dx}$ da função $y = \sqrt{1-x^2}$.

a) Cálculo direto de $\dfrac{dy}{dx}$:

$$\frac{dy}{dx} = \frac{1}{2}(1-x^2)^{-1/2} \cdot (-2x) = -\frac{x}{\sqrt{1-x^2}}$$

b) Cálculo de $\dfrac{dy}{dx}$ pela fórmula da derivada da função definida implicitamente:

$$\frac{dy}{dx} = -\frac{\dfrac{\partial f}{\partial x}}{\dfrac{\partial f}{\partial y}} = -\frac{2x}{2y} = -\frac{x}{y}$$

Entretanto, como $y = \sqrt{1-x^2}$, vem:

$$\frac{dy}{dx} = -\frac{x}{\sqrt{1-x^2}}$$

Procedendo de modo análogo, pode-se mostrar que para a função $y = -\sqrt{1-x^2}$, a derivada $\dfrac{dy}{dx}$ é dada por:

$$\frac{dy}{dx} = \frac{x}{\sqrt{1-x^2}}$$

PROBLEMAS

37. Determine a derivada $\dfrac{dy}{dx}$ das funções definidas implicitamente pelas equações:

   a) $2x + 3y - 7 = 0$, em um ponto genérico (x_0, y_0);
   b) $3x^2 + 2y - 5 = 0$, em um ponto genérico (x_0, y_0);

c) $x^2 + y^2 - 9 = 0$, no ponto $(1, 2\sqrt{2})$;

d) $2x^2 + 3y^2 = 1$, no ponto $(0, -\dfrac{\sqrt{3}}{3})$;

e) $x^{0,5} y^{0,5} - 10$, no ponto $(4, 25)$;

f) $x^2 + xy - 9 = 0$, no ponto $(1, 8)$;

g) $y^3 - xy + 1 = 0$, no ponto $(2, 1)$;

h) $x^2 - e^{xy} - 3 = 0$, no ponto $(2, 0)$.

38. Considere a função de produção $P = x^{0,5} y^{0,5}$:

   a) esboce a curva de nível correspondente a $P = 8$ (tal curva recebe o nome de curva de isoproduto para $P = 8$);

   b) calcule a taxa marginal de substituição técnica $\left(\dfrac{dy}{dx}\right)$ na curva do item anterior, no ponto $x = 2$ e $y = 32$. Interprete o resultado.

39. Considere a função de produção $P = x^{0,2} y^{0,8}$.

   a) Esboce a curva de isoproduto correspondente a $P = 32$.

   b) Na curva do item anterior, obtenha a taxa marginal de substituição técnica num ponto genérico (x, y).

40. Encontre a equação da reta tangente à circunferência de equação $x^2 + y^2 = 1$, no ponto (x_0, y_0), com $y_0 \neq 0$.

Resolução:

- A equação da reta tangente é $y - y_0 = m(x - x_0)$, em que $m = \dfrac{dy}{dx}(x_0, y_0)$.

- Se considerarmos a função $f(x, y) = x^2 + y^2 = 1$, teremos $\dfrac{dy}{dx} = -\dfrac{\dfrac{\partial f}{\partial x}}{\dfrac{\partial f}{\partial y}} = -\dfrac{2x}{2y} = -\dfrac{x}{y}$.

- Portanto, a equação da reta tangente procurada é $y - y_0 = -\dfrac{x_0}{y_0}(x - x_0)$.

- Por exemplo, no ponto $\left(\dfrac{\sqrt{2}}{2}, \dfrac{\sqrt{2}}{2}\right)$, a equação da tangente é $y - \dfrac{\sqrt{2}}{2} = -\dfrac{\dfrac{\sqrt{2}}{2}}{\dfrac{\sqrt{2}}{2}}\left(x - \dfrac{\sqrt{2}}{2}\right)$ ou seja, $x + y - \sqrt{2} = 0$.

41. Encontre a equação da reta tangente às curvas abaixo, nos pontos indicados:

a) $\dfrac{x^2}{a^2} + \dfrac{y^2}{b^2} = 1$ (elipse com $a > b$), no ponto (x_0, y_0), com $y_0 \neq 0$;

b) $x^2 + y^2 - 4x = 0$ (circunferência), no ponto $(2, 2)$;

c) $y^2 = 2ax$ (parábola), no ponto $\left(\dfrac{a}{2}, a\right)$ com $a > 0$.

9.7 FUNÇÕES HOMOGÊNEAS – TEOREMA DE EULER

Seja f uma função de duas variáveis x e y. Dizemos que f é *homogênea de grau m* se, para toda constante positiva λ, tivermos:

$$f(\lambda x, \lambda y) = \lambda^m f(x, y)$$

EXEMPLO 9.13 A função $f(x, y) = 3x^2 + 6xy$ é homogênea de grau 2, pois:

$$f(\lambda x, \lambda y) = 3(\lambda x)^2 + 6(\lambda x)(\lambda y) = \lambda^2 (3x^2 + 6xy)'$$

Isto é:

$$f(\lambda x, \lambda y) = \lambda^2 f(x, y)$$

EXEMPLO 9.14 A função Cobb-Douglas de produção $P(x, y) = k \cdot x^\alpha \cdot y^{1-\alpha}$, com $0 < \alpha < 1$ é homogênea de grau 1, pois:

$$P(\lambda x, \lambda y) = k \cdot (\lambda x)^\alpha \cdot (\lambda y)^{1-\alpha} = \lambda \cdot (k x^\alpha y^{1-\alpha})$$

Isto é:

$$P(\lambda x, \lambda y) = \lambda^1 (P(x, y))$$

EXEMPLO 9.15 A função de demanda de um produto, $Q(x, y) = \dfrac{10y}{x}$, sendo y a renda do consumidor e x o preço unitário do produto, é homogênea de grau zero, pois:

$$Q(\lambda x, \lambda y) = \dfrac{10(\lambda y)}{\lambda x} = \lambda^0 \left(\dfrac{10y}{x}\right) = \lambda^0 \left(\dfrac{10y}{x}\right) = \lambda^0 Q(x, y)$$

O conceito de homogeneidade de uma função diz respeito ao que ocorre com $f(x, y)$ quando x e y passam a valer λx e λy respectivamente, isto é, sofrem uma variação porcentual igual a $(\lambda - 1)100\%$. Assim, um valor de $\lambda = 1,5$ corresponde a uma variação porcentual de 50% $((1,5 - 1) \cdot 100\%)$.

Se f for homogênea de grau zero, significa que qualquer variação porcentual sofrida por x e y não altera o valor de $f(x, y)$ (é o caso do Exemplo 9.15).

Se f for homogênea de grau 1, significa que todas as vezes em que x e y forem multiplicados por um valor λ, a nova imagem de f será igual a λ vezes a imagem inicial (é o caso da função do Exemplo 9.14).

Se f for homogênea de grau 2, significa que sempre que x e y forem multiplicados por um valor λ, a nova imagem de f será igual a λ^2 vezes a imagem inicial (é o caso da função do Exemplo 9.13).

Cumpre observar finalmente que nem toda função é homogênea; por exemplo, a função $f(x, y) = 2x + y + 3$ não é homogênea.

As funções homogêneas gozam de uma importante propriedade, conhecida como Teorema de Euler (Leonard Euler, matemático suíço, 1707–1783), que veremos a seguir.

Teorema 9.4 – Teorema de Euler

Seja f uma função de duas variáveis x e y, homogênea de grau m. Então,

$$m \cdot f(x, y) = x \cdot \frac{\partial f}{\partial x}(x, y) + y \cdot \frac{\partial f}{\partial y}(x, y)$$

Demonstração:

Sendo f homogênea de grau m, teremos:

$$f(\lambda x, \lambda y) = \lambda^m \cdot f(x, y)$$

Derivando ambos os membros dessa função, em relação a λ, considerando as funções $x(\lambda) = \lambda x$ e $y(\lambda) = \lambda y$ e a regra da cadeia, teremos:

$$\frac{\partial f}{\partial x}(\lambda x, \lambda y) \cdot \frac{dx}{d\lambda} + \frac{\partial f}{\partial y}(\lambda x, \lambda y) \cdot \frac{dy}{d\lambda} = m\lambda^{m-1} f(x, y)$$

Como $\frac{dx}{d\lambda} = x$ e $\frac{dy}{d\lambda} = y$ segue que,

$$\frac{\partial f}{\partial x}(\lambda x, \lambda y) \cdot x + \frac{\partial f}{\partial y}(\lambda x, \lambda y) \cdot y = m\lambda^{m-1} f(x, y)$$

Tendo em vista que essa última igualdade se verifica para todo $\lambda > 0$, em particular, para $\lambda = 1$, teremos

$$\frac{\partial f}{\partial x}(\lambda x, \lambda y) \cdot x + \frac{\partial f}{\partial y}(x, y) \cdot y = m f(x, y)$$

conforme queríamos demonstrar.

O teorema de Euler tem um importante papel em Economia, no que diz respeito à função de produção e à remuneração dos insumos.

Com efeito, consideremos a função Cobb-Douglas de produção $P = k \cdot x^\alpha \cdot y^{1-\alpha}$, homogênea de grau 1, na qual x e y indicam as quantidades dos insumos trabalho e capital respectivamente.

Pelo Teorema de Euler, temos

$$P = x \cdot \frac{\partial P}{\partial x} + y \cdot \frac{\partial P}{\partial y}$$

em que as derivadas parciais $\frac{\partial P}{\partial x}$ e $\frac{\partial P}{\partial y}$ indicam as produtividades marginais do trabalho e do capital, respectivamente.

Assim, se cada unidade de insumo for remunerada de acordo com sua produtividade marginal, teremos

$$t = \frac{\partial P}{\partial x} \cdot s$$

e

$$c = \frac{\partial P}{\partial y} \cdot s$$

em que t é a remuneração de cada unidade de trabalho, c é a remuneração de cada unidade de capital, s é o preço unitário do produto.

Substituindo esses valores na expressão de P, resulta

$$P = \frac{t}{s} \cdot x + \frac{c}{s} \cdot y$$

e, portanto:

$$Ps = tx + cy$$

Essa última relação nos mostra que a receita total (Ps) se decompõe em duas parcelas: tx, que é a remuneração total do trabalho, e cy, que é a remuneração do capital.

Enfatizamos mais uma vez que tal conclusão só é válida se forem verificadas as condições:

a) função de produção homogênea de grau 1;
b) remuneração dos insumos de acordo com suas produtividades marginais.

Assim sendo, constitui um problema de Economia a verificação dessas condições.

PROBLEMAS

42. Nas funções a seguir, indique as homogêneas e dê seu grau de homogeneidade:
    a) $f(x, y) = 2x + 5y$
    b) $f(x, y) = 3x^2 + 10y^2$
    c) $f(x, y) = 4y^2 - 6xy$
    d) $f(x, y) = 4x^3 - y^2$
    e) $f(x, y) = \dfrac{x + y}{x - y}$
    f) $f(x, y) = e^{x+y}$
    g) $f(x, y) = 2x + 7y + 9$
    h) $f(x, y) = 2x^{0,3} y^{0,7}$
    i) $f(x, y) = x^{0,2} y^{0,6}$
    j) $f(x, y) = 6x^{0,5} y^{0,7}$

43. Considere a seguinte função de produção:

    $$P = 6x^{0,5} y^{0,5}$$

    em que x é a quantidade de trabalho e y a de capital.

    a) Mostre que a função é homogênea de grau 1.
    b) Calcule a produtividade marginal do trabalho $\dfrac{\partial P}{\partial x}$ e a do capital $\dfrac{\partial P}{\partial y}$.
    c) Se o nível de produção é de 1.200 unidades e o preço por unidade do produto for $ 2,00 qual a remuneração do trabalho e do capital se ambas as remunerações por unidade forem iguais às produtividades marginais?

44. Resolva o exercício anterior considerando a função de produção $P = Ax^\alpha y^{1-\alpha}$, na qual $0 < \alpha < 1$.

45. Uma ilha produz apenas um produto: suco de abacaxi. A função de produção é $P = 20x^{0,5} y^{0,5}$, em que P é a produção diária (em litros de suco), x é a quantidade de trabalho (em homens-hora) e y é o número de máquinas utilizadas. Se cada unidade de trabalho e de capital for remunerada de acordo com suas produtividades marginais e se o preço de venda do produto é $ 0,80 por litro:

    a) Qual a produção diária se forem utilizados 1.600 homens-hora e 100 máquinas?
    b) Qual o salário por homem-hora?
    c) Qual a remuneração diária por máquina recebida pelos proprietários das máquinas?

46. Em relação ao exercício anterior, o que ocorre com o salário por homem-hora se houver um aumento de 21% na quantidade de trabalho, mantido o número de máquinas?

47. Em relação ao Exercício 45, o que ocorre com o salário por homem-hora se houver um aumento de 21% na quantidade de trabalho e um aumento de 21% na quantidade de máquinas?

9.8 DERIVADAS PARCIAIS DE SEGUNDA ORDEM

Seja f uma função de duas variáveis x e y, f_x e f_y suas derivadas parciais. Se calcularmos as derivadas parciais de f_x e f_y, obteremos quatro funções chamadas *derivadas parciais de segunda ordem*. São elas:

i) derivada de f_x em relação a x, indicada por:

$$f_{xx} \text{ ou } \frac{\partial^2 f}{\partial x^2}$$

ii) derivada de f_x em relação a y, indicada por:

$$f_{xy} \text{ ou } \frac{\partial^2 f}{\partial y \, \partial x}$$

iii) derivada de f_y em relação a x, indicada por:

$$f_{yx} \text{ ou } \frac{\partial^2 f}{\partial x \, \partial y}$$

iv) derivada de f_y em relação a y, indicada por:

$$f_{yy} \text{ ou } \frac{\partial^2 f}{\partial y^2}$$

EXEMPLO 9.16 Se $f(x, y) = 4x^2 + 3y^2 - 6xy$, então:

$f_x = 8x - 6y$ $\qquad$ $f_y = 6y - 6x$

$f_{xx} = 8$ $\qquad$ $f_{yx} = -6$

$f_{xy} = -6$ $\qquad$ $f_{yy} = 6$

PROBLEMAS

48. Calcule as derivadas parciais de segunda ordem das funções:
    a) $f(x, y) = 2x + 6y$
    b) $f(x, y) = xy$
    c) $f(x, y) = 2x^2 + y^2$
    d) $f(x, y) = \dfrac{x}{y}$
    e) $f(x, y) = 6x^{0,5} y^{0,5}$
    f) $f(x, y) = e^{x+y}$

49. Calcule as derivadas mistas f_{xy} e f_{yx} da função $f(x, y) = \ln \sqrt{x^2 + y^2}$.

9.9 USO DO MATHEMATICA

O mesmo comando D, que foi usado para derivação de funções de uma variável, pode também ser utilizado para derivação de funções de duas variáveis.

EXEMPLO 9.2 (continuação) Vamos obter f_x, f_y usando o comando D, para a função $f(x, y) = x^2 + y^2$. Para $f_x = \dfrac{\partial f}{\partial x}$, obtemos:

$$\text{In}[1]: = D[x \wedge 2 + y \wedge 2, x]$$

$$\text{Out}[1]: = 2x$$

Similarmente, obteremos $f_y = 2y$.

Se quisermos a derivada $f_{xx} = \dfrac{\partial^2 f}{\partial x^2}$, teremos

$$\text{In}[2]: = D[x \wedge 2 + y \wedge 2, x, x]$$

obtendo:

$$\text{Out}[2]: = 2$$

Do mesmo modo, para obter $f_{xy} = \dfrac{\partial^2 f}{\partial y \partial x}$, usamos o comando

$$D[x \wedge 2 + y \wedge 2, x, y]$$

obtendo o valor 0, como esperado.

Para obter o diferencial de uma função $f(x, y)$, usamos o comando Dt.
Para o Exemplo 9.7, obtemos

$$\text{In}[3]: = Dt[2\, x \wedge 2 + 4\, y \wedge 3]$$

$$\text{Out}[3]: = 4\, x\, Dt[x] + 12\, y \wedge 2\, Dt[y],$$

na qual entendemos $Dt[x] = \Delta x$ e $Dt[y] = \Delta y$.

PROBLEMAS

Usando o Mathematica, obtenha f_x, f_y, f_{xx}, f_{xy}, f_{yx} e f_{yy} para as seguintes funções:

50. $f(x, y) = x^2 + y^2 + 2xy$.

51. $f(x, y)$ do Exemplo 9.3.

52. $f(x, y)$ do Exemplo 9.4.

53. $f(x, y)$ do Exemplo 9.5.

54. $f(x, y)$ do Exemplo 9.16.

55. Obter o diferencial da função do Exemplo 9.8.

MÁXIMOS E MÍNIMOS PARA FUNÇÕES DE DUAS VARIÁVEIS

10.1 INTRODUÇÃO

Uma importante aplicação do estudo das derivadas parciais é o da otimização de funções. Otimizar uma função significa encontrar seu ponto de máximo ou de mínimo. Assim, determinar a máxima produção de uma firma com um dado orçamento constitui um problema de maximização; entre as possíveis combinações de insumos, aquela que nos permite obter um certo nível de produção, a custo mínimo, consiste em resolver um problema de minimização. Vamos tornar mais precisas essas ideias, com algumas definições.

Seja f uma função de duas variáveis x e y. Dizemos que um ponto (x_0, y_0) do domínio D é um *ponto de máximo relativo* de f, ou simplesmente *ponto de máximo*, se existir um círculo de centro (x_0, y_0) e raio r tal que, para todo ponto $P(x, y)$ do domínio situado no interior desse círculo, tenhamos:

$$f(x, y) \leq f(x_0, y_0)$$

Ao número $f(x_0, y_0)$ damos o nome valor máximo de f (Figura 10.1).

Figura 10.1: Pontos de máximo de uma função

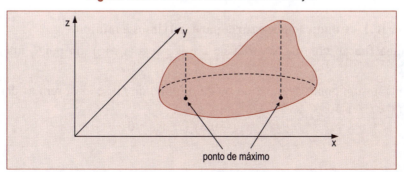

Analogamente, dizemos que um ponto (x_0, y_0) do domínio D é um *ponto de mínimo relativo de f*, ou simplesmente *ponto de mínimo*, se existir um círculo de centro (x_0, y_0) e raio r tal que, para todo ponto $P(x, y)$ do domínio situado no interior desse círculo, tenhamos:

$$f(x, y) \geq f(x_0, y_0)$$

Ao número $f(x_0, y_0)$ damos o nome de valor mínimo de f (Figura 10.2).

Figura 10.2: Ponto de mínimo de uma função

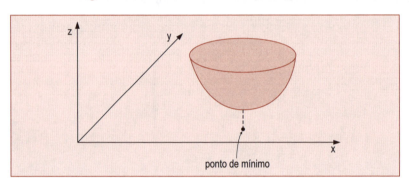

Seja f uma função de duas variáveis x e y. Dizemos que um ponto (x_0, y_0) do domínio D é um *ponto de máximo global* (*ou absoluto*) de f se, para todo ponto $P(x, y)$ do domínio, tivermos:

$$f(x, y) \leq f(x_0, y_0)$$

Analogamente, dizemos que um ponto (x_0, y_0) do domínio D é um *ponto de mínimo global* (*ou absoluto*) de f se, para todo ponto $P(x, y)$ do domínio, tivermos:

$$f(x, y) \geq f(x_0, y_0)$$

Observemos que um ponto de máximo (ou mínimo) global é máximo (ou mínimo) relativo, mas o contrário não é verdadeiro.

A descoberta de um ponto de máximo ou de mínimo pode ser feita com o auxílio de dois teoremas que veremos a seguir.

Teorema 10.1 – Condição necessária para máximos e mínimos

Seja f uma função com duas variáveis x e y e seja (x_0, y_0) um ponto interior ao domínio.

Se (x_0, y_0) for um ponto de máximo ou de mínimo de f e se existirem as derivadas parciais f_x e f_y, então:

$$f_x(x_0, y_0) = 0 \text{ e } f_y(x_0, y_0) = 0$$

Demonstração:

Suponhamos que (x_0, y_0) seja um ponto de máximo. Existe um círculo de centro (x_0, y_0) e raio r, no interior do domínio D, cujos pontos interiores (x, y) são tais que $f(x, y) \leq f(x_0, y_0)$ (Figura 10.3).

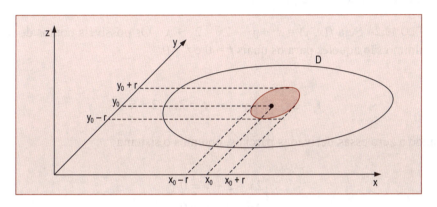

Figura 10.3: Ilustração do Teorema 10.1

Consideremos os pontos interiores desse círculo para os quais $y = y_0$. Então $f(x, y_0)$ será função somente de x. Mas, como $f(x, y) \leq f(x_0, y_0)$ para $x_0 - r < x < x_0 + r$, segue-se que a função $f(x, y)$ de uma variável tem um ponto de máximo em (x_0, y_0) e, consequentemente, $f_x(x_0, y_0) = 0$.

Analogamente, se considerarmos os pontos interiores do círculo para os quais $x = x_0$, então $f(x_0, y)$ será só função de y. Mas como $f(x_0, y) \leq f(x_0, y_0)$ para $y_0 - r < y < y_0 + r$, segue-se que a função $f(x_0, y)$, de uma variável, tem ponto de máximo em (x_0, y_0) e, consequentemente, $f_y(x_0, y_0) = 0$.

Em resumo, se (x_0, y_0) for ponto de máximo, então $f_x(x_0, y_0) = 0$ e $f_y(x_0, y_0) = 0$.

A demonstração é análoga se (x_0, y_0) for um ponto de mínimo.

Observemos que o teorema se aplica a máximos e mínimos relativos e não absolutos.

Os pontos que anulam simultaneamente as derivadas parciais f_x e f_y são chamados pontos críticos de f.

EXEMPLO 10.1 Seja $f(x, y) = x^2 + y^2 - 2x + 1$. Os possíveis pontos de máximo ou de mínimo são aqueles para os quais $f_x = 0$ e $f_y = 0$.

Temos que:

$$f_x = 2x - 2 \quad \text{e} \quad f_y = 2y$$

Igualando a zero essas derivadas, obtemos o sistema

$$\begin{cases} 2x - 2 = 0 \\ 2y = 0 \end{cases}$$

cuja solução é $x = 1$ e $y = 0$.

Portanto, o Teorema 10.1 nos assegura que se f tiver um ponto de máximo ou de mínimo, este só poderá ser o ponto $(1, 0)$.

EXEMPLO 10.2 Seja $f(x, y) = x^2 + y^2 - 2x - 2y + xy$. Os possíveis pontos de máximo ou de mínimo são aqueles para os quais $f_x = 0$ e $f_y = 0$.
Como

$$f_x = 2x - 2 + y \quad \text{e} \quad f_y = 2y - 2 + x$$

igualando a zero essas derivadas parciais, obtemos o sistema

$$\begin{cases} 2x - 2 + y = 0 \\ 2y - 2 + x = 0 \end{cases}$$

cuja solução é $x = \dfrac{2}{3}$ e $y = \dfrac{2}{3}$.

Portanto, o Teorema 10.1 nos assegura que se f tiver um ponto de máximo ou de mínimo, este só poderá ser o ponto $\left(\dfrac{2}{3}, \dfrac{2}{3}\right)$.

EXEMPLO 10.3 Seja $f(x, y) = 2x + 3y - 5$. Temos: $f_x = 2$ e $f_y = 3$. Como essas derivadas nunca se anulam, a função não terá ponto de máximo nem de mínimo.

Nesse caso particular, poderíamos ter chegado a essa conclusão lembrando que o gráfico de f é um plano não horizontal e, consequentemente, sem ponto de máximo nem de mínimo.

Observações:

Antes de prosseguirmos, cumpre salientarmos algumas considerações bastante importantes em tudo que segue.

i) O Teorema 10.1 não nos garante a existência de pontos de máximo ou de mínimo, mas sim possíveis pontos de máximo ou mínimo. Assim, pode ocorrer de termos $f_x(x_0, y_0) = 0$ e $f_y(x_0, y_0) = 0$ sem que (x_0, y_0) seja ponto de máximo ou de mínimo.

Um exemplo deste fato é o da função $f(x, y) = xy$, em que $f_x = y$ e $f_y = x$; o ponto crítico é $(0, 0)$ e $f(0, 0) = 0$.

Assim, se tomarmos um círculo de centro (0, 0) e raio r, teremos:

a) para os pontos interiores desse círculo situados no interior do primeiro e terceiro quadrantes, $f(x, y) = xy > 0$, pois x e y têm o mesmo sinal;

b) para os pontos interiores desse círculo situados no interior do segundo e quarto quadrantes, $f(x, y) = xy < 0$, pois x e y têm sinais contrários.

Logo, (0, 0) não é ponto de máximo nem de mínimo.

Verifica-se que o gráfico desta função tem o aspecto de uma "sela de cavalo".

O ponto (0, 0) é chamado *ponto de sela* (Figura 10.4).

Figura 10.4: O ponto (0, 0) é chamado ponto de sela

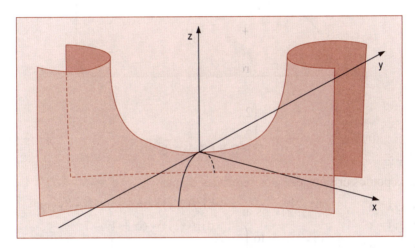

De modo geral, todo ponto crítico (x_0, y_0) que não é de máximo nem de mínimo é chamado ponto de sela.

ii) O Teorema 10.1 só se aplica a pontos interiores ao domínio. Assim, os pontos que anulam as derivadas parciais f_x e f_y só podem ser pontos de máximo ou mínimo do interior do domínio. A análise dos pontos de fronteira (pontos do domínio que não são interiores) deve ser feita à parte, como veremos a seguir.

EXEMPLO 10.4 A função $f(x, y) = 6 - 2x - 3y$ definida no domínio dado pelos pontos do plano cartesiano tais que $x \geq 0$ e $y \geq 0$ (isto é, no primeiro quadrante) tem um ponto de máximo em (0, 0) que é ponto de fronteira do domínio.

Além disso, f não tem ponto de máximo ou mínimo no interior do domínio pois $f_x = -2 \neq 0$ e $f_y = -3 \neq 0$ (Figura 10.5).

Figura 10.5: Gráfico da função do Exemplo 10.4

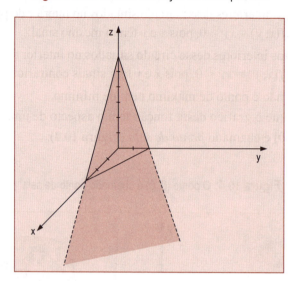

PROBLEMAS

1. Ache os pontos críticos de f nos seguintes casos:
   a) $f(x, y) = x^2 + y^2 - 6x - 4y$
   b) $f(x, y) = x^2 + y^2 - 4x - 8y - xy$
   c) $f(x, y) = e^{x^2 + y^2}$
   d) $f(x, y) = 6x + 4y - 7$
   e) $f(x, y) = x^3 - y^3$

2. Mostre, usando a definição, que a função $f(x, y) = x^2 + y^2$ tem um ponto de mínimo.

3. Mostre, usando a definição, que a função $f(x, y) = -x^2 - y^2$ tem um ponto de máximo.

4. Mostre, usando a definição que a função $f(x, y) = xy + 3$ tem um ponto de sela.

5. Mostre, usando a definição que a função $f(x, y) = xy + 7$ tem um ponto de sela.

10.2 CRITÉRIOS PARA IDENTIFICAÇÃO DE PONTOS CRÍTICOS

O Teorema 10.1 permitiu-nos determinar os possíveis pontos de máximo ou de mínimo no interior do domínio, sem, contudo, identificá-los. O Teorema 10.2, que veremos a seguir, permitirá esta identificação. Sua demonstração poderá ser vista, por exemplo, em Leithold (1977).

Teorema 10.2 – Condição suficiente para máximos e mínimos

Seja f uma função de duas variáveis x e y, contínua, com derivadas parciais até segunda ordem contínuas. Seja (x_0, y_0) um ponto crítico de f. Chamemos o determinante

$$H(x_0, y_0) = \begin{vmatrix} f_{xx}(x_0, y_0) & f_{xy}(x_0, y_0) \\ f_{yx}(x_0, y_0) & f_{yy}(x_0, y_0) \end{vmatrix}$$

de Hessiano (em homenagem ao matemático alemão Ludwig Otto Hesse, 1811–1874) de f no ponto (x_0, y_0). Se:

a) $H(x_0, y_0) > 0$ e $f_{xx}(x_0, y_0) < 0$, então (x_0, y_0) será ponto de máximo de f;

b) $H(x_0, y_0) > 0$ e $f_{xx}(x_0, y_0) > 0$, então (x_0, y_0) será ponto de mínimo de f;

c) $H(x_0, y_0) < 0$ então (x_0, y_0) será ponto de sela de f.

O símbolo $\begin{vmatrix} a & b \\ c & d \end{vmatrix}$ representa um determinante de ordem 2, cujo valor é $ad - bc$.

EXEMPLO 10.5 Consideremos a função $f(x, y) = x^2 + y^2 - 2x - 2y + 4$. Os pontos críticos de f são soluções do sistema

$$\begin{cases} f_x = 2x - 2 = 0 \\ f_y = 2y - 2 = 0 \end{cases}$$

ou seja, $x = 1$ e $y = 1$. Portanto $(1, 1)$ é o único ponto crítico.

Por outro lado,

$$f_{xx} = 2$$
$$f_{xy} = 0$$
$$f_{yx} = 0$$
$$f_{yy} = 2$$

e, portanto:

$$H = \begin{vmatrix} 2 & 0 \\ 0 & 2 \end{vmatrix} = 4$$

Dessa forma,

$$\begin{cases} H(1,1) = 4 > 0 \\ e \\ f_{xx}(1,1) = 2 > 0 \end{cases} \Rightarrow (1,1) \text{ é ponto de mínimo de } f.$$

O gráfico dessa função está na Figura 10.6. Esta e os outros gráficos foram produzidos com o Mathematica. Nestas figuras ficam evidenciados os pontos de mínimo ou máximo.

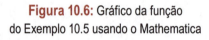

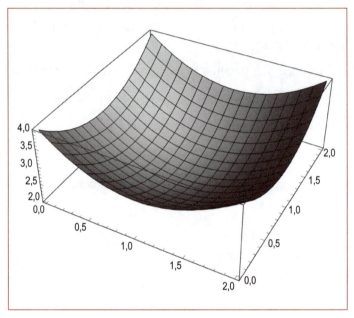

EXEMPLO 10.6 Consideremos a função $f(x, y) = -\frac{1}{4}x^4 - \frac{1}{4}y^4 + x + y$. Os pontos críticos de f são as soluções do sistema

$$\begin{cases} f_x = -x^3 + 1 = 0 \\ f_y = -y^3 + 1 = 0 \end{cases}$$

ou seja, (1, 1) é o único ponto crítico.
Por outro lado,

$$f_{xx} = -3x^2$$
$$f_{xy} = 0$$
$$f_{yx} = 0$$
$$f_{yy} = -3y^2$$

e, portanto:

$$H(1, 1) = \begin{vmatrix} -3 & 0 \\ 0 & -3 \end{vmatrix} = 9$$

Dessa forma,

$$\begin{cases} H(1,1) > 0 \\ e \\ f_{xx}(1,1) = -3 < 0 \end{cases} \Rightarrow \quad (1,1) \text{ é ponto de máximo de } f.$$

Veja a Figura 10.7.

Figura 10.7: Gráfico da função do Exemplo 10.6 usando o Mathematica

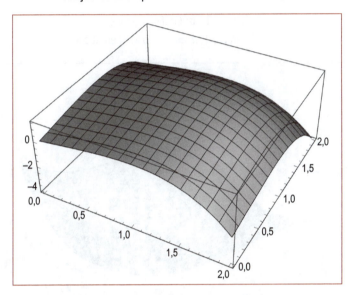

EXEMPLO 10.7 Consideremos a função $f(x, y) = \dfrac{1}{3}x^3 - 2x^2 + 3x + y^2 - 6y + 12$.

Os pontos críticos de f são as soluções do sistema

$$\begin{cases} f_x = x^2 - 4x + 3 = 0 \\ f_y = 2y - 6 = 0 \end{cases}$$

portanto, $x = 1$ ou $x = 3$; $y = 3$, ou seja, os pontos críticos de f são: $(1, 3)$ e $(3, 3)$.
Por outro lado,

$$f_{xx} = 2x - 4 \qquad f_{xy} = 0 \qquad f_{yx} = 0 \qquad f_{yy} = 2$$

e,

$$H = \begin{vmatrix} 2x - 4 & 0 \\ 0 & 2 \end{vmatrix} = 4x - 8$$

Em resumo, temos:

a) Ponto (1, 3):

$$H(1, 3) = -4 < 0, \text{ logo } (1, 3) \text{ é ponto de sela de } f.$$

b) Ponto (3, 3):

$$H(3, 3) = 4 > 0 \text{ e } f_{xx}(3, 3) = 2 > 0. \text{ Logo, } (3, 3) \text{ é ponto de mínimo de } f.$$

Veja a Figura 10.8.

Figura 10.8: Gráfico da função do Exemplo 10.7 usando o Mathematica

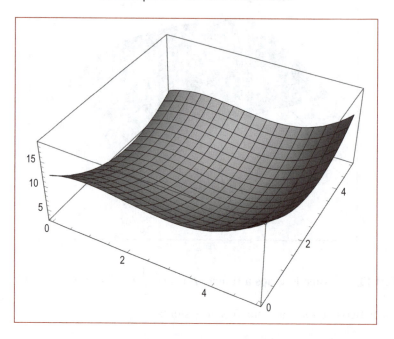

EXEMPLO 10.8 Consideremos a função $f(x, y) = x^2 - 2xy + y^2$. Os pontos críticos de f são as soluções do sistema

$$\begin{cases} f_x = 2x - 2y = 0 \\ f_y = -2x + 2y = 0 \end{cases} \Rightarrow \begin{cases} x = y \\ x = y \end{cases}$$

ou seja, os pontos críticos de f são os pontos (x, x) em que $x \in \mathbb{R}$.
Por outro lado,

$$f_{xx} = 2, \quad f_{xy} = -2, \quad f_{yx} = -2, \quad f_{yy} = 2,$$

e:

$$H(x,x) = \begin{vmatrix} 2 & -2 \\ -2 & 2 \end{vmatrix} = 0$$

Logo, o Teorema 10.2 é inconclusivo. Nesse caso, devemos analisar o comportamento de f nos pontos (x, x), usando a definição.
Temos:

$$f(x, y) = x^2 - 2xy - y^2 = (x - y)^2 \geq 0 \text{ para todo par } (x, y)$$

$$f(x, x) = 0 \text{ para todo } x$$

Logo, $f(x, y) \geq f(x, x)$, para qualquer valor de x e y, e, portanto, os pontos (x, x) são todos de mínimo de f (Figura 10.9).

Figura 10.9: Gráfico da função do Exemplo 10.8 usando o Mathematica

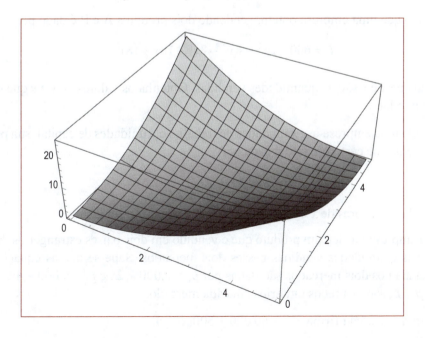

PROBLEMAS

6. Ache os pontos críticos de cada função abaixo e classifique-os:

   a) $f(x, y) = -x^2 - y^2 + 2x - 2y$

   b) $f(x, y) = x^2 + y^2 - xy - 3x - 4y$

   c) $f(x, y) = 3 + 4xy$

   d) $f(x, y) = e^{3x + 4y}$

   e) $f(x, y) = x^2 + 2xy + y^2$

   f) $f(x, y) = e^{x^2 + y^2}$

   g) $f(x, y) = \dfrac{1}{3}x^3 + \dfrac{1}{3}y^3 - 2x^2 - 3y^2 + 3x + 5y + 40$

   h) $f(x, y) = \dfrac{1}{3}x^3 - 5x^2 - y^2 - 3y$

   i) $f(x, y) = e^{x^2 + 3y}$

   j) $f(x, y) = x^3 + 2y^2 - 3x - 4y$

   k) $f(x, y) = -x^2 - 4xy - 4$

   l) $f(x, y) = x^2 y^2$

7. O lucro que uma empresa obtém, vendendo dois produtos A e B é dado por

$$L = 600 - 2x^2 - 4y^2 - 3xy + 18x + 18y$$

   sendo que x e y são as quantidades vendidas. Obtenha os valores de x e y que maximizam o lucro.

8. Quando uma empresa usa x unidades de trabalho e y unidades de capital, sua produção mensal de certo produto é dada por:

$$P = 32x + 20y + 3xy - 2x^2 - 2{,}5y^2$$

   Obtenha os valores de x e y que maximizam a produção semanal.

9. Uma empresa fabrica um produto que é vendido em dois países estrangeiros. Sejam x e y as quantidades vendidas nesses dois mercados. Sabe-se que as equações de demanda nos dois mercados são dadas por $p_1 = 6.000 - 2x$ e $p_2 = 9.000 - 4y$, sendo que p_1 e p_2 são os preços unitários em cada mercado.

   A função custo da firma é $C = 60.000 + 500(x + y)$.

   a) Obtenha os valores de x e y que maximizam o lucro e ache o valor desse lucro.

   b) Nas condições do item anterior, quais os preços cobrados em cada país?

10. Uma firma produz dois produtos A e B nas quantidades x e y. As equações de demanda de A e B são:

A: $p_1 = 20 - x$ e B: $p_2 = 80 - 2y$.

A função custo é $C = x^2 + y^2 + 4x + 4y$. Obtenha os preços p_1 e p_2 que devem ser cobrados para maximizar o lucro.

11. Resolva o exercício anterior considerando as seguintes funções de demanda:

A: $p_1 = 10 - x$, B: $p_2 = 20 - 2y$ e a função custo $C = \frac{1}{2}x^2 + \frac{1}{2}y^2 + 2xy$.

12. Uma empresa fabrica dois produtos I e II cujos preços de venda são respectivamente $ 10,00 e $ 6,00. A função custo é $C = 2x^2 + y^2 + xy$, em que x e y são as quantidades produzidas de I e II respectivamente. Obtenha os valores de x e y que proporcionam lucro máximo.

13. Uma empresa fabrica dois produtos P e Q, o primeiro vendido a $ 4,00 a unidade e o segundo a $ 2,00 a unidade. A função custo mensal é $C = 5 + x^2 + y^2 - xy$, sendo que x e y são as quantidades produzidas.

    a) Quais as quantidades x e y que maximizam o lucro?

    b) Qual o lucro máximo?

14. Uma empresa produz dois bens substitutos, cujas equações de demanda são dadas por

$$x = 500 - 2p + q$$
$$y = 900 + p - 3q$$

em que x e y são as quantidades produzidas, p e q são seus preços unitários, respectivamente. Se a função custo para fabricar esses bens for

$$C = 10.000 + 200x + 100y$$

obtenha os valores de p e q que maximizam o lucro e ache o valor desse lucro.

15. Em relação ao exercício anterior, qual o lucro máximo?

16. Um duopólio é tal que as funções custo para as firmas são:

$$C(x) = 3x \quad \text{e} \quad C(y) = \frac{1}{2}y^2$$

Sendo que x é a quantidade produzida pela primeira firma e y a da segunda. A equação da demanda do produto é $p = 100 - 2(x + y)$, em que p é o preço unitário.

a) Qual a equação do lucro do duopólio, em função de x e y?

b) Quais os valores de x e y que maximizam esse lucro?

17. Um monopolista produz e vende um produto em dois mercados, cada qual com a seguinte equação de demanda

$$p_1 = 40 - 3x_1 \quad \text{e} \quad p_2 = 90 - 2x_2$$

em que p_1 e p_2 são os preços unitários em cada mercado, x_1 e x_2 as respectivas quantidades demandadas. A função custo é $C = 200 + 10(x_1 + x_2)$.

a) Obtenha os preços p_1 e p_2 que maximizam o lucro.

b) Se não puder haver discriminação de preços (ou seja, se p_1 e p_2 tiverem que ser iguais), qual o preço que maximiza o lucro?

18. Resolva o exercício anterior considerando as seguintes equações de demanda:

$$p_1 = 200 - x_1 \quad \text{e} \quad p_2 = 300 - 0{,}5x_2$$

Considere também a função custo $C = 10.000 + 80(x_1 + x_2)$.

10.3 UMA APLICAÇÃO: AJUSTE DE RETAS PELO MÉTODO DOS MÍNIMOS QUADRADOS

Ao longo do texto tivemos a oportunidade de trabalhar com certas funções sem mencionarmos de que forma foram obtidas. Muitas vezes elas são obtidas por meio de dados reais, usando uma técnica estatística conhecida como Regressão; de acordo com esta técnica, é possível ajustarmos a um conjunto de valores uma determinada função que se adapte a esse conjunto.

EXEMPLO 10.9 Um monopolista deseja obter empiricamente uma equação de demanda para seu produto. Ele admite que a quantidade média demandada (y) relaciona-se com seu preço unitário (x) por meio de uma função do primeiro grau.

Para estimar esta reta, fixou os preços em vários níveis e observou a quantidade demandada, obtendo os dados a seguir:

Preço unitário (x)	Quantidade demandada (y)
1	45
2	43
3	35
4	33
5	30
6	21
7	12

Para resolvermos o tipo de questão acima (ajustar uma reta a uma nuvem de pontos) vamos desenvolver o que segue.

Consideremos n pontos do plano cartesiano, não todos situados em uma mesma vertical, cujas coordenadas são (x_1, y_1), (x_2, y_2), ... (x_n, y_n). Suponhamos que o gráfico desses pontos sugira uma relação linear entre y e x (Figura 10.10).

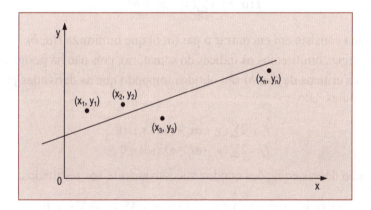

Figura 10.10: Relação aproximadamente linear entre x e y

Há inúmeras maneiras de obter uma reta que se adapte aos pontos (com uma régua, por exemplo). Contudo, um método que frequentemente é utilizado em virtude das boas qualidades que possui é o método dos mínimos quadrados.

A ideia básica do método consiste no seguinte: entre as infinitas retas que existem, uma delas, de equação $y = ax + b$, será aquela que tornará mínima a soma dos quadrados dos desvios $(e_1^2 + e_2^2 + e_3^2 + \ldots + e_n^2)$ em que $e_i = y_i - (ax_i + b)$. Tal reta é chamada reta de mínimos quadrados, cuja equação iremos determinar (Figura 10.11).

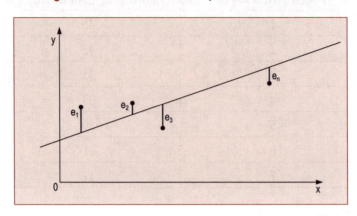

Figura 10.11: A reta de mínimos quadrados e os desvios

Temos:

$$\sum_{i=1}^{n} e_i^2 = \sum_{i=1}^{n}(y_i - ax_i - b)^2$$

Considerando a função de variáveis a e b dada por

$$f(a, b) = \sum_{i=1}^{n}(y_i - ax_i - b)^2$$

nosso problema consiste em encontrar o par (a, b) que minimiza $f(a, b)$.

No que segue, omitiremos os índices do somatório, pois não há perigo de confusão.

Os pontos críticos de $f(a, b)$ são obtidos impondo que as derivadas parciais f_a e f_b sejam ambas nulas. Isto é:

$$f_a = 2\sum(y_i - ax_i - b).(-x_i) = 0$$
$$f_b = 2\sum(y_i - ax_i - b).(-1) = 0$$

A simplificação dessas equações conduz sucessivamente aos resultados:

$$\begin{cases} \sum(x_i y_i - ax_i^2 - bx_i) = 0 \\ \sum(y_i - ax_i - b) = 0 \end{cases} \Leftrightarrow \begin{cases} \sum x_i y_i - a\sum x_i^2 - b\sum x_i = 0 \\ \sum y_i - a\sum x_i - nb = 0 \end{cases}$$

Resolvendo este último sistema de equações obtemos:

$$a = \frac{\sum x_i y_i - \dfrac{(\sum x_i)(\sum y_i)}{n}}{\sum x_i^2 - \dfrac{(\sum x_i)^2}{n}}$$

e

$$b = \frac{\sum y_i}{n} - a\frac{\sum x_i}{n}$$

Para provarmos que a solução encontrada é um ponto de mínimo, temos que calcular as derivadas de segunda ordem de f:

$$\begin{cases} f_{aa} = 2\sum x_i^2 \\ f_{ab} = 2\sum x_i \\ f_{ba} = 2\sum x_i \\ f_{bb} = 2n \end{cases}$$

O Hessiano de f no ponto crítico vale

$$H(a, b) = \begin{vmatrix} 2\sum x_i^2 & 2\sum x_i \\ 2\sum x_i & 2n \end{vmatrix}$$

ou seja,

$$H(a, b) = 4n\sum x_i^2 - 4(\sum x_i)^2 = 4n\left[\sum x_i^2 - \frac{(\sum x_i)^2}{n}\right]$$

e, portanto:

$$H(a, b) = 4n \cdot \sum(x_i - \bar{x})^2 \quad \text{em que } \bar{x} = \frac{\sum x_i}{n}$$

Como $\sum(x_i - \bar{x})^2$ é uma soma de quadrados e os x_i não são todos iguais, segue-se que $H(a, b) > 0$.

Por outro lado, $f_{aa} = 2\sum x_i^2 > 0$ e assim concluímos que o ponto crítico obtido é de fato um ponto de mínimo de f.

Em resumo, a reta de mínimos quadrados tem por equação

$$y = ax + b$$

em que:

$$a = \frac{\sum x_i y_i - \dfrac{(\sum x_i)(\sum y_i)}{n}}{\sum x_i^2 - \dfrac{(\sum x_i)^2}{n}}$$

$$b = \frac{\sum y_i}{n} - a\frac{\sum x_i}{n}$$

Vamos achar a reta de mínimos quadrados aplicando o resultado apresentado anteriormente aos dados do Exemplo 10.9.

EXEMPLO 10.10 Inicialmente, vamos escrever a seguinte tabela de dados:

	x_i	y_i	$x_i y_i$	x_i^2
	1	45	45	1
	2	43	86	4
	3	35	105	9
	4	33	132	16
	5	30	150	25
	6	21	126	36
	7	12	84	49
$\sum$	28	219	728	140

Assim: $\sum x_i = 28 \quad \sum y_i = 219 \quad \sum x_i y_i = 728 \quad \sum x_i^2 = 140$

Usando as fórmulas da reta de mínimos quadrados, teremos:

$$a = \frac{728 - \frac{(28)(219)}{7}}{140 - \frac{(28)^2}{7}} = \frac{-148}{28} = -5{,}2857$$

e

$$b = \frac{219}{7} - (-5{,}2857) \cdot \frac{28}{7} = 52{,}4285$$

Portanto, a equação da reta procurada é $y = -5{,}2857x + 52{,}4285$. O gráfico da reta, juntamente com os pontos e com a equação da reta foi feito usando a planilha *Excel* e encontra-se na Figura 10.12.

Figura 10.12: Reta de mínimos quadrados da demanda em função do preço do Exemplo 10.9, usando a planilha *Excel*

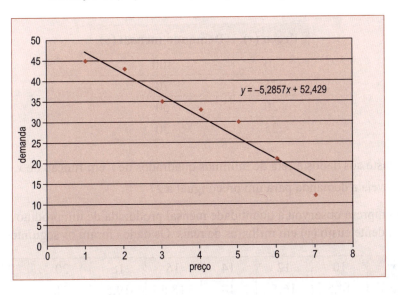

PROBLEMAS

19. Encontre a reta de mínimos quadrados de y em função de x ajustada aos pontos:

x_i	y_i
2	7
4	10
6	11

20. Encontre a reta de mínimos quadrados de y em função de x ajustada aos pontos:

x_i	5	4	2	1	3
y_i	15	10	5	3	9

21. A tabela a seguir fornece as quantidades de fertilizantes aplicados (x_i) e a produção por hectare (y_i) em quatro canteiros de uma fazenda experimental:

x_i	2	4	6	8
y_i	20	35	55	85

a) Obtenha a reta de mínimos quadrados de y em função de x ajustada aos dados.
b) Preveja a produção para uma aplicação de fertilizante correspondente a $x = 7$.

22. Um monopolista variou o preço de seu produto (x) e observou a correspondente demanda mensal (y). Os dados obtidos foram:

Preço (x)	Demanda mensal (y)
10	100
15	70
20	50
25	30

a) Ajuste aos dados a reta de mínimos quadrados de y em função de x.
b) Preveja a demanda para um preço igual a 27.

23. Uma empresa observou a quantidade mensal produzida de um produto (x) e o correspondente custo (y) em milhares de reais. Os dados foram os seguintes:

x	10	12	14	16	18	20	22
y	14,5	16,5	18	18,5	19,5	21	21,5

a) Obtenha a reta de mínimos quadrados ajustada de y em função de x aos dados.
b) Qual o custo estimado para a produção de 24 unidades por mês?

24. A tabela abaixo fornece a exportação de um produto (y), em milhões de dólares, em função ano (x) contado a partir de determinado ano do calendário:

Ano (x)	1	2	3	4	5	6	7
Exportações (y)	80	100	118	143	164	179	205

a) Obtenha a reta de mínimos quadrados de y em função de x ajustada aos dados.
b) Preveja a exportação para o próximo ano.

10.4 ANÁLISE DOS PONTOS DE FRONTEIRA

Até agora, vimos como encontrar máximos e mínimos de funções analisando apenas os pontos interiores ao domínio (pois os teoremas dados só se aplicam a esses pontos). A análise dos pontos de fronteira (quando existem) terá de ser feita sem o auxílio destes teoremas. Uma das formas usadas para abordar tais situações é por meio das curvas de nível da função a ser otimizada. Os exemplos esclarecerão este tipo de abordagem.

EXEMPLO 10.11 Consideremos a função f dada por $f(x, y) = 2x + y$, definida no domínio D dado pelas inequações:

$$x \geq 0$$
$$y \geq 0$$
$$x + y \leq 7$$

a) Em primeiro lugar, notemos que o conjunto D é constituído pela reunião do triângulo da Figura 10.13 com sua parte interna. A fronteira do domínio é constituída pelos segmentos $\overline{AB}, \overline{BC}$ e $\overline{AC}$.

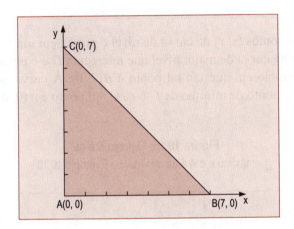

Figura 10.13: Domínio da função do Exemplo 10.10

b) A função $f(x, y) = 2x + y$ admite como curvas de nível o feixe de paralelas à reta $2x + y = 0$, pois qualquer curva de nível c tem por equação a reta $2x + y = c$, que é paralela à $2x + y = 0$, qualquer que seja c.

$$c = 1 \Rightarrow 2x + y = 1$$
$$c = 2 \Rightarrow 2x + y = 2$$
$$c = 3 \Rightarrow 2x + y = 3$$

Os gráficos estão na Figura 10.14.

Notemos neste exemplo que, quanto mais a reta se distancia da origem, maior é o valor de c.

Figura 10.14: Curvas de nível da função $f(x, y) = 2x + y$

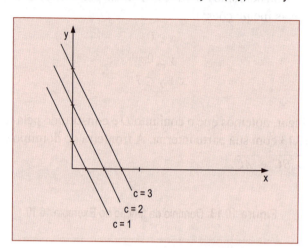

c) Como todos os pontos (x, y) da curva de nível c produzem um valor constante para $f(x, y)$, o ponto da curva de maior nível que intercepta D é o ponto de máximo de f; no caso do exemplo em questão tal ponto é $B(7, 0)$. A curva de menor nível que intercepta D é o ponto de mínimo de f no caso, tal ponto é $A(0, 0)$ (Figura 10.15).

Figura 10.15: O ponto B é de máximo e o A é de mínimo, no Exemplo 10.10

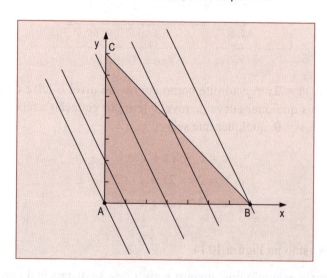

d) O ponto $(0, 0)$ é ponto de mínimo absoluto e $(7, 0)$ é ponto de máximo absoluto de f.

e) Entre os pontos interiores a D, não existem pontos de máximo ou mínimo pois as derivadas parciais nunca se anulam ($f_x = 2$ e $f_y = 1$).

É intuitivo perceber, neste exemplo, que os pontos de máximo e de mínimo estão nos vértices do triângulo. Assim, por simples inspeção do valor de f nos pontos A, B e C, poderíamos descobrir os pontos de máximo e mínimo.

De fato,

$$f(x, y) = 2x + y$$

$$A(0, 0) \to f(0, 0) = 2.0 + 0 = 0$$

$$B(7, 0) \to f(7, 0) = 2.7 + 0 = 14$$

$$C(0, 7) \to f(0, 7) = 2.0 + 7 = 7$$

e, portanto, $A(0, 0)$ é o ponto de mínimo e $B(7, 0)$ é o ponto de máximo de f.

EXEMPLO 10.12 Consideremos a função dada por $f(x, y) = x + y$, definida no domínio D determinado pelas inequações:

$$x \geq 0$$
$$y \geq 0$$
$$2x + y \geq 10$$
$$x + 2y \geq 10$$

a) O domínio é formado pelos pontos da região indicada na Figura 10.16.

Figura 10.16: Domínio da função do Exemplo 10.11

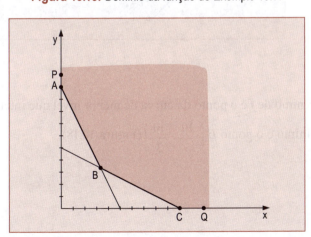

Os pontos A, B e C têm coordenadas $(0, 10)$, $\left(\dfrac{10}{3}, \dfrac{10}{3}\right)$ e $(10, 0)$ respectivamente; o ponto B é a intersecção das retas $2x + y = 10$ e $x + 2y = 10$.

Os pontos de fronteira do domínio são aqueles dos segmentos $\overline{AB}$ e $\overline{BC}$ bem como os das semirretas $\overline{AP}$ e $\overline{CQ}$.

b) A função $f(x, y) = x + y$ admite como curvas de nível o feixe de retas paralelas à reta $x + y = 0$.

$$c = 1 \Rightarrow x + y = 1$$
$$c = 2 \Rightarrow x + y = 2$$
$$c = 3 \Rightarrow x + y = 3$$

Os respectivos gráficos estão na Figura 10.17.

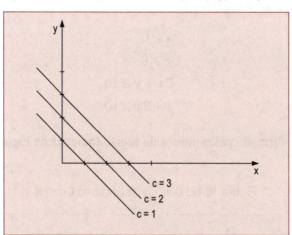

Figura 10.17: Curvas de nível da função $f(x, y) = x + y$

c) O ponto de mínimo de f é o ponto da curva de menor nível que intercepta D. Assim, o ponto de mínimo é o ponto $B\left(\dfrac{10}{3}, \dfrac{10}{3}\right)$ (Figura 10.18).

Figura 10.18: O ponto B é o ponto de mínimo da função $f(x, y) = x + y$ do Exemplo 10.11

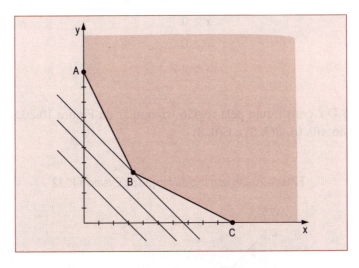

d) A função f não tem ponto de máximo em D pois não existe curva de maior nível de f que intercepte D (Figura 10.19).

Figura 10.19: Não há ponto de máximo

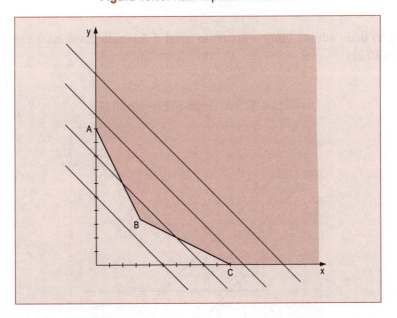

EXEMPLO 10.13 Consideremos a função dada por $f(x, y) = x + y$ e domínio D determinado pelas inequações:

$$x \geq 0$$
$$y \geq 0$$
$$x + y \leq 3$$

a) O conjunto D é constituído pela região triangular da Figura 10.20. Os vértices do triângulo são $A(0, 0)$, $B(3, 0)$ e $C(0, 3)$.

Figura 10.20: Domínio da função do Exemplo 10.12

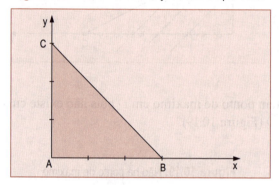

b) A função dada admite como curvas de nível o feixe de paralelas à reta $x + y = 0$ (Figura 10.21).

Figura 10.21: Função do Exemplo 10.12

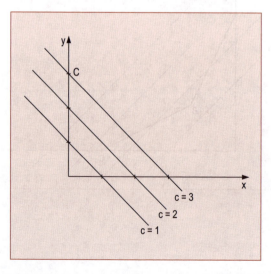

c) Todos os pontos do segmento $\overline{BC}$ são pontos de máximo, pois a reta determinada por BC tem o mesmo coeficiente angular que o feixe de paralelas (–1). O ponto de mínimo de f é o ponto $A(0, 0)$ (Figura 10.22).

Figura 10.22: Pontos de máximo do Exemplo 10.12

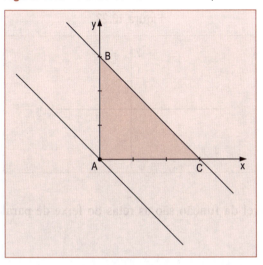

PROBLEMAS

25. Determine os pontos de máximo e mínimo (caso existam) das funções nos domínios indicados:

    a) $f(x, y) = 3x + y$, $D = \{(x, y) \mid x \geq 0, y \geq 0, x + y \leq 6\}$
    b) $f(x, y) = x + 3y$, $D = \{(x, y) \mid x \geq 0, y \geq 0, x + 2y \leq 6\}$
    c) $f(x, y) = x - y$, $D = \{(x, y) \mid x \geq 0, y \geq 0, x + 3y \leq 5\}$
    d) $f(x, y) = 2x + 5y$, $D = \{(x, y) \mid x \geq 0, y \geq 0, x \leq 6, y \leq 5, x + y \leq 8\}$
    e) $f(x, y) = x + 10y$, $D = \{(x, y) \mid x \geq 0, y \geq 0, x \leq 5, y \leq 10, 2x + y \leq 12\}$
    f) $f(x, y) = x + 20y$, $D = \{(x, y) \mid x \geq 0, y \geq 0, x + y \leq 10, 5x + y \leq 30\}$
    g) $f(x, y) = 3x + y$, $D = \{(x, y) \mid x \geq 2, y \geq 0, x + y \leq 10, 5x + y \leq 30\}$
    h) $f(x, y) = 4x - 3y$, $D = \{(x, y) \mid x \geq 0, y \geq 0, x + 2y \leq 8, x - y \leq 4\}$
    i) $f(x, y) = x + y$, $D = \{(x, y) \mid |x| \leq 2, |y| \leq 2\}$
    j) $f(x, y) = x + 2y$, $D = \{(x, y) \mid x \geq 0, y \geq 0, x + y \geq 5\}$
    k) $f(x, y) = x + 3y$, $D = \{(x, y) \mid x \geq 0, y \geq 0, 3x + y \geq 12\}$
    l) $f(x, y) = 2x + y$, $D = \{(x, y) \mid x \geq 0, y \geq 0, 3x + y \geq 12, x + 3y \geq 12\}$
    m) $f(x, y) = x + 2y + 1$, $D = \{(x, y) \mid x \geq 0, y \geq 0, x + y \leq 1\}$

26. Determine o ponto de máximo e de mínimo da função $f(x, y) = x + y$ no domínio dado por $D = \{(x, y) \mid x^2 + y^2 \leq 1\}$.

Resolução:

O domínio da função é o círculo de centro na origem e raio 1 (Figura 10.23).

Figura 10.23

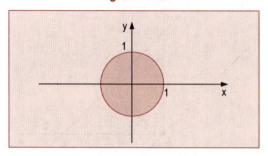

As curvas de nível da função são as retas do feixe de paralelas $x + y = c$ (Figura 10.24).

Figura 10.24

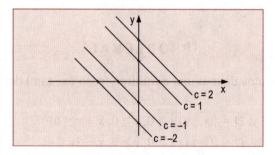

Portanto, os pontos de máximo e de mínimo são os pontos de tangência de $x + y = c$ com a circunferência $x^2 + y^2 = 1$ (Figura 10.25).

Figura 10.25

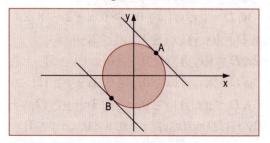

Assim sendo, devemos impor que o sistema de equações

$$\begin{cases} x + y = c \\ x^2 + y^2 = 1 \end{cases}$$

(10.1)
(10.2)

tenha solução única.

De (10.1) temos: $y = c - x$. Substituindo em (10.2), teremos:

$$2x^2 - 2cx + c^2 - 1 = 0 \qquad (10.3)$$

Para que (10.3) tenha uma única raiz, seu discriminante (Δ) deve ser nulo. Assim:

$$\Delta = 4c^2 - 8(c^2 - 1) = -4c^2 + 8 = 0 \Rightarrow c = \sqrt{2} \text{ ou } c = -\sqrt{2}$$

É evidente que para $c = \sqrt{2}$ teremos um ponto de máximo e para $c = -\sqrt{2}$ teremos um ponto de mínimo.

- Para $c = \sqrt{2}$ a equação (10.3) fica igual a $2x^2 - 2\sqrt{2}x + 1 = 0$, cuja raiz é $x = \dfrac{\sqrt{2}}{2}$. O valor de y é dado pela equação (10.1) isto é: $y = \sqrt{2} - \dfrac{\sqrt{2}}{2} = \dfrac{\sqrt{2}}{2}$. Portanto o ponto de máximo é $\left(\dfrac{\sqrt{2}}{2}, \dfrac{\sqrt{2}}{2}\right)$.

- Para $c = -\sqrt{2}$ concluímos de modo análogo que o ponto de mínimo é $\left(-\dfrac{\sqrt{2}}{2}, -\dfrac{\sqrt{2}}{2}\right)$.

Uma outra maneira de resolvermos a questão seria a seguinte: nos pontos A e B de tangência, o coeficiente angular das retas tangentes $x + y = c$ (cujo valor é -1) é igual à derivada $\dfrac{dy}{dx}$ da função dada implicitamente por $x^2 + y^2 = 1$. Assim, pela fórmula da derivada da função implícita temos

$$\frac{dy}{dx} = -\frac{f_x}{f_y} = -\frac{2x}{2y} = -\frac{x}{y}$$

e, portanto, $-\dfrac{x}{y} = -1 \Rightarrow y = x$.

Substituindo na equação da circunferência, obtemos:

$$x^2 + x^2 = 1$$

$$2x^2 = 1$$

$$x^2 = \frac{1}{2}$$

$$x = \sqrt{\frac{1}{2}} = \frac{\sqrt{2}}{2} \text{ ou } x = -\sqrt{\frac{1}{2}} = -\frac{\sqrt{2}}{2}$$

Assim, o ponto A (ponto de máximo) tem coordenadas $\left(\frac{\sqrt{2}}{2}, \frac{\sqrt{2}}{2}\right)$ e o ponto B (ponto de mínimo) tem coordenadas $\left(-\frac{\sqrt{2}}{2}, -\frac{\sqrt{2}}{2}\right)$.

27. Determine os pontos de máximo e mínimo (se existirem) das funções abaixo, nos domínios indicados:

    a) $f(x, y) = x - y$, $D = \{(x, y) \mid x^2 + y^2 \leq 4\}$

    b) $f(x, y) = x + y$, $D = \left\{(x, y) \mid y \leq \frac{1}{x}, x > 0, y > 0\right\}$

    c) $f(x, y) = x + y$, $D = \left\{(x, y) \mid y \geq \frac{1}{x}, x \geq 0, y \geq 0\right\}$

    d) $f(x, y) = x^2 + y^2$, $D = \{(x, y) \mid x + y \leq 5, x \geq 0, y \geq 0\}$

    e) $f(x, y) = x^2 + y^2$, $D = \{(x, y) \mid x + y \geq 1\}$

    f) $f(x, y) = -x^2 + y$, $D = \{(x, y) \mid x \geq 0, y \geq 0, x + y \leq 1\}$

28. Uma marcenaria produz mesas e cadeiras de um único modelo, utilizando dois insumos: trabalho e madeira. Para produzir uma mesa são necessários 10 homens-hora e para uma cadeira, 2 homens-hora. Cada mesa requer 10 unidades de madeira e cada cadeira, 5 unidades.

    Durante um período de tempo, a marcenaria dispõe de 200 homens-hora e 260 unidades de madeira. Se cada mesa é vendida por $ 200,00 e cada cadeira por $ 90,00, qual a produção que maximiza a receita de vendas naquele período?

    Resolução:

    Sejam x o número de mesas e y o de cadeiras. A receita procurada vale:

    $$R(x, y) = 200x + 90y$$

    Queremos maximizar $R(x, y)$. Resta saber qual o seu domínio. De acordo com o enunciado, as variáveis x e y devem satisfazer as seguintes restrições:

    $$10x + 2y \leq 200 \tag{10.4}$$

    $$10x + 5y \leq 260 \tag{10.5}$$

    É óbvio também que, por serem quantidades, x e y devem ser não negativos, ou seja:

    $$x \geq 0 \tag{10.6}$$

    $$y \geq 0 \tag{10.7}$$

Portanto, o domínio da função receita é o quadrilátero determinado pelas inequações (10.4), ..., (10.7) representado na Figura 10.26. Seus vértices são os pontos $A(0, 0)$, $B(20, 0)$, $C(16, 20)$ e $D(0, 52)$.

Figura 10.26: Domínio da função do Exercício 28

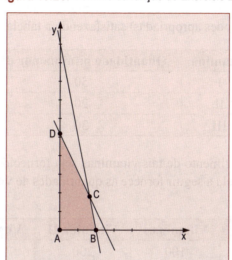

Retomando a função receita $R(x, y) = 200x + 90y$, observamos que:

a) no interior do domínio não existem pontos de máximo ou mínimo, pois:

$$\frac{\partial R}{\partial x} = 200 \neq 0 \quad \text{e} \quad \frac{\partial R}{\partial y} = 90 \neq 0$$

b) na fronteira do domínio, o ponto de máximo pode ser pesquisado com o auxílio das curvas de nível da função receita. Tais curvas são as retas do feixe de paralelas:

$$200x + 90y = c, \ c \in \mathbb{R}$$

É obvio que o ponto de máximo será um dos vértices do quadrilátero ABCD (eventualmente poderia ser um lado, caso o coeficiente angular das retas do feixe fosse igual ao desse lado). Assim sendo, calculamos o valor de $R(x, y)$ em cada vértice.

Temos:

$A(0,0) \Rightarrow R(0,0) = 0$

$B(20,0) \Rightarrow R(20,0) = 4.000$

$C(16,20) \Rightarrow R(16,20) = 5.000$

$D(0,52) \Rightarrow R(0,52) = 4.680$

Portanto, o ponto de máxima receita é o ponto C(16, 20), isto é, a receita será máxima se forem produzidas 16 mesas e 20 cadeiras.

29. Resolva o exercício anterior considerando que o preço de cada mesa seja $ 600,00 e de cada cadeira $ 90,00.

30. Uma pessoa precisa fazer um regime alimentar de modo a ter um suprimento de vitaminas (em unidades apropriadas) satisfazendo a tabela a seguir:

Vitamina	Quantidade mínima por dia
I	50
II	20
III	30

Supondo que o suprimento de tais vitaminas seja fornecido pelos alimentos espinafre e carne, a tabela a seguir fornece as quantidades de vitaminas por kg de cada alimento:

	Vitamina I	Vitamina II	Vitamina III
Espinafre	100	200	50
Carne	200	40	150

Se o preço do kg de carne e de espinafre forem, respectivamente, $ 3,00 e $ 0,80, qual a dieta de mínimo custo satisfazendo as necessidades de vitaminas dessa pessoa?

31. Uma empresa de informática produz dois modelos de impressoras, A e B. O custo de produzir uma unidade de A é $ 300,00 e uma de B, $ 400,00.

Devido a restrições de orçamento, a empresa pode gastar, por semana, no máximo $ 12.000,00. A capacidade de mão de obra da empresa permite fabricar, por semana, no máximo, 35 impressoras. Se cada unidade de A dá uma margem de contribuição de $ 60,00 e cada unidade de B dá uma margem de contribuição de $ 70,00, qual a produção semanal que maximiza a margem de contribuição?

32. Uma empresa fabrica dois produtos A e B em quantidades x e y. Toda produção é vendida. Os custos unitários de produção de A e B são $ 8,00 e $ 5,00 respectivamente, e os correspondentes preços de venda são $ 10,00 e $ 7,00.

Os custos unitários de transporte de A e B são respectivamente $ 0,40 e $ 0,60. Se a empresa pretende arcar com um custo de produção mensal máximo de $ 5.000,00, e um custo de transporte mensal máximo de $ 300,00, quais os valores de x e y que maximizam a margem de contribuição mensal?

10.5 MÁXIMOS E MÍNIMOS CONDICIONADOS

Consideremos uma função f de duas variáveis, com domínio D. Se restringirmos o domínio aos pontos (x, y) que satisfazem uma dada relação $\phi(x, y) = 0$ e procurarmos, entre esses pontos, os pontos de máximo e de mínimo, dizemos que estamos resolvendo um problema de máximo e mínimo de f condicionados à restrição $\phi(x, y) = 0$ (Figura 10.27).

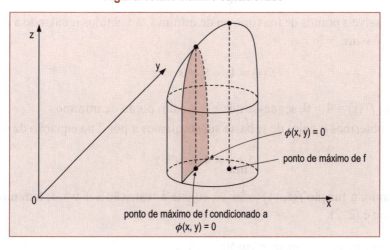

Figura 10.27: Máximo condicionado

É importante observarmos que o ponto de máximo (ou de mínimo) condicionado não coincide necessariamente com o ponto de máximo (ou de mínimo) da função f definida em D.

EXEMPLO 10.14 Um exemplo de máximo condicionado é o seguinte problema: dada uma função de produção $P(x, y) = kx^{\alpha} y^{1-\alpha}$, com insumos de quantidades x e y, determinar a máxima produção sabendo-se que a firma tem uma restrição de custo (a firma dispõe de uma quantia fixa c para o custo de produção). Assim sendo, se chamarmos de p_1 e p_2 os preços unitários dos insumos, teremos a seguinte restrição:

$$p_1 x + p_2 y = c, \quad \text{ou então} \quad p_1 x + p_2 y - c = 0$$

Veremos a seguir dois métodos de resolução de problemas de máximos e mínimos condicionados: o da substituição e o dos multiplicadores de Lagrange.

Método da substituição

Tal método consiste em substituir x (ou y) obtido a partir da restrição $\phi(x, y) = 0$, na função f. Obtém-se desta forma uma função de uma única variável, e o problema se reduz à determinação de máximos e mínimos de funções de uma variável.

EXEMPLO 10.15 Consideremos a função $f(x, y) = x^2 + y^2$ e determinemos seus pontos de máximo ou mínimo, sabendo que a função está sujeita à restrição $x + y = 4$.

Temos:

$$x + y = 4 \Rightarrow y = 4 - x$$

Substituindo o valor de y em $f(x, y)$, obtemos uma função apenas da variável x:

$$f(x) = x^2 + (4 - x)^2 = 2x^2 - 8x + 16$$

Os possíveis pontos de máximo ou de mínimo são obtidos igualando a zero a derivada $f'(x)$. Assim:

$$f'(x) = 4x - 8 = 0 \Rightarrow x = 2$$

Como $f''(x) = 4 > 0$, segue-se que $x = 2$ é um ponto de mínimo.

Para obtermos o valor de y, basta substituirmos x por 2 na equação da restrição:

$$2 + y = 4 \Rightarrow y = 2.$$

Portanto, a função $f(x, y) = x^2 + y^2$, sujeita à restrição $x + y = 4$, tem um ponto de mínimo que é $(2, 2)$.

Método dos multiplicadores de Lagrange

A ideia intuitiva do método baseia-se no seguinte: suponhamos que a função f, sujeita à restrição $\phi(x, y) = 0$, tenha um ponto de máximo e que o gráfico da restrição seja a curva da Figura 10.28.

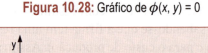

Figura 10.28: Gráfico de $\phi(x, y) = 0$

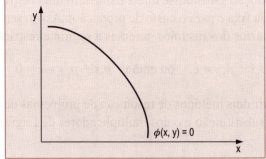

Suponhamos também que as curvas de nível de f tenham a forma das curvas da Figura 10.29.

Figura 10.29: Curvas de nível da função f

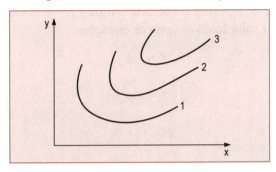

É intuitivo admitirmos que, no ponto de máximo de *f*, sujeita à restrição $\phi(x, y) = 0$, uma curva de nível de *f* e $\phi(x, y) = 0$ admitam uma tangente em comum (Figura 10.30).

Figura 10.30: Uma curva de nível de *f* e a restrição admitem uma tangente em comum

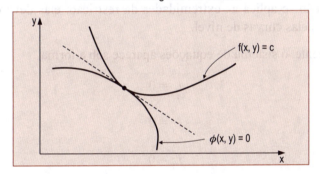

Assim, $-\dfrac{f_x}{f_y} = -\dfrac{\phi_x}{\phi_y}$ ou, ainda, $\dfrac{f_x}{\phi_x} = \dfrac{f_y}{\phi_y} = \lambda$, ou seja, deve existir um número λ tal que:

$$f_x = \lambda \phi_x \quad \text{e} \quad f_y = \lambda \phi_y$$

O número λ é chamado *multiplicador de Lagrange*. Estas ideias intuitivas podem ser formalmente demonstradas no seguinte teorema:

Teorema 10.3

Seja *f* uma função com duas variáveis e $\phi(x, y) = 0$ uma restrição. Se $f(x, y)$ e $\phi(x, y)$ admitirem derivadas parciais contínuas e (x_0, y_0) for um ponto de máximo (ou de mínimo) de *f*, interior ao domínio, condicionado à restrição $\phi(x, y) = 0$ e, ainda, se $\phi_x(x_0, y_0) \neq 0$ ou $\phi_y(x_0, y_0) \neq 0$, então existe um número λ tal que:

$$f_x(x_0, y_0) = \lambda\, \phi_x(x_0, y_0) \text{ e } f_y(x_0, y_0) = \lambda\, \phi_y(x_0, y_0)$$

O método dos multiplicadores de Lagrange baseia-se neste teorema, ou seja, se (x_0, y_0) for um ponto de máximo ou de mínimo de f condicionado à restrição $\phi(x, y)$, então (x_0, y_0) deve ser solução do sistema de equações:

$$f_x = \lambda \phi_x$$

$$f_y = \lambda \phi_y$$

$$\phi(x, y) = 0$$

Observações:

i) Resolvendo o sistema de equações anterior, obteremos soluções que serão possíveis pontos de máximo ou de mínimo. Com o auxílio das curvas de nível da função f, em geral podemos saber se tal solução é um ponto de máximo ou de mínimo.

ii) O teorema não se aplica se $\phi_x(x_0, y_0) = \phi_y(x_0, y_0) = 0$.

iii) O teorema não se aplica às extremidades da restrição; elas devem ser analisadas diretamente pelas curvas de nível.

iv) Frequentemente, o sistema de equações aparece sob a forma

$$L_x = 0$$

$$L_y = 0$$

$$L_\lambda = 0$$

em que $L(x, y, \lambda) = f(x, y) - \lambda \cdot \phi(x, y)$, cujo nome é Lagrangeano.

De fato, pois:

$$L_x = f_x - \lambda \cdot \phi_x = 0 \Rightarrow f_x = \lambda \cdot \phi_x$$

$$L_y = f_y - \lambda \cdot \phi_y = 0 \Rightarrow f_y = \lambda \cdot \phi_y$$

$$L_\lambda = -\phi(x, y) = 0 \Rightarrow \phi(x, y) = 0$$

v) Embora tenhamos estudado otimização com restrição de igualdade, é também possível fazer tal estudo com restrição de desigualdade; isso, porém, está fora do escopo de um livro introdutório.

EXEMPLO 10.16 Seja $f(x, y) = x^2 + y^2$ uma função sujeita à restrição $x + y - 4 = 0$. Para determinarmos os pontos de máximo ou mínimo pelo método dos multiplicadores de Lagrange, devemos proceder como segue:

$$L(x, y, \lambda) = x^2 + y^2 - \lambda (x + y - 4)$$

$$\begin{cases} L_x = 0 \\ L_y = 0 \\ L_\lambda = 0 \end{cases} \Rightarrow \begin{cases} 2x - \lambda = 0 \\ 2y - \lambda = 0 \\ x + y - 4 = 0 \end{cases} \quad \begin{array}{l}(10.8)\\(10.9)\\(10.10)\end{array}$$

De (10.8) temos $x = \dfrac{\lambda}{2}$; de (10.9) temos $y = \dfrac{\lambda}{2}$.

Substituindo esses valores em (10.10), obtemos:

$$\frac{\lambda}{2} + \frac{\lambda}{2} - 4 = 0 \Rightarrow \lambda = 4$$

Substituindo este valor em (10.8) e (10.9), obtemos $x = 2$ e $y = 2$.

Portanto, (2, 2) é um possível ponto de máximo ou de mínimo, pois $\phi_y(2, 2) = 1 \neq 0$.

As curvas de nível c de f são circunferências concêntricas com centro na origem e raios $\sqrt{c}$ (para $c > 0$), e a restrição $\phi(x, y) = x + y - 4 = 0$ é uma reta (Figura 10.31).

Figura 10.31: Curva de nível de f(a) e restrição (b), do Exemplo 10.15

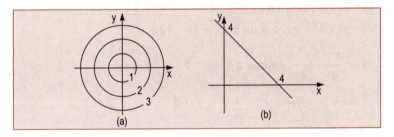

Logo, o ponto (2, 2) é um ponto de mínimo de f, sujeito à restrição dada (pois o ponto de tangência é o ponto da curva de menor nível que intercepta a restrição) (Figura 10.32).

Figura 10.32: Ponto de mínimo de f do Exemplo 10.15

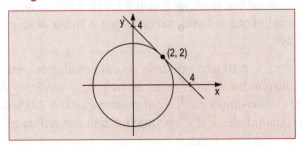

PROBLEMAS

33. Ache o ponto de máximo ou de mínimo de cada função a seguir, usando o método da substituição e o dos multiplicadores de Lagrange:

a) $f(x, y) = x^2 + y^2$, sujeito a $x + 2y = 6$

b) $f(x, y) = x^2 + y^2$, sujeito a $x + 3y = 12$

c) $f(x, y) = x^2 + 2y^2$, sujeito a $x - y = 1$

d) $f(x, y) = x^2 - y^2$, sujeito a $x - y = 1$

e) $f(x, y) = x^2 - y$, sujeito a $x - y = 0$

34. Ache o ponto de máximo ou de mínimo de cada função a seguir, usando o método que julgar conveniente.

a) $f(x, y) = x + y$, sujeito a $x^2 + y^2 - 1 = 0$

b) $f(x, y) = x - y$, sujeito a $x^2 + y^2 - 2 = 0$

c) $f(x, y) = 2x - y$, sujeito a $x^2 + y^2 - 2x - 1 = 0$

d) $f(x, y) = x + 2y$, sujeito a $x^2 + y^2 - 2y - 3 = 0$

e) $f(x, y) = x + 3y$, sujeito a $xy = 1$

f) $f(x, y) = x - y$, sujeito a $xy = 2$

g) $f(x, y) = x^2 + y^2 - xy$, sujeito a $2x + 4y - 12 = 0$

h) $f(x, y) = \dfrac{x^2}{9} + \dfrac{y^2}{4}$, sujeito a $x + y = 5$

i) $f(x, y) = x + y$, sujeito a $2x^2 + y^2 - 1 = 0$

35. Seja $P = 2x^{0,5}y^{0,5}$ uma função de produção com dois insumos de quantidades x e y. Se os preços unitários dos insumos forem $ 1,00 e $ 2,00, qual a combinação de insumos que maximiza a produção se a firma quer arcar com um custo de $ 15,00?

36. No exercício anterior, mostre que no ponto de máximo, a razão entre as produtividades marginais dos insumos é igual à razão entre seus preços.

37. Seja $P = 2x^{0,5}y^{0,5}$ uma função de produção com dois insumos de quantidades x e y. Se os preços unitários dos insumos forem $ 1,00 e $ 2,00, quais as quantidades dos insumos que minimizam o custo, sabendo que a firma deseja operar no nível de produção $P = 50$?

38. Seja $U(x_1, x_2) = x_1 . x_2$ a função utilidade de um consumidor, em que x_1 e x_2 são as quantidades consumidas de dois bens. Se os preços unitários desses bens forem $ 1,00 e $ 2,00 e o consumidor estiver disposto a gastar $ 20,00 no consumo desses bens, quais as quantidades x_1 e x_2 que maximizam sua utilidade?

39. O comportamento de um consumidor é tal que sua função utilidade em relação a dois produtos A e B é $U(q_1, q_2) = q_1 \cdot q_2^2$, em que q_1 e q_2 são as quantidades consumidas de A e B respectivamente. O preço unitário de A é \$ 5,00 e o de B é \$ 8,00. Sabendo que o consumidor deseja gastar \$ 120,00 no consumo desses bens, quais valores de q_1 e q_2 maximizam sua utilidade?

40. Resolva o exercício anterior considerando a função utilidade $U(q_1, q_2) = \sqrt{q_1 \cdot q_2}$, preços unitários de A e B iguais a \$ 2,00 e \$ 4,00 e renda disponível para consumo igual a \$ 50,00.

41. Considere a função utilidade de um consumidor $U(x, y) = xy$, em que x e y são as quantidades consumidas de dois bens. Se a linha de restrição orçamentária for $4x + y = 20$:

    a) Quais valores de x e y maximizam a utilidade?

    b) Mostre que no ponto encontrado anteriormente, a razão entre as utilidades marginais é igual a razão entre os preços (isto é, $\dfrac{U_x}{U_y} = \dfrac{p_x}{p_y}$, em que $p_x = 4$ e $p_y = 1$).

42. Um consumidor tem uma função utilidade dada por $U(x, y) = \ln x + 3\ln y$, em que x e y são as quantidades consumidas de dois produtos A e B. Obtenha os valores de x e y que maximizam sua utilidade, sabendo que a linha de restrição orçamentária é $x + 2y = 10$.

43. Uma pessoa consome pêssegos e maçãs, sendo sua função utilidade $U(x, y) = xy^2$, em que x é a quantidade de pêssegos e y a de maçãs consumidas. O preço unitário do pêssego é \$ 0,80 e o da maçã é \$ 1,00. Se o consumidor pretende gastar \$ 12,00, quais as quantidades x e y que maximizam sua utilidade?

44. Uma empresa produz apenas dois produtos A e B e sua produção é totalmente vendida a \$ 80,00 cada unidade de A e \$ 60,00 cada unidade de B. A empresa opera segundo uma curva de transformação do produto, dada por $x^2 + y^2 = 2.500$, em que x e y indicam as quantidades produzidas de A e B respectivamente.

    a) Quais as quantidades x e y que maximizam a receita?

    b) Qual o valor dessa receita máxima?

45. Decomponha um número positivo k, na soma de dois números, tais que a soma de seus quadrados seja mínima.

46. Determine dois números não negativos, de soma igual a m, do modo que tenham produto máximo.

10.6 USO DO MATHEMATICA

No caso de duas variáveis, temos que calcular f_x, f_y, f_{xx}, f_{yy}, f_{xy} e f_{yx}, calcular o Hessiano e ver o sinal deste e de f_{xx}. Vejamos como proceder, usando o Exemplo 10.5.

EXEMPLO 10.5 (continuação) $f(x, y) = x^2 + y^2 - 2x - 2y + 4$.

$$\text{In}[1]: = D[x \wedge 2 + y \wedge 2 - 2x - 2y + 4, x]$$

$$\text{Out}[1]:= -2 + 2x$$

Similarmente, obteremos $f_y = -2 + 2y$.

Usando o comando Solve, obtemos que (1, 1) é a solução sistema das duas equações $f_x = 0; f_y = 0$.

$$\text{In}[2]:= D[x \wedge 2 + y \wedge 2 - 2x - 2y + 4, \{x, 2\}]$$

obtendo

$$\text{Out}[2]: = 2.$$

Do mesmo modo, obtemos $f_{yy} = 2$.

$$\text{In}[3]: = D[x \wedge 2 + y \wedge 2 - 2x - 2y + 4, x, y],$$

obtendo o valor 0, como esperado: $f_{xy} = 0$. Similarmente, $f_{yx} = 0$.

Para obter o Hessiano, usamos o comando:

$$\text{In}[4]: = D[x \wedge 2 + y \wedge 2 - 2x - 2y + 4, x, y, 2]$$

$$\text{Out}[4]:= \{\{2, 0\}, \{0, 2\}\}$$

na qual entendemos (2, 0) como a primeira linha e (0, 2) como a segunda linha do Hessiano, calculado no ponto (1, 1). Segue que o valor do Hessiano no ponto (1, 1) será $H = 4 > 0$. Como $f_{xx}(1, 1) = 2 > 0$, segue que (1, 1) é ponto de mínimo.

Usando o comando Plot obtemos o gráfico de $f(x, y)$ a seguir.

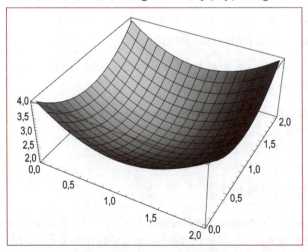

PROBLEMAS

Usando o Mathematica, mostre que:

47. (1, 1) é ponto de máximo para o Exemplo 10.6.
48. (1, 3) é ponto de sela e (3, 3) é ponto de mínimo para o Exemplo 10.7.

11

FUNÇÕES DE TRÊS OU MAIS VARIÁVEIS

11.1 INTRODUÇÃO

As ideias e propriedades estudadas nos capítulos anteriores, em geral, permanecem válidas se tivermos funções de três ou mais variáveis. As demonstrações dos teoremas também são análogas.

Seja D um subconjunto do R^n. Chamamos função de D em R (e indicamos por $f:D \subset R^n \Rightarrow R$) toda relação que associa a cada elemento $(x_1, x_2, x_3, ..., x_n)$ pertencente a D um único número real, indicado por $f(x_1, x_2, x_3, ..., x_n)$. O conjunto D é chamado *domínio* da função e $f(x_1, x_2, x_3, ..., x_n)$ é chamado valor ou *imagem* da função.

EXEMPLO 11.1 Seja $D = R^4$ e $f(x, y, z, t) = x^2 + y^2 + z^2 + t^2$. A função f associa a cada quádrupla ordenada de números reais a soma de seus quadrados. Assim:

$$f(1, 2, 3, 4) = 1^2 + 2^2 + 3^3 + 4^2 = 30$$
$$f(-1, -1, 2, 0) = (-1)^2 + (-1)^2 + 2^2 + 0^2 = 6$$

EXEMPLO 11.2 Sejam x_1, x_2 e x_3 as quantidades fabricadas de três produtos e $C(x_1, x_2, x_3)$ o custo de fabricação destas quantidades. Suponhamos que:

$$C(x_1, x_2, x_3) = 100 + 2x_1 + 2x_2 + 3x_3$$

Se a empresa fabricar, por exemplo, três unidades do primeiro produto, uma do segundo e quatro do terceiro, o custo será:

$$C(3, 1, 4) = 100 + 6 + 2 + 12 = 120$$

Observação:

Quando não for especificado o domínio de uma função, convenciona-se que esse domínio é o mais amplo subconjunto de R^n, de forma que as imagens da função sejam números reais.

Assim, por exemplo, dada a função $f(x, y, z) = \dfrac{1}{x^2 + y^2 - z^2}$, convenciona-se que seu domínio é o conjunto dos elementos (x, y, z) do R^3 tais que $x^2 + y^2 - z^2 \neq 0$.

PROBLEMAS

1. Considere a função $f(x,y,z) = \dfrac{x^2 + y^2}{\sqrt{z-1}}$.
   Calcule:
   a) $f(1, 1, 2)$

   b) $f(0, 0, 3)$

   c) $f(-1, -3, 2)$

   d) $f(a, a, a)$

   e) $f(1, 2, 3) + (-1, 0, 2)$

   f) $\dfrac{f(0, 0, 2)}{f(1, 1, 2)}$

   g) $\dfrac{f(1, 1, 3)}{f(-1, -1, 2) + f(-1, -1, 3)}$

2. Dada a função $f(x, y, z) = 2x + 3y + z^2$, calcule:
   a) $f(x + \Delta x, y, z)$
   b) $f(x, y + \Delta y, z)$
   c) $f(x, y, z + \Delta z)$
   d) $f(x + \Delta x, y + \Delta y, z + \Delta z)$

3. Ache o domínio das funções:
   a) $f(x, y, z) = \dfrac{x + y}{z - 3}$
   b) $f(x, y, z) = \sqrt{x^2 + y^2 + z^2}$
   c) $f(x, y, z) = \sqrt{x + y - z}$
   d) $f(x, y, z, t) = \log(x - y + z - t)$

4. Represente graficamente os pontos (x, y, z) para os quais $f(x, y, z) = 2$, sendo a função dada por $f(x, y, z) = 8 - x - y - 2z$.

11.2 LIMITE E CONTINUIDADE

Intuitivamente, o limite de $f(x_1, x_2, ..., x_n)$ quando $(x_1, x_2, ..., x_n)$ tende a $(x_{1_0}, x_{2_0}, ..., x_{n_0})$ é o número L (se existir) do qual se aproxima $f(x_1, x_2, ..., x_n)$ quando $(x_1, x_2, ..., x_n)$ se aproxima de $(x_{1_0}, x_{2_0}, ..., x_{n_0})$, sem se tornar igual a $(x_{1_0}, x_{2_0}, ..., x_{n_0})$.

Indicamos da seguinte forma:

$$\lim_{(x_1, x_2, ..., x_n) \to (x_{1_0}, x_{2_0}, ..., x_{n_0})} f(x_1, x_2, ..., x_n) = L.$$

Caso exista a imagem $f(x_{1_0}, x_{2_0}, ..., x_{n_0})$ e ela seja igual a L, dizemos que a função f é *contínua* em $(x_{1_0}, x_{2_0}, ..., x_{n_0})$; caso contrário, dizemos que f é descontínua naquele ponto.

Os Teoremas 8.1 e 8.2, vistos para continuidade de funções de duas variáveis, se estendem para funções de três ou mais variáveis. Assim, por exemplo, são contínuas em todos os pontos do domínio as seguintes funções:

a) $f(x, y, z) = x^2 + y^2 - 3z$;

b) $f(x, y, z) = \dfrac{2x + 3y}{y - 4z}$;

c) $f(x, y, z, t) = \ln(x + y - z - t)$;

d) $f(x, y, z, t) = e^{x+y} + e^{z-t}$.

PROBLEMAS

5. Dada a função $f(x, y, z) = 2x + 3y - 4z$, obtenha $\lim\limits_{(x,y,z) \to (0,2,3)} f(x, y, z)$ e verifique se ela é contínua em $(0, 2, 3)$.

6. Dada a função

$$f(x, y, z) = \begin{cases} x + y + 3z, & \text{se } (x, y, z) \neq (1, 1, 1) \\ 6, & \text{se } (x, y, z) = (1, 1, 1) \end{cases}$$

verifique se ela é contínua no ponto $(1, 1, 1)$.

7. Dada a função:

$$f(x, y, z) = \begin{cases} \dfrac{1}{x^2 + y^2 + z^2}, & se\ (x, y, z) \neq (0, 0, 0) \\ 0, & se\ (x, y, z) = (0, 0, 0) \end{cases}$$

verifique se ela é contínua no ponto (0, 0, 0).

11.3 DERIVADAS PARCIAIS

Seja f uma função definida em um subconjunto D do R^n. A função derivada parcial de f em relação a x_i (ou simplesmente derivada de f em relação a x_i) é a derivada de f em relação a x_i, admitindo todas as outras variáveis como constantes. Indicamos a derivada parcial de f em relação a x_i por f_{x_i}, ou $\dfrac{\partial f}{\partial x_i}$.

EXEMPLO 11.3 Se $f(x, y, z) = x^2 + y^3 + z^2 x$, então,

$$f_x = 2x + z^2,$$

$$f_y = 3y^2,$$

$$f_z = 2xz.$$

EXEMPLO 11.4 Se $f(x, y, z, t) = \ln(2x + 3y - z^2 + t^2)$, então:

$$f_x = \frac{2}{2x + 3y - z^2 + t^2}$$

$$f_y = \frac{3}{2x + 3y - z^2 + t^2}$$

$$f_z = \frac{-2z}{2x + 3y - z^2 + t^2}$$

$$f_t = \frac{2t}{2x + 3y - z^2 + t^2}$$

PROBLEMAS

8. Calcule as derivadas parciais f_x, f_y e f_z para as seguintes funções:
   a) $f(x, y, z) = 3x + 5y - 6z$
   b) $f(x, y, z) = 2xy + 2xz + 3yz$

c) $f(x, y, z) = x^{0,5} + y^{1,5} + 2xz^{0,25}$
d) $f(x, y, z) = \dfrac{x+y}{y-z}$
e) $f(x, y, z) = 2x^{0,3}y^{0,3}z^{0,4}$
f) $f(x, y, z) = e^{x^2+y^2+z^2}$
g) $f(x, y, z) = (x + 2y + 3z)^3$
h) $f(x, y, z) = \sqrt{xyz}$

9. Calcule as derivadas parciais f_x, f_y, f_z e f_t para as seguintes funções:
   a) $f(x, y, z, t) = 2xy - 3zt$
   b) $f(x, y, z, t) = (x + yz - t)^4$
   c) $f(x, y, z, t) = \ln(2x^2 + y^2 - zt^2)$

10. Considere a função $f(x, y, z) = 3x + 4y + 5z$. Calcule $x \cdot \dfrac{\partial f}{\partial x} + y \cdot \dfrac{\partial f}{\partial y} + z \cdot \dfrac{\partial f}{\partial z}$.

11. Considere a função de produção $P = 2x^{0,2}y^{0,3}z^{0,5}$.

    a) Calcule as produtividades marginais $\dfrac{\partial P}{\partial x}$, $\dfrac{\partial P}{\partial y}$ e $\dfrac{\partial P}{\partial z}$.

    b) Mostre que $x \cdot \dfrac{\partial P}{\partial x} + y \cdot \dfrac{\partial P}{\partial y} + z \cdot \dfrac{\partial P}{\partial z} = P$.

12. Dada a função custo de produção de quatro bens de quantidades x_1, x_2, x_3 e x_4,

$$C = 2x_1 + x_2 + x_3 + 3x_4 + 100$$

determine os custos marginais $\dfrac{\partial C}{\partial x_i}$.

11.4 FUNÇÕES DIFERENCIÁVEIS – DIFERENCIAL DE UMA FUNÇÃO

Seja f uma função definida em um subconjunto do $\mathbb{R}^n$, e seja $(x_{1_0}, x_{2_0}, ..., x_{n_0})$ um ponto de seu domínio. Seja Δf a variação sofrida por $f(x_1, x_2, ..., x_n)$ ao passarmos do ponto $(x_{1_0}, x_{2_0}, ..., x_{n_0})$ para o ponto $(x_{1_0} + \Delta x_{1_0}, x_{2_0} + ..., \Delta x_{n_0})$.

Dizemos que f é diferenciável no ponto $(x_{1_0}, x_{2_0}, ..., x_{n_0})$ se Δf puder ser escrita sob a forma

$$\Delta f = \sum_{i=1}^{n} \dfrac{\partial f}{\partial x_i}(x_{1_0}, x_{2_0}, ..., x_{n_0}) \cdot \Delta x_{i_0} + \sum_{i=1}^{n} h_i(\Delta_{1_0}, \Delta_{2_0}, ..., \Delta_{n_0})$$

em que as funções h_i têm todas limites iguais a zero, quando $(\Delta x_{1_0}, \Delta x_{2_0}, ..., \Delta x_{n_0})$ tende a $(0, 0, ..., 0)$.

Caso f seja diferenciável, a diferencial de f é indicada por df e vale

$$df = \sum \dfrac{\partial f}{\partial x_i}(x_{1_0}, x_{2_0}, ..., x_{n_0}) \cdot \Delta x_{i_0}$$

Prova-se de maneira análoga à vista para funções de duas variáveis, que f será diferenciável se suas derivadas parciais forem contínuas.

EXEMPLO 11.5 A função $f(x, y, z) = x^2 + y^2 + z^2$ é diferenciável em todos os pontos do R^3, pois

$$\frac{\partial f}{\partial x} = 2x, \quad \frac{\partial f}{\partial y} = 2y, \text{ e } \frac{\partial f}{\partial z} = 2z \text{ são contínuas.}$$

A diferencial de f vale $df = 2x \cdot \Delta x + 2y \cdot \Delta y + 2z \cdot \Delta z$.

PROBLEMAS

13. Calcule a diferencial de cada função abaixo em um ponto genérico.
    a) $f(x, y, z) = 2x + 3y + 4z$
    b) $f(x, y, z, t) = x^2 - y^2 + z^2 - t^2$
    c) $f(x, y, z, t) = e^{x-y+z^2+t^2}$

14. Seja C a função custo de produção de três bens de quantidades x, y e z:

    $$C = 10 + 2x + y + z + xy$$

    a) Calcule a diferencial do custo no ponto $x = y = 10$ e $z = 20$, para $\Delta x = \Delta y = \Delta z = 0{,}1$.
    b) Calcule a diferencial do custo em um ponto genérico (x, y, z) para $\Delta x = \Delta y = 0{,}1$ e $\Delta z = 0{,}05$.
    c) Calcule a diferencial do custo em um ponto genérico (x, y, z) para $\Delta x = \Delta y = \Delta z = h$.

15. Seja $f(x, y, z) = ax + by + cz + d$. Mostre que a diferencial de f é igual a Δf, quaisquer que sejam os valores de Δx, Δy e Δz.

11.5 FUNÇÃO COMPOSTA – REGRA DA CADEIA

Seja f uma função definida em um subconjunto do R^n, diferenciável em um ponto $(x_{1_0}, x_{2_0}, ..., x_{n_0})$ do seu domínio. Sejam as funções dadas por $x_1(t), x_2(t), ..., x_n(t)$ diferenciáveis em t_0 de modo que:

$$x_1(t_0) = x_{1_0}, \quad x_2(t_0) = x_{2_0}, \quad ..., x_n(t_0) = x_{n_0}$$

CAPÍTULO 11 Funções de três ou mais variáveis

Então a função F, composta de f com $(x_1, x_2, ..., x_n)$, dada por $F(t) = f(x_1(t), x_2(t), ..., x_n(t))$ é tal que:

$$\frac{dF}{dt}(t_0) = \sum_{i=1}^{n} \frac{\partial f}{\partial x_i}(x_{1_0}, x_{2_0}, ..., x_{n_0})\frac{dx_i}{dt}(t_0)$$

EXEMPLO 11.6 Sejam $f(x, y, z) = 2x + 3y + 4z$, $x(t) = 2t$, $y(t) = 3t - 2$ e $z(t) = t - 4$. A função composta de f com x, y e z é:

$$F(t) = 2 \cdot (2t) + 3 \cdot (3t - 2) + 4 \cdot (t - 4) = 17t - 22$$

a) Cálculo de $\dfrac{dF}{dt}$ diretamente:

$$\frac{dF}{dt} = 17$$

b) Cálculo de $\dfrac{dF}{dt}$ pela regra da cadeia:

$$\frac{\partial f}{\partial x} = 2 \qquad \frac{\partial f}{\partial y} = 3 \qquad \frac{\partial f}{\partial z} = 4$$

$$\frac{dx}{dt} = 2 \qquad \frac{dy}{dt} = 3 \qquad \frac{dz}{dt} = 1$$

Portanto:

$$\frac{dF}{dt} = 2 \cdot (2) + 3 \cdot (3) + 4 \cdot (1) = 17$$

PROBLEMAS

16. Obtenha a derivada $\dfrac{dF}{dt}$, sendo F a composta de f com x, y e z nos casos abaixo:

a) $f(x, y, z) = 3x + 4y - 6z$ $\quad x(t) = 2t$, $\quad y(t) = t^2$ $\quad$ e $\quad z(t) = t - 1$

b) $f(x, y, z) = x + 2y + z^2$ $\quad x(t) = t$, $\quad y(t) = t$ $\quad$ e $\quad z(t) = t^2$

c) $f(x, y, z) = e^{x+y+z}$ $\quad x(t) = t^2$, $\quad y(t) = t^3$ $\quad$ e $\quad z(t) = t - 2$

d) $f(x, y, z) = x^2y + yz^2$ $\quad x(t) = \dfrac{1}{t}$, $\quad y(t) = \dfrac{1}{t^2}$ $\quad$ e $\quad z(t) = \dfrac{1}{t^3}$

11.6 FUNÇÕES DEFINIDAS IMPLICITAMENTE

O teorema das funções implícitas e a derivada de funções definidas implicitamente, vistos para funções de duas variáveis, também se estendem de modo análogo para funções de n variáveis; assim, seja

$$x_i = h(x_1, x_2, ..., x_{i+1}, ..., x_n)$$

uma função definida implicitamente pela equação $f(x_1, x_2, ..., x_n) = 0$. Então:

$$\frac{\partial h}{\partial x_j} = -\frac{\frac{\partial f}{\partial x_j}}{\frac{\partial f}{\partial x_i}}, j = 1, 2, ..., (i-1), (i+1), ..., n$$

EXEMPLO 11.7 Seja $z = h(x, z)$ definida implicitamente pela equação $x^2 + y^2 - z = 0$.

a) Cálculo de $\frac{\partial z}{\partial x}$ e $\frac{\partial z}{\partial y}$ diretamente.

Temos:
$$z = x^2 + y^2$$

$$\frac{\partial z}{\partial x} = 2x \quad \text{e} \quad \frac{\partial z}{\partial y} = 2y$$

b) Cálculo de $\frac{\partial z}{\partial x}$ e $\frac{\partial z}{\partial y}$ pela fórmula da derivada das funções definidas implicitamente.

Temos:
$$f(x, y, z) = x^2 + y^2 - z$$

$$\frac{\partial z}{\partial x} = -\frac{\frac{\partial f}{\partial x}}{\frac{\partial f}{\partial z}} = -\frac{2x}{-1} = 2x$$

$$\frac{\partial z}{\partial y} = -\frac{\frac{\partial f}{\partial y}}{\frac{\partial f}{\partial z}} = -\frac{2y}{-1} = 2y$$

PROBLEMAS

17. Calcule $\frac{\partial z}{\partial x}$ e $\frac{\partial z}{\partial y}$ sendo z a função definida implicitamente por $2x^3 - 4x^2 - 6z = 0$.

18. Calcule $\dfrac{\partial z}{\partial x}$ e $\dfrac{\partial z}{\partial y}$ sendo z a função definida implicitamente por $x^2 + y^2 + z^2 - 3 = 0$.

11.7 FUNÇÕES HOMOGÊNEAS – TEOREMA DE EULER

Seja f uma função de n variáveis $(x_1, x_2, ..., x_n)$. Dizemos que f é *homogênea* de grau m se, para toda constante positiva λ, tivermos:

$$f(\lambda x_1, \lambda x_2, ..., \lambda x_n) = \lambda^m \cdot f(x_1, x_2, ..., x_n)$$

EXEMPLO 11.8 A função dada por $f(x, y, z) = x^2 + xy - 3yz$ é homogênea de grau 2, pois:

$$f(\lambda x, \lambda y, \lambda z) = (\lambda x)^2 + (\lambda x)(\lambda y) - 3(\lambda y)(\lambda z) = \lambda^2(x^2 + xy - 3yz) = \lambda^2 f(x, y, z)$$

O Teorema de Euler, visto para funções homogêneas de duas variáveis, se estende para funções homogêneas de n variáveis. Isto é, se f é homogênea de grau m, então:

$$m \cdot f(x_1, x_2, ..., x_n) = x_1 \dfrac{\partial f}{\partial x_1} + x_2 \dfrac{\partial f}{\partial x_2} + ... \, x_n \dfrac{\partial f}{\partial x_n}$$

PROBLEMAS

19. Para as funções a seguir, indique as homogêneas e o respectivo grau de homogeneidade:

   a) $f(x, y, z) = x^2 + y^2 + z^2$
   b) $f(x, y, z, t) = x^2 + y^2 - zx - tz$
   c) $f(x, y, z) = 2x^2 + 3y^2 + 6z$
   d) $f(x_1, x_2, x_3) = 2x_1x_2 + 3x_1x_3 + 4x_2x_3$

20. Dada a função de produção $P = 10x^{0,2}y^{0,4}z^{0,4}$

   a) Mostre que tal função é homogênea de grau 1.

   b) Mostre que $P = = x \cdot \dfrac{\partial P}{\partial x} + y \cdot \dfrac{\partial P}{\partial y} + z \cdot \dfrac{\partial P}{\partial z}$.

11.8 DERIVADAS PARCIAIS DE SEGUNDA ORDEM

Seja f uma função de n variáveis $x_1, x_2, x_3 ..., x_n$, e sejam $f_{x1}, f_{x2}, f_{x3}, ..., f_{xn}$, suas derivadas parciais. Se calcularmos as derivadas parciais de $f_{x1}, f_{x2}, f_{x3}, ..., f_{xn}$, obteremos as derivadas parciais de segunda ordem de f.

Indicaremos por f_{xixj} a derivada de f_{xi} em relação a x_j.

EXEMPLO 11.9 Sendo $f(x, y, z) = x^2 + 4y^2 - 3yz$, temos:

$$f_x = 2x, \qquad f_y = 8y - 3z, \qquad f_z = -3y,$$

$$f_{xx} = 2, \qquad f_{yx} = 0, \qquad f_{zx} = 0,$$

$$f_{xy} = 0, \qquad f_{yy} = 8, \qquad f_{zy} = -3,$$

$$f_{xz} = 0, \qquad f_{yz} = -3, \qquad f_{zz} = 0$$

PROBLEMAS

21. Calcule todas as derivadas parciais de segunda ordem da função $f(x, y, z) = xy + xz + yz$.

22. Dada a função $f(x_1, x_2, x_3, x_4) = x_1 x_2 x_3 + x_1 x_2 x_4 + x_1 x_3 x_4 + x_2 x_3 x_4$, calcule $f_{x_2 x_3}$ e $f_{x_3 x_2}$.

23. Dada a função $f(x_1, x_2, x_3, x_4) = x_1^2 + x_2^2 + x_3^2 + x_4^2 + x_1 x_2 x_3 x_4$, calcule $f_{x_1 x_1}, f_{x_1 x_2}, f_{x_1 x_3}$ e $f_{x_1 x_4}$.

11.9 MÁXIMOS E MÍNIMOS

As ideias de máximo e mínimo para funções de n variáveis são semelhantes às que foram vistas para funções de duas variáveis.

Seja f uma função das variáveis x_1, x_2, x_3, ..., x_n. Dizemos que o ponto $P_0(x_{1_0}, x_{2_0}, ..., x_{n_0})$ do domínio é *ponto de máximo relativo de f* (ou simplesmente ponto de máximo) se existir uma bola aberta de centro em P_0 e raio r, tal que, para todo ponto $P(x_1, x_2, ..., x_n)$ do domínio situado no interior dessa bola tivermos:

$$f(x_1, x_2, ..., x_n) \leq f(x_{1_0}, x_{2_0}, ..., x_{n_0})$$

Ao número $f(x_{1_0}, x_{2_0}, ..., x_{n_0})$, damos o nome de *valor máximo* de f.

Analogamente, dizemos que o ponto $P_0(x_{1_0}, x_{2_0}, ..., x_{n_0})$ do domínio é *ponto de mínimo relativo de f* (ou simplesmente ponto de mínimo) se existir uma bola aberta de centro em P_0 e raio r, tal que, para todo ponto $P(x_1, x_2, ..., x_n)$ do domínio situado no interior dessa bola tivermos:

$$f(x_1, x_2, ..., x_n) \geq f(x_{1_0}, x_{2_0}, ..., x_{n_0}).$$

Ao número $f(x_{1_0}, x_{2_0}, ..., x_{n_0})$, damos o nome de *valor mínimo* de f.

Seja f uma função das variáveis x_1, x_2, ..., x_n. Dizemos que o ponto $P_0(x_{1_0}, x_{2_0}, ..., x_{n_0})$ do domínio é ponto de *máximo global* de f se, para todo ponto $P(x_1, x_2, ..., x_n)$ do domínio tivermos:

$$f(x_1, x_2, ..., x_n) \leq f(x_{1_0}, x_{2_0}, ..., x_{n_0})$$

Analogamente, dizemos que o ponto $P_0(x_{1_0}, x_{2_0}, ..., x_{n_0})$ do domínio é *ponto de mínimo global* de f se, para todo ponto $P(x_1, x_2, ..., x_n)$ do domínio tivermos:

$$f(x_1, x_2, ..., x_n) \geq f(x_{1_0}, x_{2_0}, ..., x_{n_0})$$

Observemos que todo máximo (ou mínimo) absoluto é também máximo (ou mínimo) relativo, mas o contrário não é verdadeiro.

Teoremas semelhantes aos vistos em funções a duas variáveis se verificam no caso de n variáveis.

Observemos que os teoremas citados dizem respeito a máximos e mínimos relativos e não absolutos.

Teorema 11.1

Seja f uma função das variáveis $x_1, x_2, x_3, ..., x_n$, e seja $P_0(x_{1_0}, x_{2_0}, ..., x_{n_0})$ um ponto interior ao domínio. Se P_0 for um ponto de máximo, ou de mínimo, e se existirem as derivadas parciais $f_{x_1}, f_{x_2}, ..., f_{x_n}$, então:

$$f_{x_i}(x_{1_0}, x_{2_0}, ..., x_{n_0}) = 0, \, i = 1, 2, ..., n$$

Teorema 11.2

Seja f uma função de n variáveis $x_1, x_2, x_3, ..., x_n$, contínua, com derivadas parciais contínuas até segunda ordem. Seja $P_0(x_{1_0}, x_{2_0}, ..., x_{n_0})$ um ponto do domínio tal que $f_{x_i}(P_0) = 0$ para $i = 1, 2, ..., n$.

Seja o determinante

$$H(P_0) = \begin{vmatrix} f_{x_1 x_1}(P_0) & f_{x_1 x_2}(P_0) & \cdots & f_{x_1 x_n}(P_0) \\ f_{x_2 x_1}(P_0) & f_{x_2 x_2}(P_0) & \cdots & f_{x_2 x_n}(P_0) \\ \cdots & \cdots & \cdots & \cdots \\ f_{x_n x_1}(P_0) & f_{x_n x_2}(P_0) & \cdots & f_{x_n x_n}(P_0) \end{vmatrix}$$

chamado Hessiano de f no ponto P_0. Sejam ainda os determinantes:

$$\Delta_0 = 1,$$

$$\Delta_1 = \left| f_{x_1 x_1}(P_0) \right|$$

$$\Delta_2 = \begin{vmatrix} f_{x_1 x_1}(P_0) & f_{x_1 x_2}(P_0) \\ f_{x_2 x_1}(P_0) & f_{x_2 x_2}(P_0) \end{vmatrix}$$

$$\Delta_3 = \begin{vmatrix} f_{x_1 x_1}(P_0) & f_{x_1 x_2}(P_0) & f_{x_1 x_3}(P_0) \\ f_{x_2 x_1}(P_0) & f_{x_2 x_2}(P_0) & f_{x_2 x_3}(P_0) \\ f_{x_3 x_1}(P_0) & f_{x_3 x_2}(P_0) & f_{x_3 x_3}(P_0) \end{vmatrix}$$

$$\dots$$

$$\Delta_n = \begin{vmatrix} f_{x_1 x_1}(P_0) & f_{x_1 x_2}(P_0) & \dots & f_{x_1 x_n}(P_0) \\ f_{x_2 x_1}(P_0) & f_{x_2 x_2}(P_0) & \dots & f_{x_2 x_n}(P_0) \\ \dots & \dots & \dots & \dots \\ f_{x_n x_1}(P_0) & f_{x_n x_2}(P_0) & \dots & f_{x_n x_n}(P_0) \end{vmatrix} = H(P_0)$$

- Se $\Delta_0, \Delta_1, \Delta_2, \dots \Delta_n$ forem todos positivos, então P_0 é ponto de mínimo de f.

- Se $\Delta_0, \Delta_1, \Delta_2, \dots \Delta_n$ forem alternadamente positivos e negativos, então P_0 é ponto de máximo de f.

EXEMPLO 11.10 Seja a função $f(x, y, z) = x^2 + y^2 + z^2$. Os pontos críticos de f são as soluções do sistema

$$\begin{cases} f_x = 2x = 0 \\ f_y = 2y = 0 \\ f_z = 2z = 0 \end{cases} \Rightarrow \begin{cases} x = 0 \\ y = 0 \\ z = 0 \end{cases} \Rightarrow \quad (0, 0, 0) \text{ é o único ponto crítico.}$$

$f_{xx} = 2,\quad f_{xy} = 0,\quad f_{xz} = 0,$

$f_{yx} = 0,\quad f_{yy} = 2,\quad f_{yz} = 0,$

$f_{zx} = 0,\quad f_{zy} = 0,\quad f_{zz} = 2.$

Segue-se que,

$$H(0, 0, 0) = \begin{vmatrix} 2 & 0 & 0 \\ 0 & 2 & 0 \\ 0 & 0 & 2 \end{vmatrix} = 8,$$

$$\Delta_0 = 1$$

$$\Delta_1 = |2| = 2,$$

$$\Delta_2 = \begin{vmatrix} 2 & 0 \\ 0 & 2 \end{vmatrix} = 4,$$

$$\Delta_3 = \begin{vmatrix} 2 & 0 & 0 \\ 0 & 2 & 0 \\ 0 & 0 & 2 \end{vmatrix} = 8,$$

Assim, o ponto $(0, 0, 0)$ é ponto de mínimo de f.

EXEMPLO 11.11   Seja a função $f(x, y, z) = -x^2 - y^2 - z^2 + 4y + 2z - 5$. Os pontos críticos de f são as soluções do sistema

$$\begin{cases} f_x = -2x = 0 \\ f_y = -2y + 4 = 0 \\ f_z = -2z + 2 = 0 \end{cases} \Rightarrow \begin{cases} x = 0 \\ y = 2 \\ z = 1 \end{cases} \Rightarrow (0, 2, 1) \text{ é o único ponto crítico.}$$

Sendo

$$f_{xx} = -2, \qquad f_{xy} = 0, \qquad f_{xz} = 0,$$
$$f_{yx} = 0, \qquad f_{yy} = -2, \qquad f_{yz} = 0,$$
$$f_{zx} = 0, \qquad f_{zy} = 0, \qquad f_{zz} = -2,$$

obtemos:

$$H(0, 2, 1) = \begin{vmatrix} -2 & 0 & 0 \\ 0 & -2 & 0 \\ 0 & 0 & -2 \end{vmatrix} = -8,$$

$$\Delta_0 = 1,$$

$$\Delta_1 = |-2| = -2,$$

$$\Delta_2 = \begin{vmatrix} -2 & 0 \\ 0 & -2 \end{vmatrix} = 4,$$

$$\Delta_3 = \begin{vmatrix} -2 & 0 & 0 \\ 0 & -2 & 0 \\ 0 & 0 & -2 \end{vmatrix} = -8.$$

Logo, o ponto (0, 2, 1) é ponto de máximo de f.

PROBLEMAS

24. Ache os possíveis pontos de máximo ou de mínimo das funções abaixo:
    a) $f(x, y, z) = -x^2 - y^2 - z^2 + 10$
    b) $f(x, y, z) = -x^2 - y^2 - z^2 + 4x + 2y + 6z - 10$
    c) $f(x, y, z) = -x^2 - 2y^2 - z^2 + xy - xz - yz$
    d) $f(x, y, z) = x^2 + y^2 + z^2 + y - z + xy + 6$
    e) $f(x, y, z) = x^2 + y^2 + z^2 + t^2 + 200$

RESPOSTAS DOS PROBLEMAS

CAPÍTULO 1

1. a) F   b) F
   c) F   d) V
   e) V   f) F
   g) V   h) V
   i) F   j) F

2. a) 0,4   b) 1,666...
   c) 1,4   d) 0,32
   e) 0,2525...   f) 0,4666...

3. a) 1,28   b) 0,28
   c) 0,63   d) 1,07
   e) 1,52   f) 0,15

4. a) $\dfrac{43}{100}$ b) $\dfrac{7}{100}$ c) $\dfrac{2.454}{1.000}$

   d) $\dfrac{1.212}{100}$ e) $\dfrac{-72}{100}$ f) $\dfrac{31.415}{10.000}$

5. a) $\dfrac{8}{9}$ b) $\dfrac{24}{99}$ c) $\dfrac{23}{9}$

   d) $\dfrac{65}{90}$ e) $\dfrac{59}{90}$ f) $\dfrac{563}{900}$

6. a) 80   b) 160
   c) 357,50   d) 1.760
   e) 21   f) 3,36
   g) 350   h) 14

7. a) 3,4641 b) 5,4772
   c) 8,8318 d) 22,3607

8. a) $S = \{16\}$ b) $S = \{7\}$
   c) $S = \{3\}$ d) $S = \{3\}$
   e) $S = \left\{\dfrac{17}{3}\right\}$ f) $S = \{0\}$
   g) $S = \{0\}$ h) $S = \{1, 5\}$
   i) $S = \{14\}$ j) $S = \left\{\dfrac{81}{7}\right\}$

9. a) $S = \left\{\dfrac{5}{7}\right\}$ b) $S = \left\{\dfrac{67}{8}\right\}$
   c) $S = \left\{\dfrac{14}{5}\right\}$ d) $S = \{-1\}$
   e) $S = \left\{\dfrac{36}{53}\right\}$ f) $S = \left\{\dfrac{28}{15}\right\}$
   g) $S = \left\{\dfrac{31}{44}\right\}$ h) $S = \left\{\dfrac{-6}{5}\right\}$
   i) $S = \{-2\}$ j) $S = \{-10\}$
   k) $S = \left\{\dfrac{33}{14}\right\}$ l) $S = \left\{\dfrac{M-100}{100}\right\}$
   m) $S = \left\{\dfrac{18K-29}{2}\right\}$ n) $S = \left\{\dfrac{1+3y}{y-2}\right\}, y \neq 2$

10. 140 unidades.

11. 200 camisas.

12. 50 meses.

13. a) $S = \{x \in R \mid x > 5\}$
    b) $S = \{x \in R \mid x > -4\}$
    c) $S = \{x \in R \mid x \geq -6\}$
    d) $S = \{x \in R \mid x \leq 0\}$
    e) $S = \left\{x \in R \mid x > \dfrac{5}{3}\right\}$
    f) $S = \left\{x \in R \mid x \geq \dfrac{27}{5}\right\}$
    g) $S = \{x \in R \mid x \leq -7\}$
    h) $S = \left\{y \in R \mid y \geq \dfrac{43}{11}\right\}$
    i) $S = \left\{m \in R \mid m \leq \dfrac{5}{2}\right\}$

14. 500 unidades.

15. entre 180 e 380 unidades

16. a) $S = \{1, 4\}$
    b) $S = \{3, 4\}$
    c) $S = \{2, 4\}$
    d) $S = \{2\}$
    e) $S = \varnothing$
    f) $S = \{1, 2\}$
    g) $S = \{0, 5\}$
    h) $S = \{3+2\sqrt{3}, 3-2\sqrt{3}\}$
    i) $S = \{1+\sqrt{6}, 1-\sqrt{6}\}$
    j) $S = \varnothing$
    k) $S = \{2, -6\}$
    l) $S = \varnothing$

17. a) $S = \{0, 5\}$ b) $S = \{0, 3\}$
    c) $S = \{5, -5\}$ d) $S = \{4, -4\}$
    e) $S = \{2, -2\}$ f) $S = \{0\}$

18. –9/2

19. $\dfrac{3+\sqrt{5}}{2}$ ou $\dfrac{3-\sqrt{5}}{2}$

20. $x = 2$ ou $x = 8$

21. $x = 5$

22. \$ 5,00 ou \$ 15,00

23. a) [2, 20] b) [7, 8]

24. a) [1, 5[b) [0, ∞[

25. a)
    b)
    c)
    d)
    e)
    f)
    g)
    h)

26. a) $-12 < x < 12$
    b) $3 < x < 9$
    c) $4 > x > -3$

RESPOSTAS DOS PROBLEMAS

d) $x > 8$ ou $x < -8$
e) $x > 9$ ou $x < 5$
f) $x < -1$ ou $x > 7/3$

27. $16,16 < x < 31,84$

28. $10,05 < x < 19,95$

29. a) (1, 6)   b) (5, 1)
    c) (2, 4)   d) (1, –2)
    e) (–1, 7) f) (0, –3)
    g) (1/2, 1/3)

30. $ 15.000,00 em A e $ 5.000,00 em B.

31. $ 180.000,00.

CAPÍTULO 2

1.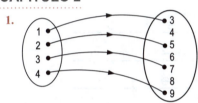

2. Im = {3, 5, 7, 9}

3. D = {4, 6, 8, 25/3}

4. a) 11   b) 39
   c) –3   d) –10
   e) $7\sqrt{2} - 3$ f) 1/2
   g) –16/3   h) $7(a + b) - 3$

5. a) 3   b) –11
   c) 26   d) –7/2

6. a) x_0^2 b) $(x_0 + h)^2$
   c) $2x_0 h + h^2$

7. 1 e 3

8. m = 3

9.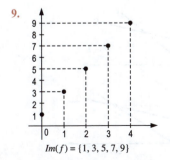
   Im(f) = {1, 3, 5, 7, 9}

10.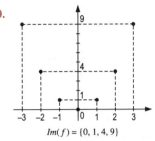
    Im(f) = {0, 1, 4, 9}

11.

12.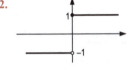

13. a) $R(x) = 5x$ b) $ 200,00
    c) 140 unidades

14. a) $ 120,00   b) $ 2,00

15. a) 4.333,33   b) 234,33

16. a) $ 29,00   b) $ 16,50
    c) $ 4,00

17. a) $ 60,00   b) $ 150,00
    c) $\begin{cases} y = 0{,}1x \text{ para } x \leq 900 \\ y = 90 + 0{,}2(x - 900) \\ \text{para } x \geq 900 \end{cases}$

18. a) $ 8,00
    b) $ 13,00
    c) $ 41,80
    d) $\begin{cases} y = 8 \text{ para } x \leq 10 \\ y = 8 + 1(x - 10) \text{ para } 10 \leq x \leq 20 \\ y = 18 + 1{,}4(x - 20) \text{ para } x \geq 20 \end{cases}$

19. $S(x) = 2\,000 + 50x$

20. $A = x \cdot (20 - x)$

21. $A = \dfrac{\sqrt{3}}{4} \cdot x^2$

22. São funções: a; c; d; f.

23.
a) R
b) R − {2}
c) R − {0, 3}
d) [0, ∞[
e) [2, ∞[
f)]−∞, 2]
g)]1, ∞[
h) [3, ∞[
i) [3, ∞[
j) [2, ∞[

24. Crescente: [−7, −4], [−1, 6].
Decrescente: [−4, −1], [6, 7].
Pontos de máximo: −4 e 6.
Pontos de mínimo: −7, −1 e 7.

25. a) ⊖ 3 ⊕
b) ⊕ 4 ⊖
c) ⊕ 2 ⊖ 5 ⊕
d) ⊖ 2 ⊕ 5 ⊖
e) ⊕−1 ⊖ 3 ⊕ 4 ⊖ 5 ⊕

26.
a)
b)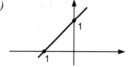
c)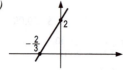
d)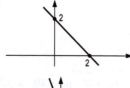
e)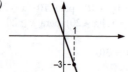
f)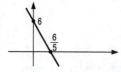

g)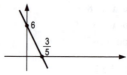

h)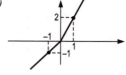

i)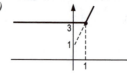

27.
a) ⊖ 3 ⊕
b) ⊖ −4 ⊕
c) ⊕ 4 ⊖
d) ⊕ 0 ⊖
e) ⊖ −2/5 ⊕

28. a) 5   b) 1
c) 1/4   d) −3/7

29. a) $y = 2x + 1$ b) $y = 3x$
c) $y = -x + 3$ d) $y = 2x$
e) $y = -3x - 4$ f) $y = -x - 2$

30. a) $y = x + 1$ b) $y = \frac{2}{5}x + \frac{2}{5}$
c) $y = -\frac{3}{2}x + 4$

31. a) $y = -\frac{3}{4}x + 3$ b) $y = \frac{1}{2}x + 2$
c) $y = -x + 5$

32.
a)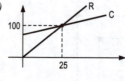
b)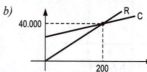

RESPOSTAS DOS PROBLEMAS

c)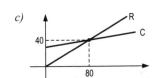

33. a)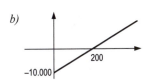

b)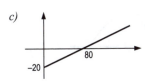

c)

34. 500 unidades.

35. 900 unidades.

36. a) 500 unidades   b) 400 unidades
    c) 75%

37. a) $L = 2x - 30.000$
    b) $LL = 1,4x - 21.000$

38. 807,7 unidades.

39. a) $R = 10x$ b) $C = 150 + 7x$
    c) 50   d) $L = 3x - 150$
    e) 110

40. a) 227,3 unidades   b) $ 11,00
    c) $ 8.500,00   d) 64,7%

41. a) $ 200,00   b) 300/7

42. $ 27,50

43. 500 unidades.

44. Não é vantajosa.

45. 2 horas.

46. 100 km.

47. a) $C = 2.000 + 24x$ b) $ 9.200,00

48. $C = 6.000 + 60x$

49. $ 25,00

50. a) $p = 1,25 c$ b) 25%

51. 42,86%

52. 20%

53. Demonstração.

54. $m_p = \dfrac{m_c}{1 + m_c}$

55. $p = -0,2x + 30$

56. $p = -0,01x + 7$

57.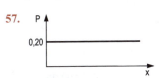

58. $p = 0,004x - 10$

59. $p = 300 + 0,5 \cdot x$

60. a) demanda   b) oferta
    c) oferta   d) demanda
    e) oferta

61. a) $ 15,00   b) $ 42,50

62. a) $ 2,00
    b) 600 ton
    c) $x = 650$ ton e $p = 3,5$

63. a) $ 14,00   b) 25 unidades
    c) $ 12,00

64. 182,2

65. 20 unidades.

66. a) $p = 60 - 2x$; $p = 70 - 2x$; $p = 80 - 2x$.
    b) Desloca-se paralelamente para cima.

67. a) $p = 41 + 0,5x$ b) $p = 39 + 0,5x$

68. a) $ 70,00   b) $ 73,00
    c) $ 162,00

69. $ 58,00

70. a) $ 40,00   b) $ 43,38
    Sugestão: faça, por exemplo, $p = 100$ na função oferta; o valor de x será 160. Portanto, na nova curva de oferta, teremos $p = 110$ (10% a mais) e $x = 160$. Obtenha, de modo análogo, outro ponto da curva de oferta e ache a equação da reta de oferta.

71. a) $ 40,00   b) $ 46,67

72. a)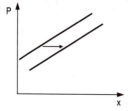

b)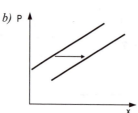

73. a) $ 1.400,00   b) $ 600,00
c) 10 anos

74. a) $ 6.000,00   b) $ 3.500,00

75. $ 18.333,33.

76. a) $V = 10.000 - \dfrac{4.000}{3} \cdot x$

b) $\dfrac{16.000}{3}$

77. 7,5 anos.

78. a) $C = 800 + 0,8y$ b) $S = -800 + 0,2y$

79. a) $S = 0,4y - 500$ b) $ 1.250,00

80. a) $C = 800 + 0,65y$ b) $ 1.000,00

81. $ 500,00.

82. $ 750,00.

83. $ 60,00.

84. $ 85,00.

85. $C = 0,6y + 2.000$.

86. $S = 0,4y - 2.000$.

87. a)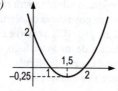

b)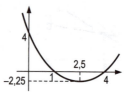

c)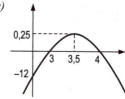

d)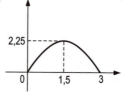

e)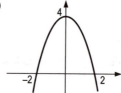

f)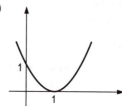

g)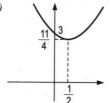

h)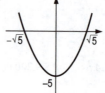

i)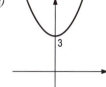

j)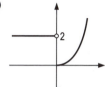

k)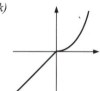

l)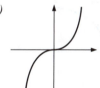

88. a)
Ponto de mínimo: $x = 1,5$
Conjunto-imagem: $[-0,25, \infty[$

b) ⊕ 1 ⊖ 4 ⊕
Ponto de mínimo: $x = 2,5$
Conjunto-imagem: $[-2,25, \infty[$

c) ⊖ 3 ⊕ 4 ⊖
Ponto de máximo: $x = 3,5$
Conjunto-imagem: $]-\infty, 0,25]$

d) ⊖ 0 ⊕ 3 ⊖
Ponto de máximo: $x = 1,5$
Conjunto-imagem: $]-\infty, 2,25]$

e) ⊖ -2 ⊕ 2 ⊖
Ponto de máximo: $x = 0$
Conjunto-imagem: $]-\infty, 4]$

f) ⊕ 1 ⊕
Ponto de mínimo: $x = 1$
Conjunto-imagem: $[0, \infty[$

g) ⊕
Ponto de mínimo: $x = 1/2$
Conjunto-imagem: $\left[\dfrac{11}{4}, \infty\right[$

h) ⊕ $-\sqrt{5}$ ⊖ $\sqrt{5}$ ⊕
Ponto de mínimo: $x = 0$
Conjunto-imagem: $[-5, \infty[$

i) ⊕
Ponto de mínimo: $x = 0$
Conjunto-imagem: $[3, \infty[$

j) ⊕ 0 ⊕
Ponto de mínimo: $x = 0$
Conjunto-imagem: $[0, \infty[$

k) ⊖ 0 ⊕
Conjunto-imagem: R

l) ⊖ 0 ⊕
Conjunto-imagem: R

89. a) $y > 0$ para $1 < x < 3$ ou $x > 5$
$y < 0$ para $x < 1$ ou $3 < x < 5$
$y = 0$ para $x = 1$ ou $x = 5$

b) $y > 0$ para $x < -2$ ou $2 < x < 3$
$y < 0$ para $-2 < x < 2$ ou $y > 3$
$y = 0$ para $x = 3$

c) $y > 0$ para $x < -1$
ou $0 < x < 1$ ou $x > 3$
$y < 0$ para $1 < x < 3$ ou $-1 < x < 0$
$y = 0$ para $x = 1$ ou $x = -1$

d) $y > 0$ para $-2 < x < 2$ ou $x > 4$
$y < 0$ para $x < -2$ ou $2 < x < 4$
$y = 0$ para $x = 2$ ou $x = 4$

90. a) $\{x \in R \mid x \leq 0 \text{ ou } x \geq 6\}$
b) $\{x \in R \mid 0 \leq x \leq 3\}$
c) $\{x \in R \mid x < -2 \text{ ou } x > 2\}$

d) $\{x \in R | 0 < x \leq 3 \text{ ou } x > 6\}$
e) $\{x \in R | x < -4 \text{ ou } -1 \leq x \leq 1\}$

91. a) Ponto de máximo: $x = 2$
Ponto de mínimo: $x = 4$

b) Ponto de máximo: $x = 2$
Ponto de mínimo: $x = 0$

c) Pontos de máximo: $x = -1$ ou $x = 1$
Ponto de mínimo: $x = 0$

d) Ponto de máximo: $x = 5$
Ponto de mínimo: $x = 8$

92. a) $x = 5$ b) $x = 19/4$

93. a) $x = 20$ b) $x = 4,5$

94. a) $p = -0,02x + 40$ b) $ 30,00

95. a) $p = -0,05x + 25$ b) $ 12,50

96. a) $p = -0,015x + 13$ b) $ 8,50

97. a) $ 7,50   b) $ 9,00

98. a) $p = -5x + 350$ b) $ 175,00

99. a) $ 60,00   b) $ 50,00

100. a) $ 51,00   b) $ 51,00
c) $ 40,00

101. a) $R = -0,01x^2 + 10x$, $0 \leq x \leq 600$
b) $ 5,00

102. a) $p = -0,02x + 8$ b) $ 4,00

103. a) $ 51,50   b) $ 52,50

104. a) $ 19,00   b) $ 12,50

105. a) $ 21,50   b) $ 10,00

106. a) $L = -3x^2 + 180x - 2000$
b) $x = 30$

107. 80/3.

108. a) $ 6,50   b) $6 \leq p \leq 7$

109. 3,5 unidades.

110.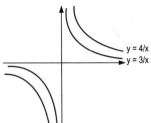

111. a)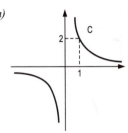

b)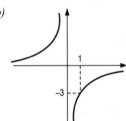

c)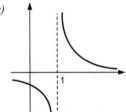

d)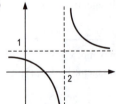

112. a) $x = 1$ e $p = 10$
b) $x = 1$ e $p = 8$
c) $x = 1$ e $p = 55/7$

113. a) $C = \dfrac{12 \cdot 10^5}{x}$ b) $ 3.000,00

114. a)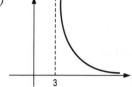

b) 2,5 bilhões   c) tende a infinito

115. a)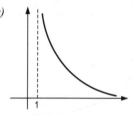

b) 2,5 bilhões   c) tende a infinito

116. a)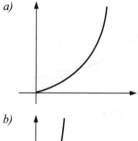

b)

c)

d)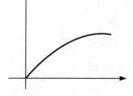

e)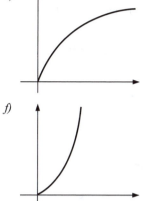

f)

g)

h)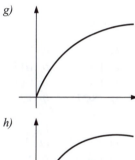

i)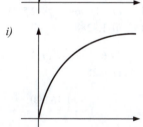

117. a) $x = 1$ e $p = 1$ b) $x = 1$ e $p = 1$

118. a) 400; 25
b) 800; 12,5
c) Dobrará.
d) 0
e)

119. a) 40; 5 b) 160; 2,5 c) Quadruplicará d) 0
e)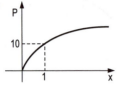

120.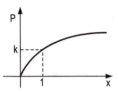

121. Demonstração gráfica.

122. a) 16 b) 81 c) 1
d) 1/9 e) 1/8 f) 1/16
g) 1/25 h) 1/8 i) 1/81
j) 4/9 k) −8/27 l) 3/2
m) 9/4

123. a) x^5 b) x^9 c) x^4
d) $x^7 y^7$ e) $144x^6$ f) 2
g) 4 h) 1/2 i) $1 + i$

124. a) 2 b) 5 c) 1,7321
d) 2,8284 e) 14,6969 f) 2,5119
g) 1,0188 h) 1,8286

125. a) 16 b) 6 c) 3
d) 128 e) 0,25

126. a) 8.867 b) 16.990

127. 3,53%

128. 2,81%

129. 765,77 bilhões de dólares.

130. a) $y = 20.000(1,02)^x$
b)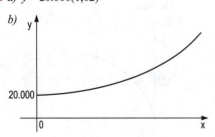

131. 25.598 habitantes.

132. 2.488,32 unidades.

133. a) $ 110.613,62
b)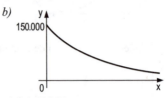

134. a) $ 8.874,11
b)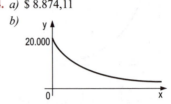

135. a) 6.561 b) $ 243 c) 6.318
d)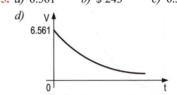

136. a) 50 mil dólares
b)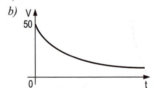

137. $K = -2,60\%$.

138. $V = 4.000 \, (0,866)^t$.

139. a) $ 25.000
b) $17.000 \cdot (0,9)^{x-2}$ para $x \geq 2$

140. a)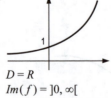
$D = R$
$Im(f) = \,]0, \infty[$

b)

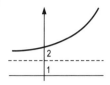

$D = R$
$Im(f) = \,]1, \infty[$

c)

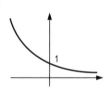

$D = R$
$Im(f) = \,]0, \infty[$

d)

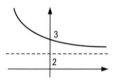

$D = R$
$Im(f) = \,]2, \infty[$

e)

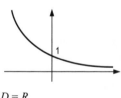

$D = R$
$Im(f) = \,]0, \infty[$

f)

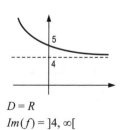

$D = R$
$Im(f) = \,]4, \infty[$

g)

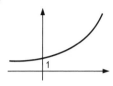

$D = R$
$Im(f) = \,]0, \infty[$

h)

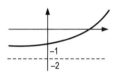

$D = R$
$Im(f) = \,]-2, \infty[$

i)

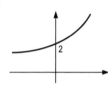

$D = R$
$Im(f) = \,]0, \infty[$

j)

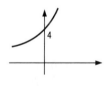

$D = R$
$Im(f) = \,]0, \infty[$

k)

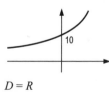

$D = R$
$Im(f) = \,]0, \infty[$

l)

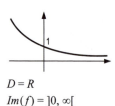

$D = R$
$Im(f) = \,]0, \infty[$

m)

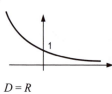

$D = R$
$Im(f) = \,]0, \infty[$

141. a) 3   b) 2   c) 4
d) 0   e) 1   f) 4
g) –3   h) –2   i) –2
j) –1/2   k) 6   l) 6

142. a) 1,7324   b) 0,8451   c) 2,0864
d) 1,5391   e) 3,4340   f) 1,9459
g) 0,4055   h) 5,4931   i) 0,5306
j) –0,2231   k) –0,0834   l) –0,6162
m) 2,8074   n) 1,2789   o) 0,5681

143. a) 0,78   b) 0,90   c) 1,08
d) 1,38   e) 1,30   f) 2,48
g) 0,70   h) 1,70   i) –0,70
j) –1,52

144. a) $x = 0{,}625$ b) $x = 0{,}80$ c) $x = 3{,}20$
d) $x = 1{,}15$ e) $x = 1{,}67$ f) $x = -0{,}87$

145. a) –3,9694   b) 2,5779   c) 1,4882
d) 3,4650   e) 7,8074

146. a) 1,3863   b) 0,8214   c) 0,4241
d) 0,1329

147. 23,5 anos aproximadamente.

148. 22,5 anos.

149. 22,7 anos aproximadamente.

150. 4,3 anos aproximadamente.

151. 3,1 anos aproximadamente.

152. 15 anos.

153. a)

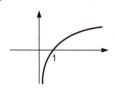

$D = \,]0, \infty[$
$Im(f) = R$

b)

$D = \,]0, \infty[$
$Im(f) = R$

c)

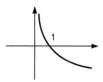

$D = \,]0, \infty[$
$Im(f) = R$

d)

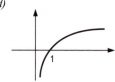

$D = \,]0, \infty[$
$Im(f) = R$

154. a)
b)
c)
d)

155. a) $\{x \in R \mid x > 3\}$
b) $\{x \in R \mid x < 2\}$
c) $\{x \in R \mid x < 1 \text{ ou } x > 3\}$
d) $\{x \in R \mid x < -2 \text{ ou } x > 2\}$
e) $\{x \in R \mid 0 < x < 4\}$

RESPOSTAS DOS PROBLEMAS

156. *a)* 20   *b)* 32,6   *c)* 40
d)

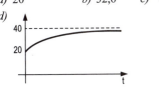

157. *a)* 5   *b)* 52,3   *c)* 60
d)

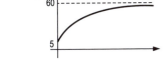

158. $K = 0,22$ e $B = 6,25$.

159. $ 2.147,93.

160. $ 14.282,46.

161. $ 3.313,47.

162. $ 3.814,48.

163. 3,71% ao mês.

164. 36,8 meses aproximadamente.

165. 1,6 anos.

166. $ 5.327,83.

167. $ 8.556,29.

168. 10% ao mês.

169. 8% ao mês.

170. 5% ao mês.

CAPÍTULO 3

1. *a)* 8; 8; 8   *b)* 7; 7; 7
c) $-\frac{5}{3}; -\frac{5}{3}; -\frac{5}{3}$ *d)* –7; –7; –7
e) 7; 7; 7   *f)* 0; 0; 0
g) 7; 4; não existe   *h)* 5; 5; 5
i) 0; 0; 0   *j)* 1; 1; 1
k) 0; 0; 0

2. *a)* 6   *b)* 14
c) 1/10   *d)* –1/3

e) 0   *f)* –2
g) 1   *h)* –1
i) 0   *j)* 1/4
k) 12   *l)* 27
m) –2/3   *n)* 1

3. *a)* ∞ e –∞   *b)* –∞ e ∞
c) ∞ e ∞   *d)* ∞ e –∞
e) –∞ e ∞   *f)* ∞ e –∞
g) ∞ e –∞   *h)* ∞ e ∞
i) –∞ e –∞   *j)* ∞ e –∞
k) ∞ e ∞   *l)* ∞ e –∞
m) ∞ e ∞   *n)* ∞ e ∞
o) ∞ e ∞   *p)* ∞ e ∞

4. *a)* 0   *b)* 0   *c)* ∞
d) ∞   *e)* ∞   *f)* –∞
g) ∞   *h)* 0   *i)* ∞
j) ∞   *k)* ∞   *l)* –∞
m) ∞   *n)* ∞   *o)* –∞
p) 2   *q)* 2   *r)* 25/16
s) 1/2   *t)* 0   *u)* 0
v) 0   *w)* ∞   *x)* 1/2

5. Sim.

6. Não.

7. Não.

8. $k = 7$.

9. *a)* $x = -1$ *b)* $y = 1$

10. *a)* $x = 1$ *b)* não existem

11. $x = 0$

12. $y = 0$

13. *a)* e^2 *b)* $e^{1/3}$ *c)* e^2
d) $e^{3/2}$ *e)* 1

14. $ 3.644,24.

15. $ 5.525,85.

16. $ 7.899,18.

17. 6,42 anos.

CAPÍTULO 4

1. a) 8   b) 2
    c) –3   d) 1
    e) 0   f) –1/4
    g) –1/25   h) 9

2. a) $f'(x) = 2x$ b) $f'(x) = 2$
    c) $f'(x) = -3$ d) $f'(x) = 2x - 3$
    e) $f'(x) = 2x$ f) $f'(x) = -1/x^2$
    g) $f'(x) = -1/x^2$ h) $f'(x) = 2x - 3$

3. Demonstração.

4. Demonstração.

5. a) $f'(x) = 0$
    b) $f'(x) = 5x^4$
    c) $f'(x) = 50x^4$
    d) $f'(x) = x$
    e) $f'(x) = 2x + 3x^2$
    f) $f'(x) = 30x^2 + 10x$
    g) $f'(x) = 2$
    h) $f'(t) = 6t - 6$
    i) $f'(u) = 15u^2 - 4u + 6$
    j) $f'(x) = \dfrac{3}{x}$
    k) $f'(x) = \dfrac{10}{x} - 3$
    l) $f'(x) = -3x^{-4} - x^{-2}$
    m) $f'(x) = 1 + \ln x$
    n) $f'(x) = 3x^2 \ln x + x^2$
    o) $f'(x) = (4x - 3)(2x - 1) + (2x^2 - 3x + 5) \cdot 2$
    p) $f'(x) = \dfrac{x - 2x \ln x}{x^4}$
    q) $f'(x) = \dfrac{-1}{(x-1)^2}$
    r) $f'(x) = \dfrac{-1}{(x-2)^2}$
    s) $f'(x) = -6x^{-4} - 10x^{-3}$
    t) $f'(x) = \dfrac{2}{3} x^{-1/3}$
    u) $f'(x) = \dfrac{1}{3} x^{-2/3} + \dfrac{1}{4} x^{-3/4}$
    v) $f'(x) = \dfrac{3}{2} x^{-1/2} + \dfrac{5}{3} x^{-2/3}$

6. a) $f'(x) = 6(2x - 1)^2$
    b) $f'(x) = 8(2x - 1)^3$
    c) $f'(x) = 6(5x^2 - 3x + 5)^5 \cdot (10x - 3)$
    d) $f'(x) = 3\left(\dfrac{1}{x^2} + \dfrac{1}{x} + 1\right)^2 \cdot \left(-\dfrac{2}{x^3} - \dfrac{1}{x^2}\right)$
    e) $f'(x) = -5(x^2 - 3x - 2)^{-6} \cdot (2x - 3)$
    f) $f'(x) = \dfrac{6x - 2}{3x^2 - 2x}$
    g) $f'(x) = \dfrac{2x - 3}{x^2 - 3x + 6}$
    h) $f'(x) = \dfrac{2x - 3}{x^2 - 3x}$
    i) $f'(x) = 2^x \cdot \ln 2$
    j) $f'(x) = 5^x \cdot \ln 5$
    k) $f'(x) = e^x + 3^x \cdot \ln 3$
    l) $f'(x) = (2x - 2) e^{x^2 - 2x + 1}$
    m) $f'(x) = 2x \cdot 3^{x^2 - 4} \cdot \ln 3$
    n) $f'(x) = \dfrac{2}{(x+1)^2} e^{x-1/x+1}$
    o) $f'(x) = e^x - e^{-x}$
    p) $f'(x) = \dfrac{-4}{(e^x - e^{-x})^2}$
    q) $f'(x) = (2x + 1)^{-1/2}$
    r) $f'(x) = \dfrac{2}{3}(2x+1)^{-2/3}$
    s) $f'(x) = \dfrac{3}{2}(6x^2 + 2x + 1)^{1/2} \cdot (12x + 2)$
    t) $f'(x) = \dfrac{1}{2}(x+1)^{-1/2} + (x^2 - 3x + 1)^{-2/3}$
    $\cdot (2x - 3) \cdot \dfrac{1}{3}$
    u) $f'(x) = \dfrac{1}{2} \cdot x^{-1/2} + \dfrac{1}{2}(x+1)^{-1/2}$
    v) $f'(x) = \dfrac{1}{2}\left(\dfrac{\ln x}{e^x}\right)^{-1/2} \cdot \dfrac{\dfrac{1}{x} - \ln x}{e^x}$
    w) $f'(x) = \dfrac{-5}{2}\left(\dfrac{x+1}{3x-2}\right)^{-1/2} \cdot \dfrac{1}{(3x-2)^2}$
    x) $f'(x) = 3x \cdot (3x^2 + 1)^{-1}$

RESPOSTAS DOS PROBLEMAS

7. a) $y - 25 = 10(x - 5)$
   b) $y + 4 = -3(x - 1)$
   c) $y = 2x + 3$
   d) $y = -(x - 2)$
   e) $y - 1 = \frac{1}{e}(x - e)$
   f) $y - \frac{1}{3} = \frac{1}{9}(x - 3)$

8. a) 0,4
   b) 0,01
   c) 0,1
   d) $(\ln a) \cdot d$
   e) 0

9. Demonstração.

10. a) 1, 1e
    b) 0,06

11. $ 52,5

12. $ 64

13. $ –24

14. 166,67

15. $ 400

16. $ 50,00

17. a) $0,9x^2 - 5x + 20$
    b) $ 17,50
    c) $ 60,00

18. a) $0,2x + 5$
    b) $ 6,00
    c) $ 7,00

19. $ 100,00

20. a) $-8x + 500$
    b) $ 420,00
    c) $ 340,00

21. $20 - 4x$

22. $\dfrac{15.000}{(x+30)^2} - 10$

23. $a - 2bx$

24. a) $C_{mg}(x) = 2$

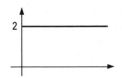

b) $C_{mg}(x) = 1$

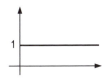

c) $C_{mg}(x) = 6x^2 - 20x + 30$

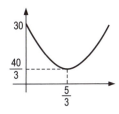

d) $C_{mg}(x) = 9x^2 - 10x + 20$

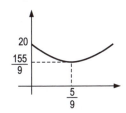

25. a) Receita marginal: $R_{mg}(x) = 10$
    Receita média: $R_{me}(x) = 10$

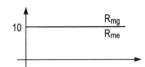

b) Receita marginal: $R_{mg}(x) = 6$
   Receita média: $R_{me}(x) = 6$

c) Receita marginal: $R_{mg}(x) = -4x + 600$
   Receita média: $R_{me}(x) = -2x + 600$

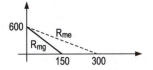

d) Receita marginal: $R_{mg}(x) = -20x + 1.000$
Receita média: $R_{me}(x) = -10x + 1.000$

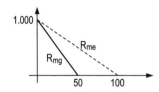

26. a) 0,7 b) 0,3
27. a) $0,2y^{-0,5}$ b) 0,025
    c) 0,975
28. a) $0,3y^{-0,5}$ b) 0,0375
    c) 0,9625
29. a) 25/8 b) 25/9
30. a) 100 b) 50
31. a) $250\,L^{-1/2} - 6$
    b) 244; 119; 77,3; 44; 19
32. 1.
33. 3/7.
34. 7/150.
35. 3/58.
36. 2.
37. 3/11.
38. a) $x < 200/3$ b) $\dfrac{200}{3} < x < 100$
39. a) $\dfrac{2.(50 - 0,5q)}{q}$
    b) 4; 1,5; 0,67; 0,25 e 0
    c) infinito
40. a) 0,0909 b) 0,45%
41. a) 0,6% b) 1,2%
    c) 3%
42. 2.048
43. Elasticidade igual a α.

44. Demonstração.
45. Demonstração.
46. a) 36 b) e^x
    c) $-e^{-x}$ d) $2x^{-3}$
    e) $e^x - e^{-x}$

CAPÍTULO 5

1. a) Crescente em R
   b) Decrescente em R
   c) $\begin{cases} \text{Crescente em: }]3/2; \infty[\\ \text{Decrescente em: }]-\infty, 3/2[\\ \text{Ponto de mínimo: } x = 3/2 \end{cases}$
   d) $\begin{cases} \text{Crescente em: }]-\infty, 0[\\ \text{Decrescente em: }]0, \infty[\\ \text{Ponto de máximo: } x = 0 \end{cases}$
   e) $\begin{cases} \text{Crescente em: }]2, \infty[\\ \text{Decrescente em: }]-\infty, 2[\\ \text{Ponto de mínimo: } x = 2 \end{cases}$
   f) $\begin{cases} \text{Crescente em: }]-\infty, 3[\text{ ou }]4, \infty[\\ \text{Decrescente em: }]3, 4[\\ \text{Ponto de máximo: } x = 3 \\ \text{Ponto de mínimo: } x = 4 \end{cases}$
   g) $\begin{cases} \text{Crescente em: }]-\infty, 1[\text{ ou }]2, \infty[\\ \text{Decrescente em: }]1, 2[\\ \text{Ponto de máximo: } x = 1 \\ \text{Ponto de mínimo: } x = 2 \end{cases}$
   h) $\begin{cases} \text{Crescente em: }]-2, 2[\\ \text{Decrescente em: }]-\infty, -2[\\ \text{ou }]2, \infty[\\ \text{Ponto de máximo: } x = 2 \\ \text{Ponto de mínimo: } x = -2 \end{cases}$
   i) $\begin{cases} \text{Crescente em: }]0, 8[\\ \text{Decrescente em: }]-\infty, 0[\\ \text{ou }]8, \infty[\\ \text{Ponto de máximo: } x = 8 \\ \text{Ponto de mínimo: } x = 0 \end{cases}$
   j) Crescente em R
   k) Decrescente em R
   l) $\begin{cases} \text{Crescente em: }]0, \infty[\\ \text{Decrescente em: }]-\infty, 0[\\ \text{Ponto de mínimo: } x = 0 \end{cases}$
   m) $\begin{cases} \text{Crescente em: }]-1, 0[\text{ ou }]1, \infty[\\ \text{Decrescente em: }]-\infty, -1[\\ \text{ou }]0, 1[\\ \text{Ponto de mínimo: } x = -1 \\ \text{ou } x = 1 \\ \text{Ponto de máximo: } x = 0 \end{cases}$

n) Decrescente em: $]-\infty, 0[$ ou $]0, \infty[$

o) Decrescente em: $]-\infty, 2[$ ou $]2, \infty[$

p) Decrescente em: $]-\infty, 3[$ ou $]3, \infty[$

q) $\begin{cases} \text{Crescente em: }]-\infty, 0[\\ \text{Decrescente em: }]0, \infty[\\ \text{Ponto de máximo: } x = 0 \end{cases}$

r) $\begin{cases} \text{Crescente em: }]-1, 1[\\ \text{Decrescente em: }]-\infty, -1[\\ \quad \text{ou }]1, \infty[\\ \text{Ponto de mínimo: } x = -1 \\ \text{Ponto de máximo: } x = 1 \end{cases}$

s) $\begin{cases} \text{Crescente em: }]-\infty, 2-\frac{\sqrt{3}}{3}[\\ \quad \text{ou }]2+\frac{\sqrt{3}}{3}, \infty[\\ \text{Decrescente em: }]2-\frac{\sqrt{3}}{3}, 2+\frac{\sqrt{3}}{3}[\\ \text{Ponto de máximo: } x=2-\frac{\sqrt{3}}{3} \\ \text{Ponto de mínimo: } x=2+\frac{\sqrt{3}}{3} \end{cases}$

2. $x = 5/2$.

3. $p = 20$.

4. $p = 21$.

5. $x = 4{,}65$ aproximadamente.

6. $p = 8$.

7. *a)* 52   *b)* 48,5

8. Máximo relativo: $x = 5$
   Mínimos relativos: $x = 0$ e $x = 6$
   Máximo absoluto: $x = 5$
   Mínimo absoluto: $x = 0$

9. Máximo relativo: $x = 3$
   Mínimos relativos: $x = 0$ e $x = 4$
   Máximo absoluto: não existe
   Mínimo absoluto: $x = 0$

10. Demonstração.

11. $C_{mg} = x^2 - 12x + 60$

12. Demonstração.

13. *a)* 12,16   *b)* Demonstração.

14. *a)* $C_{me}(x) = 40 - 10x + x^2$
    b) Decrescente para $x < 5$ e crescente para $x > 5$; $x = 5$ é ponto de mínimo.

15. *a)* $C_{me}(x) = \frac{1}{3}x^2 - 4x + 30$
    b) Decrescente para $x < 6$ e crescente para $x > 6$; $x = 6$ é ponto de mínimo.

16. Demonstração.

17. *a)* Demonstração.   *b)* \$ 5,67

18. *a)* $C_{me}(x) = 0{,}1x + 3 + \frac{4.000}{x}$
    b) $x = 200$
    c) $x = 180$
    d) $x = 200$

19. \$ 860.

20. $x = 2{,}63$.

21. $x = 141{,}42$.

22. *a)* $C_{me} = x^2 - 20x + 400$ e
    $C_{mg} = 3x^2 - 40x + 400$
    b) Demonstração.

23. \$ 38,63.

24. *a)* $p = -0{,}005x + 20$ *b)* $p = 10$

25. $p = 7{,}36$.

26. Demonstração.

27. *a)* 49,6 mil habitantes
    b) Demonstração.
    c) 50 mil habitantes

28. Demonstração.

29. 3 unidades de A e 6 de B.

30. $i = 12\%$ ao ano.

31. *a)* 72,34% em A e 27,66% em B
 b) 9,94%

32. *a)* Côncava para cima em: R.
 b) Côncava para baixo em: R.
 c) $\begin{cases} \text{Côncava para cima: }]3, \infty[\\ \text{Côncava para baixo em: }]-\infty, 3[\\ \text{Ponto de inflexão: } x = 3 \end{cases}$
 d) $\begin{cases} \text{Côncava para cima em: }]-\infty, 4[\\ \text{Côncava para baixo em: }]4, \infty[\\ \text{Ponto de inflexão: } x = 4 \end{cases}$
 e) $\begin{cases} \text{Côncava para cima em: }]-\infty, -8/3[\\ \text{Côncava para baixo em: }]-8/3, \infty[\\ \text{Ponto de inflexão: } x = -8/3 \end{cases}$
 f) $\begin{cases} \text{Côncava para cima em: }]-\infty, 1[\\ \qquad\qquad \text{ou }]3, \infty[\\ \text{Côncava para baixo em: }]1, 3[\\ \text{Pontos de inflexão: } x = 1 \\ \qquad\qquad \text{ou } \quad x = 3 \end{cases}$
 g) $\begin{cases} \text{Côncava para cima em: }]0, \infty[\\ \text{Côncava para baixo em: }]-\infty, 0[\end{cases}$
 h) $\begin{cases} \text{Côncava para cima em: }]-\infty, -1[\\ \qquad\qquad \text{ou }]1, \infty[\\ \text{Côncava para baixo em: }]-1, 1[\\ \text{Pontos de inflexão: } x = -1 \\ \qquad\qquad \text{ou } \quad x = 1 \end{cases}$
 i) $\begin{cases} \text{Côncava para cima em: }]1, \infty[\\ \text{Côncava para baixo em: }]-\infty, 1[\end{cases}$

33.
a)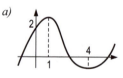
b)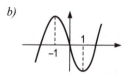
c)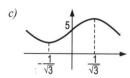

d)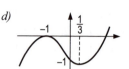
e)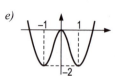
f)
g)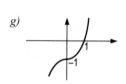
h)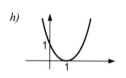
i)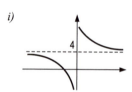
j)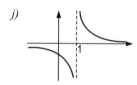
k)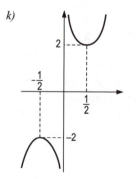

l)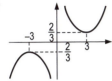

m)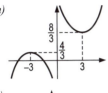

n)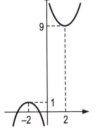

o)

p)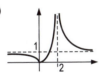

q)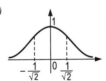

r)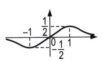

s)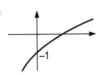

34.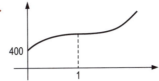

35.
a) $C_{mg}(x) = 2$
b) $C_{me}(x) = 2 + \dfrac{100}{x}$

c)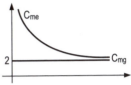

36. a) $C_{mg}(x) = 3x^2 - 6x + 10$

b) $C_{me}(x) = x^2 - 3x + 10$

c)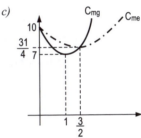

37. a) $C_{mg}(x) = 6x^2 - 24x + 30$

b) $C_{me}(x) = 2x^2 - 12x + 30$

c)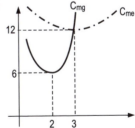

38. a) Ponto de mínimo: $x = 2$

b) Ponto de máximo: $x = 3$

c) $\begin{cases} \text{Ponto de máximo: } x = 1 \\ \text{Ponto de mínimo: } x = 6 \end{cases}$

d) $\begin{cases} \text{Ponto de mínimo: } x = -2 \\ \text{Ponto de máximo: } x = 2 \end{cases}$

e) $\begin{cases} \text{Ponto de máximo: } x = -1 \\ \text{Ponto de mínimo: } x = 1 \end{cases}$

f) Ponto de mínimo: $x = -\dfrac{4}{3}$

39. 30 m por 30 m.

40. 50 e 50.

41. $r = \dfrac{10}{\sqrt[3]{4\pi}}$ e $h = \dfrac{500}{\pi r^2}$

42. 25 m por 25 m.

43. 1.

44. 5 m por 10 m.

45. 5,66 m por 2,83 m.

46. Demonstração.

47. Base e altura iguais a 2,15 m ($\sqrt[3]{10}$).

48. 2,71 m por 1,36 m.

49. A base deve ser igual a 48 cm.

50. a) 13   b) Demonstração.

51. a) $x = 4,38$ b) Demonstração.

52. a) $x = 3$ b) Demonstração.

53. Demonstração.

54. 33.

55. $x = \dfrac{p-b}{2a}$.

56. $x = \dfrac{\alpha - b}{2a + 2\beta}$.

57. $x = 50/3$.

58. $x = 47$.

59. $x = 100$.

60. $x = 75$.

61. $x = 25$.

62. a) $ 70,00   b) $ 90,00

63. a) $ 510,00   b) $ 511,00

64. a) $x = 16$ b) Demonstração.

65. 32.

66. 10 garrafas.

67. a) $R = 30x - 5x \ln x$ b) $x = e^5$
c) Demonstração.

68. 2,63.

69. $ 860,00.

70. a) $ 300,00   b) 234,17

71. Demonstração.

72. Demonstração.

73. Exercício resolvido.

74. a) 2.000 $\begin{cases} \text{manter: } \$ 1.000,00 \\ \text{pedir: } \$ 4.000,00 \\ \text{total: } \$ 5.000,00 \end{cases}$

6.000 $\begin{cases} \text{manter: } \$ 3.000,00 \\ \text{pedir: } \$ 1.333,33 \\ \text{total: } \$ 4.333,33 \end{cases}$

8.000 $\begin{cases} \text{manter: } \$ 4.000,00 \\ \text{pedir: } \$ 1.000,00 \\ \text{total: } \$ 5.000,00 \end{cases}$

b) 4.000

75. Demonstração.

76. Demonstração.

CAPÍTULO 6

1. a) $\dfrac{x^4}{2} + c$

b) $\dfrac{x^3}{3} + \dfrac{3x^2}{2} + c$

c) $\dfrac{x^3}{3} - \dfrac{3x^2}{2} + c$

d) $5x - \dfrac{x^2}{2} + c$

e) $5x + c$

f) $\dfrac{3x^4}{4} - \dfrac{2x^3}{3} + 4x^2 - 6x + c$

g) $5 \ln|x| + c$

h) $\dfrac{x^3}{3} + 6 \ln|x| + c$

i) $\dfrac{x^3}{3} - \dfrac{1}{x} + c$

j) $-\dfrac{1}{2x^2} + \dfrac{x^3}{3} - \dfrac{5x^2}{2} + c$

k) $\dfrac{2x^{3/2}}{3} + c$

l) $\dfrac{15x^{4/3}}{4} + c$

m) $\dfrac{2x^{3/2}}{3} + \dfrac{3x^{4/3}}{4} + c$

RESPOSTAS DOS PROBLEMAS

n) $x - 3\ln|x| - \dfrac{5}{x} + c$

o) $5e^x + c$

p) $2e^x + c$

q) $3e^x + \dfrac{x^4}{4} + c$

2. Demonstração.

3. Demonstração.

4. Demonstração.

5. Exercício resolvido.

6. $C(x) = 0{,}05x^2 + 5x + 500$.

7. $C(x) = 2x + 200$.

8. a) $C(x) = 2x^3 - 3x^2 + 20x + 400$

   b) 135

9. a) $C(x) = \dfrac{4}{3}x^3 - 3x^2 + 30x + 400$

   b) $\dfrac{385}{3}$

10. $R(x) = 50x - \dfrac{x^2}{2}$.

11. a) $R(x) = 20x - x^2$ b) $R_{me}(x) = 20 - x$

12. a) $R(x) = 100x$ b) $R_{me}(x) = 100$

13. a) $L(x) = 3x - 100$ b) $100/3$

14. $x = 4$.

15. $C(x) = 0{,}04x^2 + 4x + 26$.

16. $P(x) = -x^2 + 40x$.

17. $P(x) = 20 \cdot x^{0,5}$.

18. $C = 0{,}8y + 100$.

19. $S = 0{,}2y - 100$.

20. a) $C = y^{0,5} + 50$ b) $S = y - y^{0,5} - 50$

    c) $1 - \dfrac{1}{2}y^{-1/2}$

21. a) 15   b) 12

    c) $-22{,}5$ d) $8/3$

    e) $\dfrac{44}{3}$ f) $\dfrac{-125}{6}$

g) $4{,}5$ h) $20/3$

i) $3/2$ j) $e^3 - 1$

22. a) $\dfrac{1}{3}$ b) 9

    c) $\ln 2$ d) $4\ln 2$

    e) $8/3$ f) $4{,}5$

    g) 4   h) $\dfrac{8}{3}$

23. a) $1/4$ b) $9/2$ c) $1/3$

24. a) $1/3$ b) 1   c) e^1

25. \$ 342.000.000,00.

26. \$ 113.569.219,00.

27. \$ 243.456.000,00.

28. a) $x = 5$ e $p = 10$ b) 25

    c) $12{,}5$

29. a) $x = 2$ e $p = 19$ b) 2

    c) $16/3$

30. a) $x = 10$ e $p = 20$ b) 50

    c) $400/3$

31. a) $\dfrac{1}{3}\ln|4 + 3x| + c$ b) $-\ln|5 - x| + c$

    c) $\ln|\ln x| + c$ d) $\dfrac{1}{2}e^{2x} + c$

    e) $\dfrac{1}{2}e^{2x+3} + c$ f) $\dfrac{1}{5}e^{5x-3} + c$

    g) $\dfrac{2}{3}(x^3 + 1)^{1/2} + c$ h) $\sqrt{x^2 + 1} + c$

    i) $\dfrac{2}{3}(1 + \ln x)^{3/2} + c$ j) $\dfrac{(x^2 + 3)^5}{5} + c$

    k) $\dfrac{1}{24}(3x^2 + 1)^4 + c$ l) $\ln(2x^2 + 3) + c$

32. $V = 20\ln(5 + x) - 13$.

33. a) $\dfrac{1}{8} - \dfrac{1}{2(1+e)^2}$ b) $\dfrac{1}{3} \cdot 2^{3/2} - \dfrac{1}{3}$

34. a) $\dfrac{x^2}{2}\ln x - \dfrac{x^2}{4} + c$ b) $-e^{-x} \cdot (x + 1) + c$

    c) $e^x(x^2 - 2x + 2) + c$

CAPÍTULO 7

1. a)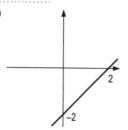

    b)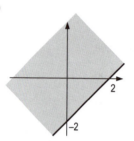

    c)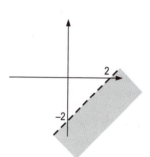

    d)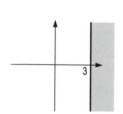

    e)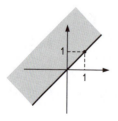

    f)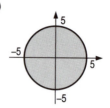

    g)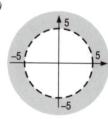

    h)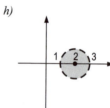

    i)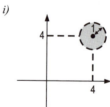

2. Exercício resolvido.

3.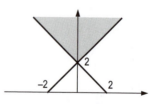

4.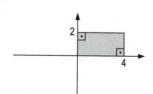

5.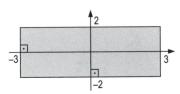

6.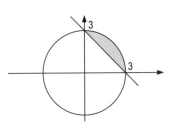

7. a)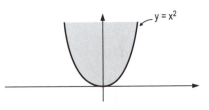

b)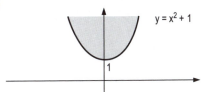

c)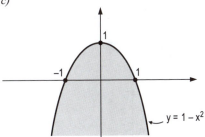

d)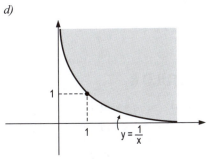

e)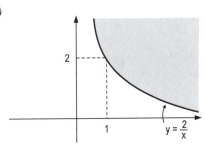

8. Exercício resolvido.

9.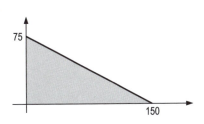

10.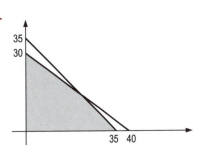

11.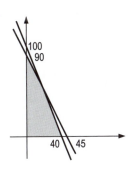

12.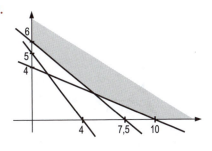

13. a) V b) V c) V d) F
e) V f) F g) V h) F

14. a)

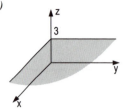

b)

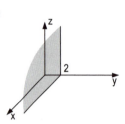

c)

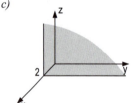

d)

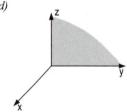

e)

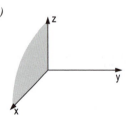

15. a)

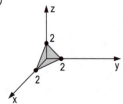

b)

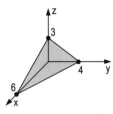

c)

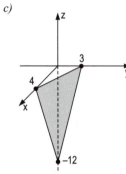

d)

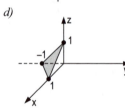

e)

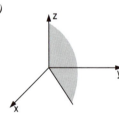

f)

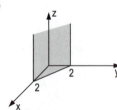

CAPÍTULO 8

1. a) 3   b) 1
c) −1   d) $\dfrac{25}{9}$
e) 3   f) 4

RESPOSTAS DOS PROBLEMAS

g) $\dfrac{3}{4}$ h) $\dfrac{\Delta x}{2}$

i) $\dfrac{-3\Delta y}{2(4+\Delta y)}$

2.
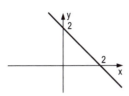

3.
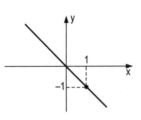

4.
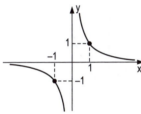

5. a) $R = 500x + 600y$
   b) 14.000
   c)
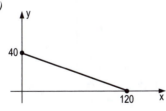

6. a) $R(x, y) = 100x + 300y$
   b) 1.400
   c)

7. a) 180   b) 100   c) 28
   d)

8. a) 8   b) 2
   c)

x_1	x_2
1	24
2	12
3	8
4	6
6	4
8	3
12	2
24	1

9. I, II e III.

10. $a = 2b$

11. a) 64   b) 0
    c) Demonstração.

12. $m = 100 \cdot 2^{-7,4}$

13. $k = 888$

14. $L = 2x + 4y - 1.100$.

15. $L = -x^2 - 1,5y^2 - 2xy + 197x + 200y$

16. Exercício resolvido.

17. a) $x^2 + y^2 \leq 9.000$ e $x \geq 0, y \geq 0$
    b) $x^2 + y^2 = 9.000$ e $x \geq 0, y \geq 0$

18. a) $\{(x, y) \in R^2 \mid x + y - 2 \geq 0\}$

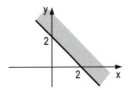

b) $\{(x, y) \in R^2 \mid y \geq x^2\}$

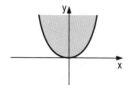

c) $\{(x, y) \in R^2 \mid x + y - 2 \neq 0\}$

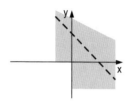

d) $\{(x, y) \in R^2 \mid x^2 + y^2 \geq 16\}$

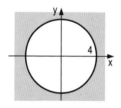

e) $\{(x, y) \in R^2 \mid x - y > 0\}$

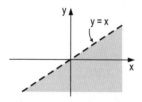

f) $\{(x, y) \in R^2 \mid y \geq x \text{ e } y \geq 2\}$

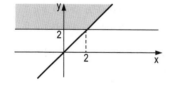

g) $\{(x, y) \in R^2 \mid xy \geq 0\}$

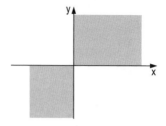

h) $\{(x, y) \in R^2 \mid x - y - 2 > 0\}$

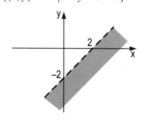

i) $\{(x, y) \in R^2 \mid x^2 - y - 1 > 0\}$

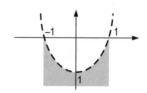

j) $\{(x, y) \in R^2 \mid y > x^3\}$

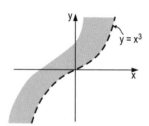

19. a)

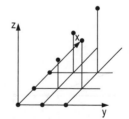

RESPOSTAS DOS PROBLEMAS 347

b)
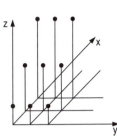

c)
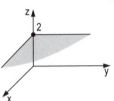

d)
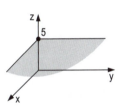

e)
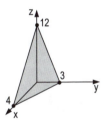

f)
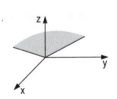

g)
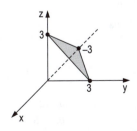

20. a)
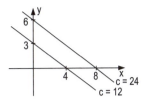

b)
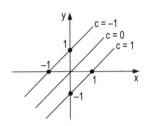

c)
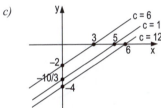

d)
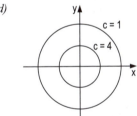

e)
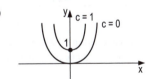

f)
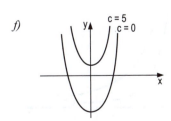

g)

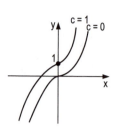

h)

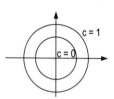

i)

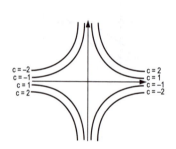

21.

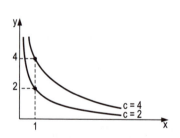

Os pontos de cada curva possuem as combinações de x e y que fornecem o mesmo grau de satisfação.

22.

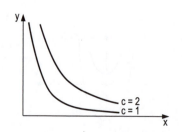

23.

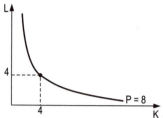

24.

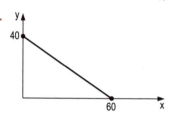

25. Demonstração.

26. a)

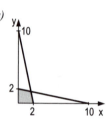

b)

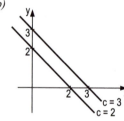

c) $x+y=\dfrac{10}{3}$

27. Circunferências ou arcos de circunferência com centro no ponto (a, b).

28. É contínua.

29. Não é contínua.

30. Não é contínua.

31. Não é contínua.

32. Não é contínua.

CAPÍTULO 9

1. a) 6   b) 12
2. a) 16   b) −16

3.

1) $f_x = 7$; $f_y = 10$

2) $f_x = 2x$; $f_y = 6y$

3) $f_x = \dfrac{-2}{x^3}$; $f_y = \dfrac{-3}{y^2}$

4) $f_x = \dfrac{-6}{x^4}$; $f_y = \dfrac{12}{y^3}$

5) $f_x = \dfrac{1}{2}x^{-1/2}$; $f_y = \dfrac{1}{2}y^{-1/2}$

6) $f_x = \dfrac{1}{3}x^{-2/3}$; $f_y = \dfrac{1}{2}y^{-1/2}$

7) $f_x = 4y^2$; $f_y = 8xy$

8) $f_x = 10y^2 + 10xy$; $f_y = 20xy + 5x^2$

9) $f_x = e^x + 4x$; $f_y = 6$

10) $f_x = \dfrac{1}{x}$; $f_y = 12y^2$

11) $f_x = 3^x \ln 3$; $f_y = \dfrac{1}{y}$

12) $f_x = 2^x \ln 2 + \dfrac{1}{x}$; $f_y = -e^y$

13) $f_x = e^x(x^3 + 3x^2)$; $f_y = 10$

14) $f_x = \dfrac{2y^2}{x}$; $f_y = 4y \ln x$

15) $f_x = 3y^2 e^x$; $f_y = 6y\, e^x$

16) $f_x = 12x$; $f_y = e^y(4y^2 + 8y)$

17) $f_x = 20y^2(2x \ln x + x)$; $f_y = 40x^2 y \ln x$

18) $f_x = \dfrac{-2y}{(x-y)^2}$; $f_y = \dfrac{2x}{(x-y)^2}$

19) $f_x = \dfrac{e^x(2x + 3y - 2)}{(2x+3y)^2}$; $f_y = \dfrac{-3e^x}{(2x+3y)^2}$

20) $f_x = \dfrac{-\ln y}{(x-2y)^2}$; $f_y = \dfrac{\dfrac{x}{y} + 2\ln y - 2}{(x-2y)^2}$

21) $f_x = 0{,}3x^{-0{,}7}\cdot y^{0{,}7}$; $f_y = 0{,}7x^{0{,}3}\cdot y^{-0{,}3}$

22) $f_x = 1{,}2x^{-0{,}4}\cdot y^{0{,}4}$; $f_y = 0{,}8x^{0{,}6}\cdot y^{-0{,}6}$

23) $f_x = 10\alpha \cdot x^{\alpha-1} y^{1-\alpha}$; $f_y = 10(1-\alpha)x^{\alpha}\cdot y^{-\alpha}$

24) $f_x = \dfrac{2}{2x+3y}$; $f_y = \dfrac{3}{2x+3y}$

25) $f_x = 2\cdot e^{2x+5y}$; $f_y = 5 \cdot e^{2x+5y}$

26) $f_x = 2^{x+y}\cdot \ln 2$; $f_y = 2^{x+y}\cdot \ln 2$

27) $f_x = 2x \cdot e^{x^2+y^2}$; $f_y = 2y \cdot e^{x^2+y^2}$

28) $f_x = y\cdot e^{xy}$; $f_y = x\cdot e^{xy}$

29) $f_x = y \cdot 3^{xy} \cdot \ln 3$; $f_y = x \cdot 3^{xy} \cdot \ln 3$

30) $f_x = \dfrac{2x}{x^2+7y}$; $f_y = \dfrac{7}{x^2+7y}$

31) $f_x = 2x \cdot 5^{x^2+y} \cdot \ln 5$; $f_y = 5^{x^2+y}\cdot \ln 5$

32) $f_x = 3(x^2+2xy)^2 \cdot (2x+2y)$; $f_y = 6(x^2+2xy)^2 \cdot x$

33) $f_x = 4(3x^2 y + 2xy)^3 \cdot (6xy + 2y)$; $f_y = 4(3x^2 y + 2xy)^3 \cdot (3x^2 + 2x)$

34) $f_x = -6x(x^2+2y)^{-4}$; $f_y = -6(x^2+2y)^{-4}$

35) $f_x = \dfrac{1}{2}x^{-\frac{1}{2}} y^{\frac{1}{2}}$; $f_y = \dfrac{1}{2}x^{\frac{1}{2}} y^{-\frac{1}{2}}$

36) $f_x = \dfrac{1}{2}(xy+x^2)^{-\frac{1}{2}} \cdot (y+2x)$; $f_y = \dfrac{1}{2}(xy+x^2)^{-\frac{1}{2}} \cdot x$

37) $f_x = \dfrac{1}{3}(2x^2-3xy)^{-\frac{2}{3}} \cdot (4x-3y)$; $f_y = -(2x^2-3xy)^{-\frac{2}{3}} \cdot x$

38) $f_x = \dfrac{1}{2}(e^x+e^y)^{-\frac{1}{2}}.e^x$

$f_y = \dfrac{1}{2}(e^x+e^y)^{\frac{1}{2}}.e^y$

39) $f_x = \dfrac{x}{x^2+y^2}$ $f_y = \dfrac{y}{x^2+y^2}$

40) $f_x = \dfrac{y(e^{xy}-2xy^2)}{e^{xy}-x^2y^3}$

$f_y = \dfrac{x(e^{xy}-3xy^2)}{e^{xy}-x^2y^3}$

4. *a)* 900   *b)* 945   *c)* 300   *d)* 300

5. Demonstração.

6. $2x + 3y$.

7. $3x_1^2 \cdot x_2$.

8. *a)* $\left(\dfrac{y}{x}\right)^{0,5}$ *b)* $\left(\dfrac{x}{y}\right)^{0,5}$

   c) 2 e 1/2

9. 10 e 2,5.

10. *a)* $\dfrac{\partial q}{\partial x} = -4x;\ \dfrac{\partial q}{\partial y} = 10$

    b) A diminuição de uma unidade no preço da manteiga (mantido o da margarina).

11. *a)* $\dfrac{\partial q}{\partial x} = -4;\ \dfrac{\partial q}{\partial y} = -2$

    b) Diminuir em uma unidade o preço de A (mantendo o de B).

12. *a)* $\dfrac{\partial q}{\partial x} = -6;\ \dfrac{\partial q}{\partial y} = 2$

    b) Diminuir em uma unidade o preço de I (mantendo o de II).

13. *b)* positivos   *d)* negativos

14. *a)* substitutos   *b)* complementares
    c) substitutos

15. *a)* $100 + x_2 - 2x_1$ *b)* $200 + x_1 - 2x_2$
    c) 98 e 195

16. *a)* $2x + y$ *b)* $4y + x$ *c)* 40 e 90

17. *a)* $\dfrac{\partial c}{\partial x} = 1 + 2xy - y;\ \dfrac{\partial c}{\partial y} = x^2 - x$

    b) 191 e 90

18. *a)* 5,33   *b)* $\dfrac{4x}{30-4x-2y}$

    c) $\dfrac{6x}{100-6x+2y}$

19. *a)* 0,33   *b)* $\dfrac{-2y}{30-4x-2y}$

    c) $\dfrac{2y}{100-6x+2y}$

20. $df = 0,14$.

21. $df = 0,04$.

22. $df = 1,7$.

23. Exatamente: 0,0301; $df = 0,03$

24. Exatamente: 0,2805; $df = 0,28$

25. Demonstração.

26. *a)* 50   *b)* –200   *c)* 14.000   *d)* –60

27. *a)* $6x_0^2 \cdot \Delta x - \Delta y$.

    b) $\dfrac{4x_0}{2x_0^2+3x_0^2} \cdot \Delta x + \dfrac{6y_0}{2x_0^2+3y_0^2} \cdot \Delta y$

    c) $2x_0 \cdot e^{x_0^2+y_0^2} \cdot \Delta x + 2y_0 \cdot e^{x_0^2+y_0^2} \cdot \Delta y$

28. *a)* $\dfrac{x^2+2xy}{(x+y)^2} \cdot \Delta x - \dfrac{x^2}{(x+y)^2} \cdot \Delta y$

    b) $\dfrac{2x}{x^2+y^2} \cdot \Delta x + \dfrac{2y}{x^2+y^2} \cdot \Delta y$

29. *a)* 21,5   *b)* $0,45x + 0,6y$
    c) $h \cdot (5x + 11y)$

30. *a)* 2,2   *b)* $20 - 0,2x - 0,1y$
    c) $h \cdot (-2x - 2y + 300)$

31. 0.

32. real: $3,95525\ \pi\,\text{m}^3$
    aproximado: $3,9\ \pi\,\text{m}^3$

33. *a)* $\Delta Y = -3\Delta T + 4\Delta G$
    b) $\Delta Y = 20$
    c) $-3\Delta T + 4\Delta G = 60$

RESPOSTAS DOS PROBLEMAS

34. a) $12t + 9$
b) $12 + 98t$
c) $\dfrac{20t - 2}{10t^2 - 2t + 1}$
d) $(2t + 6t^2) \cdot e^{t^2 + 2t^3 - 1}$
e) $-8 \cdot t^{-9} - 7 \cdot t^{-8}$

35. a) $2{,}2t^{4,2}$ b) $9{,}24 \cdot t^{3,2}$

36. a) $\sqrt{(168 - t)^2 \cdot 0{,}5 \cdot t}$ b) $t = 56h$
c) 28 e 112

37. a) $-\dfrac{2}{3}$ b) $-3x_0$ c) $-\dfrac{\sqrt{2}}{4}$
d) 0   e) $-\dfrac{25}{4}$ f) -10
g) 1   h) 2

38. a)

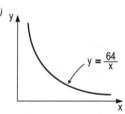

b) -16

39. a)

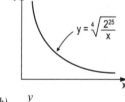

b) $-\dfrac{y}{4x}$

40. Exercício resolvido.

41. a) $y - y_0 = -\dfrac{b^2}{a^2} \cdot \dfrac{x_0}{y_0} \cdot (x - x_0)$
b) $y - 2 = 0$
c) $y = x + \dfrac{a}{2}$

42. a) grau 1   b) grau 2
c) grau 2   e) grau 0
h) grau 1   i) grau 0,8
j) grau 1,2

43. b) $3\left(\dfrac{y}{x}\right)^{0,5}$ e $3\left(\dfrac{x}{y}\right)^{0,5}$
c) 1.200 para o trabalho e 1.200 para o capital.

44. b) $A \cdot \alpha \cdot \left(\dfrac{y}{x}\right)^{1-\alpha}$ e $A(1 - \alpha) \cdot \left(\dfrac{x}{y}\right)^{\alpha}$
c) $2.400\,\alpha$ e $2.400(1 - \alpha)$

45. a) 8.000 litros   b) $ 2,00   c) $ 32,00

46. O salário será reduzido para $ 1,82 por homem-hora.

47. Permanecerá igual a $ 2,00 por homem-hora.

48.

	f_{xx}	f_{xy}	f_{yx}	f_{yy}
a)	0	0	0	0
b)	0	1	1	0
c)	4	0	0	2
d)	0	$-y^{-2}$	$-y^{-2}$	$2xy^{-3}$
e)	$-1{,}5x^{-1,5}y^{0,5}$	$1{,}5(xy)^{-0,5}$	$1{,}5(xy)^{-0,5}$	$-1{,}5x^{0,5}y^{-1,5}$
f)	e^{x+y}	e^{x+y}	e^{x+y}	e^{x+y}

49. $\dfrac{-2xy}{(x^2 + y^2)^2}$

Capítulo 10

1. a) $(3, 2)$ b) $\left(\dfrac{16}{3}, \dfrac{20}{3}\right)$
c) $(0, 0)$ d) não existem
e) $(0, 0)$

2. Demonstração.

3. Demonstração.

4. Demonstração.

5. Demonstração.

6. a) $(1, -1)$, ponto de máximo.
b) $\left(\dfrac{10}{3}, \dfrac{11}{3}\right)$, ponto de mínimo.
c) $(0, 0)$, ponto de sela.
d) não existe ponto crítico.
e) $(x, -x)$, $x \in R$, são pontos de mínimo.

f) (0, 0), ponto de mínimo.

g) (1, 1), ponto de máximo.
(1, 5) e (3, 1), ponto de sela.
(3, 5), ponto de mínimo.

h) $\left(0, -\dfrac{3}{2}\right)$, ponto de máximo.

$\left(10, -\dfrac{3}{2}\right)$, ponto de sela.

i) não existem pontos críticos.

j) (1, 1), ponto de mínimo.
(–1, 1), ponto de sela.

k) (0, 0), ponto de sela.

l) $(x, 0)$ ou $(0, y)$ ou $x \in R, y \in R$ são pontos de mínimo.

7. $x = \dfrac{90}{23}$ e $y = \dfrac{18}{23}$.

8. $x = 20$ e $y = 16$.

9. *a)* $x = 1.375$, $y = 1.062,50$ e $L = 8.236.875$
b) $p_1 = 3.250$ e $p_2 = 4.750$

10. $p_1 = 16$, $p_2 = 164/3$.

11. $p_1 = \dfrac{100}{11}$ e $p_2 = \dfrac{140}{11}$.

12. $x = y = 2$.

13. *a)* $x = 10/3$ e $y = 8/3$ *b)* 39/9

14. $p = 340$, $q = 280$

15. Lucro máximo: 76.000.

16. *a)* $L = -2x^2 - 2,5y^2 - 4xy + 97x + 100y$
b) $x = 21,25$ e $y = 3$

17. *a)* $p_1 = 25$ e $p_2 = 50$ *b)* $p = 40$
Sugestão: fazendo $p_1 = p_2 = p$, temos:
em (I): $x_1 = 40/3 - 1/3\, p$
em (II): $x_2 = 45 - 1/2\, p$
Somando membro a membro e chamando $x_1 + x_2$ de x, teremos a equação de demanda:
$x = \dfrac{175}{3} - \dfrac{5p}{6}$

18. *a)* $p_1 = 140$; $p_2 = 190$ *b)* 520/3

19. $y = x + 5,33$

20. $y = 2,9x - 0,3$

21. *a)* $y = 10,75x - 5$ *b)* 70,25

22. *a)* $y = 143 - 4,6x$ *b)* 18,8

23. *a)* $y = 9,5 + 0,5625x$ *b)* 23

24. *a)* $y = 58,5714 + 20,6786x$ *b)* 224

25. *a)* (0, 0) é ponto de mínimo e (6, 0) de máximo.

b) (0, 0) é ponto de mínimo e (0, 3) de máximo.

c) $\left(0, \dfrac{5}{3}\right)$ é ponto de mínimo e (5, 0) de máximo.

d) (0, 0) é ponto de mínimo e (3, 5) de máximo.

e) (0, 0) é ponto de mínimo e (1, 10) de máximo.

f) (0, 0) é ponto de mínimo e (0, 10) de máximo.

g) (2, 0) é ponto de mínimo e (5, 5) é ponto de máximo.

h) (0, 4) é ponto de mínimo e $\left(\dfrac{16}{3}, \dfrac{4}{3}\right)$ de máximo.

i) (–2, –2) é ponto de mínimo e (2, 2) de máximo.

j) (5, 0) é ponto de mínimo.

k) (4, 0) é ponto de mínimo.

l) (3, 3) é ponto de mínimo.

m) (0, 0) é ponto de mínimo e (0, 1) de máximo.

26. Exercício resolvido.

27. *a)* $(-\sqrt{2}, \sqrt{2})$: ponto de mínimo. $(\sqrt{2}, -\sqrt{2})$: ponto de máximo.

b) não existem.

c) (1, 1) é ponto de mínimo. Não existe ponto de máximo.

d) (0, 0) é ponto de mínimo, (0, 5) e (5, 0) são pontos de máximo.

e) (1/2; 1/2) é ponto de mínimo. Não existe ponto de máximo.

f) (1, 0) é ponto de mínimo e (0, 1) é ponto de máximo.

28. Exercício resolvido.

29. 20 mesas e nenhuma cadeira.

30. 0,6 kg de espinafre.

31. 20 unidades de A e 15 de B.

32. 142,86 de B e 535,71 de A.

33. a) $\left(\dfrac{6}{5}, \dfrac{12}{5}\right)$, ponto de mínimo.

b) $\left(\dfrac{6}{5}, \dfrac{18}{5}\right)$, ponto de mínimo.

c) $\left(\dfrac{2}{3}, -\dfrac{1}{3}\right)$, ponto de mínimo.

d) não existe ponto de máximo nem de mínimo.

e) $\left(\dfrac{1}{2}, \dfrac{1}{2}\right)$, ponto de mínimo.

34. a) $\left(\dfrac{\sqrt{2}}{2}, \dfrac{\sqrt{2}}{2}\right)$ é ponto de máximo e, de $\left(-\dfrac{\sqrt{2}}{2}, -\dfrac{\sqrt{2}}{2}\right)$ mínimo.

b) $(-1, 1)$ é ponto de mínimo e $(1, -1)$ de máximo.

c) $\left(1 - \sqrt{\dfrac{8}{5}}; \sqrt{\dfrac{2}{5}}\right)$ é ponto de mínimo e $\left(1 + \sqrt{\dfrac{8}{5}}; -\sqrt{\dfrac{2}{5}}\right)$ é ponto de máximo.

d) $\left(-\dfrac{2\sqrt{5}}{5}; \dfrac{5 - 4\sqrt{5}}{5}\right)$ é ponto de mínimo e $\left(\dfrac{2\sqrt{5}}{5}; \dfrac{5 + 4\sqrt{5}}{5}\right)$ é ponto de máximo.

e) $\left(\sqrt{3}, \dfrac{\sqrt{3}}{3}\right)$ é ponto de mínimo e $\left(-\sqrt{3}, -\dfrac{\sqrt{3}}{3}\right)$ é ponto de máximo.

f) Não possui.

g) $\left(\dfrac{12}{7}, \dfrac{15}{7}\right)$, ponto de mínimo.

h) $\left(\dfrac{45}{13}, \dfrac{20}{13}\right)$, ponto de mínimo.

i) $\left(\sqrt{\dfrac{1}{6}}, \sqrt{\dfrac{2}{3}}\right)$, ponto de máximo e $\left(-\sqrt{\dfrac{1}{6}}, -\sqrt{\dfrac{2}{3}}\right)$ ponto de mínimo.

35. $x = 15/2$ e $y = 15/4$

36. Demonstração.

37. $x = 35,36$ e $y = 17,68$

38. $x_1 = 10$ e $x_2 = 5$

39. $q_1 = 8$ e $q_2 = 10$

40. $q_1 = 12,5$ e $q_2 = 6,25$

41. a) $x = 2,5$ e $y = 10$
b) Demonstração.

42. $x = 2,5$ e $y = 3,75$

43. $x = 5$ e $y = 8$

44. a) $x = 40$ e $y = 30$
b) \$ 5.000,00

45. Cada número deve valer $k/2$.

46. Cada número deve valer $m/2$.

Capítulo 11

1. a) 2   b) 0

c) 10   d) $\dfrac{2a^2}{\sqrt{a-1}}$

e) $\dfrac{5+\sqrt{2}}{\sqrt{2}}$ f) 0

g) $\sqrt{2} - 1$

2. a) $2x + 3y + z^2 + 2\Delta x$

b) $2x + 3y + z^2 + 3\Delta y$

c) $2x + 3y + z^2 + 2z\Delta z + \Delta z^2$

d) $2x + 3y + z^2 + 2\Delta x + 3\Delta y + 2z\Delta z + \Delta z^2$

3. a) $\{(x, y, z)\} \in R^3 \mid z \neq 3\}$

b) R^3

c) $\{(x, y, z) \in R^3 \mid x + y - z \geq 0\}$

d) $\{(x, y, z, t) \in R^4 \mid x - y + z - t > 0\}$

4.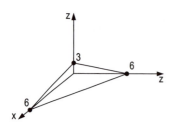

5. É contínua.

6. Não.

7. Não.

8. a) $f_x = 3$
   $f_y = 5$
   $f_z = -6$

   b) $f_x = 2y + 2z$
   $f_y = 2x + 3z$
   $f_z = 2x + 3y$

   c) $f_x = 0{,}5x^{-0{,}5} + 2z^{0{,}25}$
   $f_y = 1{,}5y^{0{,}5}$
   $f_z = 0{,}5xz^{-0{,}75}$

   d) $f_x = \dfrac{1}{y-z}$
   $f_y = -\dfrac{z+x}{(y-z)^2}$
   $f_z = \dfrac{x+y}{(y-z)^2}$

   e) $f_x = 0{,}6x^{-0{,}7} \cdot y^{0{,}3} \cdot z^{0{,}4}$
   $f_y = 0{,}6x^{0{,}3} \cdot y^{-0{,}7} \cdot z^{0{,}4}$
   $f_z = 0{,}8x^{0{,}3} \cdot y^{0{,}3} \cdot z^{-0{,}6}$

   f) $f_x = 2x \cdot e^{x^2+y^2+z^2}$
   $f_y = 2y \cdot e^{x^2+y^2+z^2}$
   $f_z = 2z \cdot e^{x^2+y^2+z^2}$

   g) $f_x = 3(x + 2y + 3z)^2$
   $f_y = 6(x + 2y + 3z)^2$
   $f_z = 9(x + 2y + 3z)^2$

   h) $f_x = 0{,}5x^{-0{,}5} \cdot y^{0{,}5} \cdot z^{0{,}5}$
   $f_y = 0{,}5x^{0{,}5} \cdot y^{-0{,}5} \cdot z^{0{,}5}$
   $f_z = 0{,}5x^{0{,}5} \cdot y^{0{,}5} \cdot z^{-0{,}5}$

9. a) $f_x = 2y$
   $f_y = 2x$
   $f_z = -3t$
   $f_t = -3z$

   b) $f_x = 4 \cdot (x + yz - t)^3$
   $f_y = 4 \cdot (x + yz - t)^3 \cdot z$
   $f_z = 4 \cdot (x + yz - t)^3 \cdot y$
   $f_t = -4 \cdot (x + yz - t)^3$

   c) $f_x = \dfrac{4x}{2x^2 + y^2 - zt^2}$

   $f_y = \dfrac{2y}{2x^2 + y^2 - zt^2}$

   $f_z = \dfrac{-t^2}{2x^2 + y^2 - zt^2}$

   $f_t = \dfrac{-2zt}{2x^2 + y^2 - zt^2}$

10. $3x + 4y + 5z$

11. a) $\dfrac{\partial P}{\partial x} = 0{,}4 \cdot x^{-0{,}8} \cdot y^{0{,}3} \cdot z^{0{,}5}$

    $\dfrac{\partial P}{\partial y} = 0{,}6 \cdot x^{0{,}2} \cdot y^{-0{,}7} \cdot z^{0{,}5}$

    $\dfrac{\partial P}{\partial z} = x^{0{,}2} \cdot y^{0{,}3} \cdot z^{-0{,}5}$

12. $\dfrac{\partial C}{\partial x_1} = 2$ $\dfrac{\partial C}{\partial x_3} = 1$

    $\dfrac{\partial C}{\partial x_2} = 1$ $\dfrac{\partial C}{\partial x_4} = 3$

13. a) $d_f = 2\Delta x + 3\Delta y + 4\Delta z$
    b) $d_f = 2x\Delta x - 2y\Delta y + 2z\Delta z - 2t\Delta t$
    c) $d_f = e^{x-y+t^2+z^2}[\Delta x - \Delta y + 2t\Delta t + 2z\Delta z]$

14. a) 2, 4
    b) $0{,}35 + 0{,}1x + 0{,}1y$
    c) $4h + xh + yh$

15. Demonstração.

16. a) $8t$
    b) $3 + 4t^3$

c) $e^{t^3+t^2+t-2} \cdot (3t^2 + 2t + 1)$

d) $-4 \cdot t^5 - 8 \cdot t^9$

17. x^2 e $-\dfrac{4y}{3}$

18. $-\dfrac{x}{z}$ e $-\dfrac{y}{z}$

19. a) grau 2   b) grau 2   d) grau 2

20. Demonstração.

21. $f_{xx} = 0$ $f_{yx} = 1$ $f_{zx} = 1$
    $f_{xy} = 1$ $f_{yy} = 0$ $f_{zy} = 1$
    $f_{xz} = 1$ $f_{yz} = 1$ $f_{zz} = 0$

22. $x_1 + x_4$

23. $f_{x_1 x_1} = 2$
    $f_{x_1 x_2} = x_3 x_4$
    $f_{x_1 x_3} = x_2 x_4$
    $f_{x_1 x_4} = x_2 x_3$

24. a) (0, 0, 0), ponto de máximo.
    b) (2, 1, 3), ponto de máximo.
    c) (0, 0, 0), ponto de máximo.
    d) $\left(\dfrac{1}{3}, -\dfrac{2}{3}, \dfrac{1}{2}\right)$, ponto de mínimo.
    e) (0, 0, 0, 0), ponto de mínimo.

REFERÊNCIAS

ANTON, H. *Calculus with analytic geometry*. 5. ed. New York: John Wiley & Sons, 1995.

ANTONY, M.; BIGGS, N. *Mathematics for economics and finance*. Cambridge: University Press, 1996.

ARYA, J. C.; LARDNER, R. W. *Mathematical analysis for business, economics, and life and social sciences*. 4. ed. New Jersey: Prentice Hall, 1993.

BARNETT, R. A.; ZIEGLER, M. R.; BYLEEN, E. K. *Calculus for business, economics, life sciences, and social sciences*. 8. ed. New Jersey: Prentice Hall, 1999.

BOULOS, P.; ABUD, Z. I. *Cálculo diferencial e integral*. São Paulo: Makron Books, 2000. v. 1 e 2.

BRADLEY, T.; PATTON, P. *Essential mathematics for economics and business*. West Sussex: John Wiley & Sons, 1998.

CHIANG, A. *Matemática para economistas*. 4. ed. São Paulo: Campus, 2005.

GOLDSTEIN, L. J.; LAY, D. C.; SCHNEIDER, D. I. *Matemática aplicada*. 12. ed. Porto Alegre: Bookman, 2012.

GUIDORIZZI, H. *Um curso de cálculo*. 4. ed. Rio de Janeiro: Livros Técnicos e Científicos, 2000. v. 1 e 2.

GULLBERG, J. *Mathematics from the birth of numbers*. New York: W. W. Norton, 1997.

HAEUSSLER, E. F. J.; PAUL, R. S. *Introductory mathematical analysis for business, economics, and life and social sciences*. 9. ed. New Jersey: Prentice Hall, 1999.

HIRSCHEY, M. *Managerial economics*. 10. ed. Ohio: Thompson Learning, 2003.

HOFFMANN, L. D.; BRADLEY, G. L. *Cálculo*: um curso moderno e suas aplicações. 11. ed. Rio de Janeiro: Livros Técnicos e Científicos, 2015.

IEZZI, G.; HAZZAN, S. *Fundamentos de matemática elementar*. 8. ed. São Paulo: Atual, 2013.

JACQUES, I. *Matemática para Economia e Administracão*. 6. ed. São Paulo: Pearson Education, 2011.

JAMES, D. E.; THROSBY, C. D. *Métodos quantitativos aplicados à economia*. São Paulo: Atlas, 1977.

LARSON, R.; EDWARDS, B. H. *Cálculo com aplicações*. 6. ed. Rio de Janeiro: LTC, 2005.

LEITHOLD, L. *O cálculo com geometria analítica*. São Paulo: Harper Row do Brasil, 1977. v. 1.

MACHADO, N. J. *Cálculo*: funções de mais de uma variável. São Paulo: Atual, 1979.

MANKIW, N. G. *Princípios de macroeconomia*. 3. ed. São Paulo: Thomson, 2004.

MORETTIN, P. A.; HAZZAN, S.; BUSSAB, W. O. *Cálculo*: funções de uma e várias variáveis. 3. ed. São Paulo: Saraiva, 2016.

PFITZNER, S. A . *Mathematical fundamentals for microeconomics*. Oxford: Blackwell Publishers, 1996.

SANDRONI, P. *Dicionário de Economia do Século XXI*. São Paulo: Record, 2005.

SIMONSEN, M. H. *Teoria microeconômica*. Rio de Janeiro: Editora da Fundação Getulio Vargas, 1979. v. 1 e 2.

STEWART, J. *Cálculo*. 5. ed. São Paulo: Thomson, 2006. v. 2.

SYDSAETER, K.; HAMMOND, P. J. *Mathematics for Economic Analysis*. New Jersey: Prentice-Hall, 1995.

TAN, S. T. *Matemática aplicada à administração e economia*. 2. ed. São Paulo: Thompson Pioneira, 2007.

VARIAN, H. R. *Microeconomia*. 9. ed. Rio de Janeiro: Elsevier Campus, 2015.

VICECONTI, P. E. V.; NEVES, S. *Introdução à economia*. 3. ed. São Paulo: Frase, 1999.

WEBER, J. *Matemática para economia e administração*. 2. ed. São Paulo: Harbra, 1986.

WISNIEWSKI, M. *Introductory mathematical methods in economics*. 2. ed. London: McGraw-Hill Book Company Europe, 1996.

ÍNDICE REMISSIVO

A

Ajuste de retas pelo método dos mínimos quadrados, 278
Alguns resultados sobre limites, 96-100
Análise dos pontos de fronteira, 284, 288
Aplicação de derivadas, 145
    Assíntotas verticais e horizontais, 110, 113

B

Bola aberta, 214-215

C

Coeficiente
    angular, 42-44, 53, 59, 61
    linear, 41-42, 46, 59
Concavidade e ponto de inflexão, 157
Condição inicial, 200
Conjunto
    aberto, 17
    das partes de um conjunto, 2
    denso, 7
    dos números
        fracionários, 4
        inteiros não negativos, 2
        naturais, 2, 4
        pares positivos, 1, 2
        primos, 8
    imagem, 27-28, 30, 32-33, 67, 83, 86, 88, 253
    R^n, 214
    universo, 19
    vazio, 1
Conjuntos, 1
    infinitos, 1
    numéricos, 1, 4
Consumo autônomo, 60-61
Continuidade de uma função, 107
Convergência de sucessões, 98, 106
Crescimento e decrescimento de funções, 146
Critérios para identificação de pontos de máximo ou mínimo, 270-275
Curva(s) de
    aprendizagem, 88-89
    demanda, 52-55, 140, 142, 169, 191-192
    indiferença, 157, 231
    nível, 228-231, 235-236
    oferta, 53, 55, 192

Custo
   fixo, 45, 49-51, 169, 177-178, 220
   marginal, 134-136, 155-156, 164-165, 168-169, 177-178, 245
   médio de
      fabricação, 33, 71
      produção, 49
   variável, 45, 47-51, 70-71

D

Decimais, 5-6, 8-10, 84

Depreciação linear, 58-60

Derivada(s), 117
   da função
      constante, 123
      exponencial, 129
      logarítmica, 124
      potência, 124
   das principais elementares, 123
   de segunda ordem, 261, 315-316
   de uma função num ponto, 248, 251
   para funções de duas variáveis, 237
   parciais, 237, 239-240, 248, 259, 261, 265-269, 271, 280, 287, 299, 310-312, 315-317
   sucessivas, 142

Diferencial de uma função, 132-133, 246, 262, 311

Discriminante da equação, 15

Distância entre dois pontos, 205, 211
   em R^3, 211

Domínio, 27-33, 35, 37-39, 46, 66-67, 71-72, 77, 83, 85, 88, 95, 104, 108-109, 117, 121-122, 145, 149-150, 155, 160, 163, 165, 168, 190, 203, 218-219, 222-224, 228, 231, 233-234, 247-248, 251, 253, 265-267, 269-270, 284-285, 287-288, 290-292, 294-295, 297, 299, 307-309, 311-312, 316-317

E

Elástica, 140-141

Elasticidade(s), 139-142, 156, 170, 245-246
   cruzada, 246
   da demanda, 139, 141-142, 156, 170
   da oferta, 140-142
   parcial da demanda, 245-246
   unitária, 140

Equação
   diferencial, 198
   do plano em R^3, 212

Equações
   do primeiro grau, 11
   do segundo grau, 15

Espaço
   bidimensional, 205, 215
   n-dimensional, 205
   tridimensional, 211-212, 214, 223-224

Estudo
   completo de uma função, 160
   de sinal de uma função, 157-164

Excedente
   do consumidor, 191-194
   do produtor, 192-194

F

Formas indeterminadas, 100, 143

Função
   composta, 128, 195, 250-252, 312-313
   constante, 40, 71
   consumo, 60-62
   crescente, 42, 53, 146, 148
   custo, 33, 35, 45-50, 68-71
   custo total, 45-50
   de Cobb-Douglas, 217, 225
   de demanda, 52, 54, 56-57, 67-70, 136, 139, 141, 154, 156, 193, 245, 257
   de mercado, 52
   de oferta, 52-54, 57-58
   de produção, 78, 134, 137-139, 178-179, 217-218, 220-222, 229-231, 243-244, 250, 252, 256, 259-260, 297, 302, 311, 315
   derivada, 122-123, 134, 142, 239, 310
   derivada parcial, 239, 310
   do primeiro grau, 40-41, 46, 51, 56, 70, 156, 249, 278
   estoque, 171
   exponencial, 79-80, 90
   exponencial geral, 79
   logarítmica, 84-85, 92
   lucro, 45, 47, 49-50, 68, 71, 151, 178, 221
   polinomial, 71, 106
   potência, 77
   poupança, 60-62, 137, 179
   quadrática, 62, 68, 71
   racional, 72

ÍNDICE REMISSIVO

receita, 33, 45-50, 67-68, 70-71, 134-136, 154, 168-170, 178, 219, 250, 295

Funções, 27, 217
  conceito, 27
  crescentes e decrescentes, 36
  custo, receita e lucro do primeiro grau, 45
  de duas variáveis, 217, 218
  de três ou mais variáveis, 307
  definidas implicitamente, 253, 314
  demanda e oferta do primeiro grau, 51
  diferenciáveis, 311
  homogêneas, 257, 315
  marginais, 134
  não crescentes e não decrescentes, 35
  reais de uma variável real, 27
  receita e lucro quadráticas, 67

G

Gráficos de funções de duas variáveis, 223

H

Hipérbole, 73-75

I

Imagem, 27-30, 32-33, 35-37, 64, 67, 71-72, 86, 88, 218, 223, 232

Inequações do primeiro grau, 13

Integração, 175, 185, 195, 197-198, 203
  por partes, 197-198, 203
  por substituição, 195
  técnicas de, 195

Integrais, 175
  impróprias, 185-186

Integral
  como limite de uma soma, 187
  definida, 179-180, 182, 188-189
  indefinida, 175, 195, 203

Interceptos, 35, 85

Interpretação geométrica da derivada, 131

Intersecção de conjuntos, 2, 19

Intervalo aberto de, 17-19
  a até infinito, 18
  menos infinito até b, 19

Intervalo fechado de, 17-19
  a até infinito, 18
  menos infinito até b, 19

Intervalo semiaberto
  à direita, 18
  à esquerda, 17

J

Juros
  capitalizados continuamente, 112
  compostos, 90-92, 112, 114

L

Limite
  de funções, 95
  de funções de duas variáveis, 231
  e continuidade, 107, 309
  pela direita, 97, 99
  pela esquerda, 96, 99

Limites, 95
  infinitos, 102
  nos extremos do domínio, 104, 160

Linha exponencial fundamental, 110

Logaritmos, 84-85, 87

M

Mathematica, 25-26, 30, 72, 92, 114, 144, 150-153, 161, 164, 173, 203, 225, 235-236, 262-263, 272-275, 303, 305

Máximos e mínimos, 117, 145-146, 165, 173, 265-267, 271, 284, 297, 316-317
  condicionados, 297
  para funções de duas variáveis, 265
  usando a segunda derivada, 165

Método
  da designação de uma propriedade característica dos elementos de um conjunto, 1
  da enumeração ou método tabular, 1
  da separação de variáveis, 200, 202
  da substituição, 195, 297
  dos multiplicadores de Lagrange, 298, 300

Métodos de resolução de ED, 199-200

Modelo
    de crescimento exponencial, 79
    do lote econômico, 171

Módulo ou valor absoluto, 20

Multiplicador de Lagrange, 298-299

N

Noções sobre equações diferenciais, 198

Número(s)
    irracional, 3, 8, 111
    inteiros, 2, 4, 8, 35, 189
    racionais, 4-5, 7, 9-10,
    reais, 7, 9, 11, 13, 17, 20, 28-30, 71, 77, 85-86, 99, 102, 106, 149, 167, 205, 211, 214, 218-223, 238, 307-308

O

Operações
    envolvendo conjuntos, 1

P

Ponto(s)
    crítico, 47, 49-50, 267-269, 270-276, 280-281, 318-319
    de equilíbrio de mercado, 53-56, 76-77, 193, 194
    de fronteira, 214-215, 222, 269, 284
    de inflexão, 157-159, 161, 163, 169, 174
    de máximo, 146, 149, 152, 160, 163, 165-166, 169, 174, 265-271, 286-287, 289, 292-295, 297-305, 316-318, 320
    de mínimo, 149, 155-156, 158, 160, 163, 165-167, 169, 174, 266-267, 270-271, 274, 281, 286-289, 291, 293-294, 298, 301, 304-305, 316-319
    de sela, 269-271, 274, 305
    de fronteira de um conjunto, 284

Primitiva, 175, 179, 181, 195

Produtividade
    marginal, 137-138, 156, 178-179, 243-244, 259-260
    média, 78

Propensão marginal a consumir e a poupar, 137

Propriedades
    do módulo, 20
    dos logaritmos, 85
    operatórias das derivadas, 125
    operatórias das integrais, 176

R

Receita marginal, 134-137, 155, 168, 170, 178

Regra da cadeia, 128-129, 240, 250-252, 254, 258, 312-313

Regras de L'Hospital, 143

Relações em R^2, 206

S

Significado geométrico das derivadas parciais, 241

Sistemas de equações lineares, 22

Solução
    de um sistema linear, 22
    de uma ED, 199-200
    geral da ED, 199, 202
    particular da equação, 200

T

Taxa média de variação, 117-119, 121, 237-238

Técnicas de integração, 195

Teorema
    da função implícita, 253
    de Euler, 257-259, 315
    do valor médio, 146-147

U

União de conjuntos, 2

Uso do Excel e do Mathematica , 30-31, 72, 92, 282-283

Utilidade, 220